The Holistic Curriculum
Third Edition

整体课程

（第三版）

[加]约翰·米勒 著
程 琳 译 / 李太平 校对

华中科技大学出版社
http://press.hust.edu.cn
中国·武汉

图书在版编目（CIP）数据

整体课程：第三版／（加）约翰·米勒著；程琳译．—武汉：华中科技大学出版社，2024.4
ISBN 978-7-5680-9954-7

Ⅰ.①整…　Ⅱ.①约…　②程…　Ⅲ.①课程建设　Ⅳ.① G423

中国国家版本馆 CIP 数据核字（2023）第 247650 号

The Holistic Curriculum，Third Edition

© University of Toronto Press 2019．

Original edition published by University of Toronto Press，Toronto，Canada．

湖北省版权局著作权合同登记　图字：17-2023-139 号

整体课程（第三版）　　　　　　　　　　　　　　（加）约翰·米勒　著
Zhengti Kecheng (Di-san Ban)　　　　　　　　　　　　　　　程　琳　译

策划编辑：易彩萍	
责任编辑：易彩萍	
责任监印：朱　玢	
出版发行：华中科技大学出版社（中国·武汉）	电话：(027) 81321913
武汉市东湖新技术开发区华工科技园	邮编：430223
录　　排：华中科技大学出版社美编室	
印　　刷：武汉科源印刷设计有限公司	
开　　本：880mm×1230mm　1/32	
印　　张：10	
字　　数：251 千字	
版　　次：2024 年 4 月第 1 版第 1 次印刷	
定　　价：88.00 元	

本书若有印装质量问题，请向出版社营销中心调换
全国免费服务热线：400-6679-118　竭诚为您服务
版权所有　侵权必究

作者简介

约翰·米勒（John P. Miller）1943年出生于美国密苏里州堪萨斯城，他于19世纪60年代毕业于哈佛大学和多伦多大学，曾获得美国全国优秀大学生荣誉和哈佛－密苏里奖学金。约翰·米勒目前是多伦多大学教育学院课程、教学和学习系的终身教授，曾担任多伦多大学教师教育发展中心执行主席和主任，主要从事整体教育、整体课程、整体教师发展、整体教学和教育实践沉思等方面的研究。

约翰·米勒是20世纪80年代国际整体教育改革运动的主要发起人之一，也是当代整体教育理论的奠基者，从事整体教育研究工作40多年，著有20余本关于整体教育、整体学习与教师整体发展相关的书籍，包括《儿童整体教育》《整体课程》《整体教学》《整体教育国际手册》《沉思的实践者》《整体教育与具身学习》《教育与灵魂、爱与同情：探索它们在教育中的作用》《从心而教：整体教育的实践》等，其中部分学术研究著作已被译成九种语言在全球范围出版。同时，约翰·米勒也在 *Holistic review*，*International Journal of Children's Spirituality*，*Journal of Transformative Learning*，*Encounter：Education for Meaning and Social Justice*，*Education Leadership* 等国际学术期刊发表论文数篇。

约翰·米勒在国际整体教育领域具有极高的学术影响力，多次受邀在哥伦比亚大学、加州大学、东京大学、挪威整体教育研究协会、亚太平洋整体教育研究论坛等世界知名高校和学术组织做学术报告，并与日本、韩国、马来西亚，以及我国台湾、香港地区的整体教育工作者开展了广泛合作。2009年，约翰·米勒和其他国家24名教育工作者受邀前往不丹帮助该国发展教育系统。约翰·米勒提出的整体教育理念和整体课程等为多所整体教育学校提供了实施框架，他长期以来在多伦多基础教育学校担任教育顾问，一手打造了加拿大的整体教育标杆学校，深受教育学界研究人士、师生及家长的尊敬和爱戴。

除此之外，约翰·米勒有着独特的个人生活经历。1969年，正值越南战争时期，由于他拒绝应召入伍，发表反战声明，谴责美国的霸权侵略战争行为，导致其被美国政府指控而被迫离开故土家园，移居加拿大，很长一段时间内，他都无法返回美国与家人团聚，直至多年后美国政府解除对他的罪名指控。当他被问到是否后悔过自己当时的选择，他毫不犹豫地脱口而出："不会，我从未后悔过当时的选择，即使时光倒流给我重新选择的机会，我仍然会做同样的选择，听从我内心的声音。"漂泊异乡、颠沛流离的生活经历并没有让他放弃自己的精神追求，反而让他更加笃定整体教育信念，致力于寻求以一种关联性和完整性的视角看待生活与事物，通过教育让世界成为一个相互关联、充满爱与温情的共同体。时至今日，约翰·米勒教授仍然一直将爱与和平视为自己的人生信条，并在自己的课堂上传播给学生，他表示希望通过教育传递爱，让世界变得更美好。他的教育情怀和对人道主义的坚守让人十分敬佩。

原著内容提要

《整体课程》于1988年首次出版，旨在提出整体课程来解决教育碎片化发展的问题。约翰·米勒著有至少17本关于整体教育的书，他论述了整体课程的理论基础，特别是整体课程与哲学、心理学和社会学的理论关联。

《整体课程》（第三版）在开篇部分追溯了整体教育的历史，并对之前版本的内容进行了修订和扩展，比如增加了有关土著教育方法的内容，扩展了课程关联性的维度：学科、社区、思维、地球、身心和心灵。此版本还新增了土著教育先驱学者格雷戈里·卡杰特（Gregory Cajete）对整体教育、土著教育的介绍，以及约翰·米勒与《真正地教学》的作者四箭（Four Arrows）[①]之间关于整体教育与土著教育关系的对话。

约翰·米勒是多伦多大学安大略教育研究所的一名教授，他目前教授"整体课程"和"沉思的实践者"两门课程。

---

① 译者注：四箭是美国原住民的领袖、教育家、作家和演说家，其本名为唐纳德·特伦特·雅各布斯（Donald Trent Jacobs），"四箭"是他的一个名号，取自他的家族标志和传统。四箭曾担任教育顾问、教师和领导者，并在多个国家进行过演讲和培训，致力于传统文化的保护、教育和恢复。他也是一位作家，他的著作涵盖了许多主题，包括教育、哲学、心理学、环境、政治和文化认同等。

译者序

本书原著 The Holistic Curriculum 最初于 1988 年出版，历经了 1996 年（第一版修订版）、2007 年（第二版）、2019 年（第三版）三个版本。这本书在全球产生了重要影响，是北美有史以来重要的教育经典书籍之一，入选了《全球概览》教育分辑，已被翻译出版三次：1994 年东京顺珠社出版日文版，2001 年 Booksarang 出版社出版韩文版，2009 年心理出版社（中国台湾）出版中文（繁体）版本。

现在呈现在读者面前的《整体课程》（第三版）是基于英文最新版（2019 年）翻译的简体中文版。相对于之前的版本，内容有较为显著的修订和扩展，增加了有关土著教育方法的内容，扩展了课程关联性的维度，新增了有关土著教育与整体教育的关联阐述。

我之所以选择翻译这本书，主要基于以下考虑。

其一，自工业社会发展以来，人类的生产工具、生产技术和物质资料不断更新迭代，同时也造成了资源枯竭、环境污染、气候变化、地球生物多样性减少、劳动剥削、社会冲突频发等诸多问题。当前我们正在经历社会转型，智能技术的广泛应用重塑着人类社会的生产方式和生命的存在方式，就像工业社会超越农耕社会一样，人类世界即将走向一个新的时代，迎来新的社会形态和社会建构体系。在人类社会转型的背景下，我们需要重新审思

"人应该如何发展"这个永恒的问题。马克思认为,人的发展是"人以一种全面的方式,也就是说,作为一个完整的人,占有自己的全面的本质"①。人的全面发展不仅是马克思主义的核心理念,也是新时代中国特色社会主义现代化的本质要求。本书作者基于对工业社会发展弊端的批判而提出"人的完整发展"主张,呼应了马克思主义人的全面发展理论,即关注物质文明与精神文明的协调发展,重视人的身体、智力、情感、精神等方面的全面发展,为我们在新时代背景下审思"人应该如何发展"这个问题带来新的观点和认识。

其二,世界各地越来越多的人开始关注寻求以一种整体的视角解决教育中存在的身心疏离、知识的割裂化、人的片面化等问题,整体教育因致力于培养人的完整性和实践的灵活多样性得到了广泛关注和充分发展。这本书反映了当前社会教育发展的问题和国际教育改革的前沿趋势,并与我国"培养德智体美劳全面发展的社会主义建设者和接班人"的教育方针具有一致性。书中有关整体课程在处理不同学科知识之间的关联、人与社区的关联、身心关联等方面的理论阐释与实践经验能够为我国教育工作者实践整体教育提供经验参考,促进学生的整体健康发展。

其三,这本书是具有全球影响力的教育理论学术著作,同时也是多伦多大学等国际知名高校教育学院教育学、课程教学论等专业的必修课程教材。作者在书中构建了其独有的整体教育逻辑和整体课程理论体系,介绍了多元文化背景下人的整体性发展、心灵滋养方法。我认为这本书具有广泛的应用价值:一方面,它可以为我国教育科研院所、高校教育学专业提供教材用书参考,带来课程理论、课程建构等方面的思维碰撞;另一方面,它也适

---

① 马克思,恩格斯. 马克思恩格斯选集:第 1 卷 [M]. 中共中央马克思恩格斯列宁斯大林著作编译局,译. 北京:人民出版社,2012.

合广大教育者（教师、家长等）研读自修，选择合适的方法帮助自己获得整体性的发展，为自己的个人生活和教育实践工作补给心灵上的能量。

其四，我国学界对整体教育以往的研究大多停留在对整体教育思潮的推介层面，同时也存在着"整体教育""全人教育"等概念泛化、混用、误解问题，对整体教育缺乏深入系统的研究。约翰·米勒教授作为整体教育领域的早期领导者，是目前世界上专注研究整体教育的重要教育学者，也是我在多伦多大学联合培养期间的博士研究生导师，我在翻译过程中多次得到约翰·米勒教授的答疑解惑，对整体课程的核心思想和内容进行了较为准确、本原的传递输出，并对整体教育的相关概念进行了明晰澄清。因此，我认为这本译著具有一定的学术研究价值，有助于推进我国整体教育理论研究，帮助整体教育研究者更全面、深入地把握国际整体教育研究动态。

"holistic"意为"整全的，整体的"，来自希腊语"holon"，指的是一个由综合整体组成的宇宙，不能简单地归结为其各部分的总和。"holistic"有时也被拼写为"wholistic"，但这两个词不能互换使用。根据约翰·米勒的观点，"整体（holistic）"蕴含着精神性，或一种神圣感的意味，甘地和斯坦纳的观点是包含精神性的整体主义。"整体（wholistic）"则更多是物质性和生物性的，如诺丁斯关注生理和心理的整体论，杜威主张基于物质社会的整体主义。

国内有学者将"holistic education"翻译为"全人教育"。我认为"全人教育"译法起到了本土文化对应效果，易于传播，但某种意义上也造成了概念泛化和误用问题，比如一些读者容易从字面上将"全人教育"理解为"面面俱到的全面教育"或"追求完美主义的教育"。同时，国内学界对日本学者小原国芳提出的"zenjin education"也翻译为"全人教育"，可见我国"全人教育"目前存在一词多源的概念混淆现象。经与本书原著作者约翰·米勒教授及日版译者美登利交流后，明确了该词与日本学者小原国芳并无直接关联，整体教育（holistic education）主要关注人的整体性（the wholeness of a person）发展，整体论（holism）是其重要理论根源。综上考虑，我将书名"the holistic curriculum"直译为《整体课程》。

本书的翻译工作于我在多伦多大学联合培养期间开始，历时一年多完成，中间经过多次修改与校对，力求对原著的思想进行较为本原且易于本土理解的翻译输出。我对原著中一些基于西方文化语境的历史事件、文化典故、人名称号等地方作了相应的附注解释，以填补不同语言思维和文化背景带来的语境理解差异，增强译著阅读体验，方便读者更好的理解。在此，要特别感谢我的博士研究生导师华中科技大学教育科学研究院副院长李太平教授对本书翻译工作的指导与帮助，他在百忙之中抽出时间逐字逐句的为我校读多次，帮我推敲字句，酌量韵节，整理译稿，给我鼓励，让我万分感激。同时，李老师在校改过程中对于书中出现的多段晦涩难懂的国外其他教育名著引文（比如杜威的《经验与教育》）都一一进行了原文查证，并对比阅读其他教育名著权威译本，斟酌选择合适的译文，帮助我改正了不少错误，其严谨、精益求精的治学精神深深地感染了我，在此我想对他表示最虔诚的敬意和谢意！

翻译过程中，由于语言思维、地域文化的差异，原著文本中有一些英语表述并找不到准确对应的中文词语翻译，多伦多大学约翰·米勒教授及其夫人（Midori）、Kelli老师、李响、若丹、Lauren、Laura、Nicoleta、Pershang、Cecilia、Klara等同学在我请教问题时给予了友好、耐心的回应和解释，在此感谢他们对我的帮助。同时，也感谢华中科技大学出版社易彩萍编辑在本书出版过程中付出的辛勤工作。

除此之外，还要感谢我的家人、朋友、同门对我的支持与鼓励；感谢国家留学基金管理委员会，让我在攻读博士研究生期间有机会去多伦多大学联合培养，学习专业国际前沿知识。今后，我将继续努力，精进专业学习，并将学习到的专业知识和技能应用到我以后的教育、科研工作中，希望为祖国的教育事业贡献自己的力量。

最后，由于时间、能力有限，本书译文可能仍存在一些纰漏、问题，希望广大读者、相关学者多多包涵，并期待、欢迎、感谢大家随时给予指正意见和阅读反馈。

程 琳

2023 年 12 月 31 日于湖北武汉华中科技大学

联系邮箱：chenglinhust@163.com

序

格雷戈里·卡杰特

整体学习最重要的要素之一是"学会如何学习"。因此，我们需要培养人类的感官认知能力，如倾听和观察，并发展人的直觉认知。同时，我们应尊重并承袭悠久的学习传统。这些为整体教育的发展奠定了坚实的基础。

约翰·米勒的著作与土著教育的观点不谋而合。他的著作是当代整体教育运动的基石之一，阐明了整体教育的精神、生态、情感和实践等方面。从这个角度来看，他的整体教育与土著教育的原则和方向是一致的。

例如，美洲的原住民发展了很多整体性教学方法。这些方法来源广泛，从狩猎采集者部落中松散的非正式学习和教学环境，到墨西哥阿兹特克人、中美洲玛雅人和南美洲印加人等群落正式组织创建的"学院"。无论哪种方法，都具有教育的延续性。这种延续性蕴含于人类部落和社会的一系列仪式和早期实践中，并随着人类的成熟和发展而不断延伸。"学会如何学习"作为一个重要内容也被内化并贯穿于教育延续发展的每个阶段中。

从历史上来看，美国印第安人的传统教育是在整体的社会背景下进行的。在这样的背景下，每个人都意识到个体作为社会群体的组成部分，对于群体的发展具有重要意义。从本质上来看，传统部落教育致力于维持生命的可持续发展。每个人所处的社群和自然界之间如何关联、互动和发展，这就是一个教育的过程。虽然人们通过参与社群生活、社会活动获得个人的发展和一些技术技能，但人类社群与自然界的这种关系渗透于每个人存在、发展的方方面面。某种意义上，美国印第安人的传统教育也是对环境教育的一种阐释。

如何认识生命关系的深度性和生命全面发展的重要意义是美国印第安人传统教育的关键。"Mitakuye Oyasin（我们都是相互关联的）"是拉科塔人的一句话，它抓住了部落教育的基本理念，即我们的生活与其他人在物质世界有着真实而深刻的关联。同样，在部落教育中，知识起源于对世界的直接经验，然后通过宗教仪式、典礼、艺术等方式进行传播或探索。人们通过这些方式获得知识，然后将知识运用于日常生活。在这种情况下，教育成为"为生命的教育"。教育的本质是通过参与社群的关系来理解人的生命和生活，以及植物、动物和整个大自然的生命和存在方式。

有关部落教育的表述反映了世界土著文化所共有的特征，它们实际上也传达了人类祖先各部落的源文化。探索美国印第安人部落教育的传统根源，实际上也是在追踪人类教学和学习的最早来源。这些传统根源告诉我们，学习终究是一种与"情境"相联系的主观体验，包括对环境、社会和精神方面的体验。部落教育中的教和学是与师生的日常生活交织在一起的。部落教育是人与人、人与自然环境协同共生的自然发展结果。

每个人都生活在特定的环境中，每个人的生存环境、家庭、氏族和部落都为教学提供了背景和资源。因而，每一种情境都提供了潜在的学习机会，教育没有与日常生活中的自然、社会或精神方面分离，生活和学习是完全融合的。

在部落教育中，个体通过理解和参与生活的创造性过程来"寻找生命"，通过对自然环境的直接认识，通过对个体自我角色、社区责任的认识，不断发展自我认知并形成对世界抽象本质的敏锐意识。所有这些都自然而然地构建了部落教育过程的理想状态。要实现这样的理想，需要人们认同共同的文化隐喻，并需要历代部落长老们基于他们的理解和经验提供连续性和传承性的知识、观念、经验和智慧。

在部落教育中，培养各种感官能力是非常重要的。通过学习如何倾听、观察，并在创造性的探索中获得整体性的体验，可以培养一个人的各种感官能力。此外，语言能力也是部落教育中高度重视的能力，一般通过讲故事、演说和唱歌来培养语言能力，这些也是各部落用以教学和学习的主要工具。说话或唱歌在部落教育中被认为是神圣的，因为其体现了说话者的精神和生命的气息。

大部分美国印第安人的教学和学习都具有非正式的特点，因为大多数传统知识都以人们的日常生活经验为背景。然而，在传授神圣的知识的过程中，几乎总是需要正式的学习。因此，各种仪式活动成为正式教授神圣知识的综合体，同时这些正式的仪式活动也是建立在对部落文化体验和参与的基础之上的。启蒙仪式发生在成长和成熟的不同阶段。重要的启蒙仪式和伴随其中的正式教育与人的自然生理和心理发展变化是相结合的，一般发生在儿童早期，青春期，成年早期、中期和晚期以及老年期。通过这些仪式向部落族人介绍神圣的、有关环境的知识，并伴随着人的终生发展过程逐级推进，即当个人在身体、心理和社会方面准备好学习新的知识时，便向他们介绍相应水平的新知识。

"Hahee"是特佤族的词语，有时用来表示"学习"的过程。它的直译是"吸气"。"Hahee"在印第安人文化中常常用来比喻部落教育是一个"吸气"的过程，这个隐喻几乎被应用于土著居民的每个部落。总的来说，传统的部落教育主要包括体验式学习（通过做或看学习)、讲故事(通过聆听和想象学习)、仪式(通过仪式启蒙学习)、梦境(通过无意识、意象学习)、导师指导(通过学徒学习)和艺术创作(通过创造性的综合学习)。通过这些方法,人们(学习者和教师)的内在和外在得以融合,这种融合是被充分尊重的,教育过程中内在现实和外在现实是相互作用且充分互补的。

美国印第安人传统教育形式是一项具有重要意义的文化遗产,因为它们体现了在社区和自然环境中对自我、个人、社区生存和整体性发展的"追求"。部落/土著教育是真正的"内源性"教育,即它是通过激活和照亮自己的存在,在关联性的学习过程中培养内在的自我。因此,部落/土著教育的基础在于逐渐提高对人类先天潜能的认识,并发展潜能。基于这一方向,美国印第安人和其他土著群体利用仪式、神话、习俗和生活经验,将学习的过程和内容融入他们的社会组织结构中,从而促进个人、家庭和社区的整体性。

用美国印第安人的话来说,这种教育方法就是"寻求生命"。它反映了教育的理想目的,即作为获得知识的一种方式,并寻求真理、智慧、完整,这也是全世界传统教育哲学公认的生命教育理念。

土著教育的核心理念之一是每个人都可以成为自己的老师,学习与个人的生活密切相关。人们在一切事物中寻找意义,特别是在自然界的运作中寻找意义。自然界的所有事物都是人类的老师,我们需要践行一种开放的课堂教学。仪式、神话和讲故事的艺术,以及对人与内在自我、家庭、社区和自然环境的关系的培养,这些都有利于帮助个人发掘其学习潜能和获得完整的生活。通过鼓励个人学习如何相信他们的自然本能,倾听、观察、创造、反思,理解和应用他们的直觉智慧,认识和尊重他们内心世界和自然世界的精神导师,从而使个人能够达到"完整"的发展,这就是土著人民的教育遗产，它的本质是整体教育。在这个存在生态危机的时代，重塑知识传播和教育的方式已成为当务之急，这也是基于对生命的关切。约翰·米勒多年来的工作为我们共同应对21世纪的挑战提供了必要的哲学基础和灵感。

文化历史学家和哲学家托马斯·贝里（Thomas Berry）于1987年提出了一种新的教育背景，本质上是对土著教育角色和背景的再造。他认为：

> 最本原的教育者、法律缔造者以及最基本的治疗师是自然世界。在自我教育的宇宙背景下，完整的地球社区将是一个自我教育的社区。人类层面的教育是让人类有意识地感受到宇宙与人类的交流，即与太阳、月亮、星星、云、雨、地球以及所有生物形式的关联。宇宙的所有韵律和诗歌将流入学生体内，神圣的直觉感知能力、对陆地板块结构的洞察能力以及利用巨大的水循环调节地球温度、为水生生物提供栖息地、滋养众多生物的工程技能都将自然而然地融入教育过程中。地球还将成为我们的科学启蒙老师，特别是生物科学、工业和经济的启蒙老师。它将教会我们认识一个系统，在这个系统中我们可以创造一个最小熵，一个万物皆有用的系统。只有在这样一个完整的系统中，人类未来的生存能力才能得到保证。

贝里的评论可以看作是对部落社会土著教育过程的当代阐述，也反映了约翰·米勒如此强烈地提倡整体教育的必要性。正是在这样的愿景下，这个故事必须为原住民和非原住民展开。如果我们的共同未来是和谐而完整的，或者如果我们想要把一个可持续的未来传给我们的子孙后代，我们就必须积极设想，树立新的生态思想，并实施可持续性的教育方法。选择权在我们手中，但矛盾的是，我们可能别无选择。

格雷戈里·卡杰特（Gregory Cajete）是新墨西哥大学教育学院语言、识字和社会文化研究系的教授，著有多本关于土著教育的图书，包括《望山：土著教育的生态》（CAJETE G. Look to the Mountain: An Ecology of Indigenous Education [M]. Durango CO: Kivaki Press, 1994.）。

参考文献

BERRY T. The Viable Human [J]. Revision, 1987, 9 (2): 79.

前 言

《整体课程》第一版于1988年出版,至今已30余年。它是为数不多的入选《全球概览》教育分辑目录的书籍之一。自第一版《整体课程》出版以来,整体教育已经有了长足发展。近年来,整体教育领域取得了一些重要进展。例如,一些重要的会议已经在世界各地举行。在义春中川(Yoshiharu Nakagawa)教授的领导下,亚太整体教育组织在日本、韩国、泰国和马来西亚举行了学术年会,整体教育工作者齐聚一堂,展示了他们的工作成果。在北美,多伦多大学安大略教育研究院、曼尼托巴大学和南俄勒冈大学也举行了相关会议。南俄勒冈大学还建立了一个整体教育中心。美国教育研究协会(American Educational Research Association, AERA)还设有整体教育专题小组(special interest group, SIG),该小组每年都会发布关于整体教育的最新研究。为了响应人们对整体教育领域日益增长的关注度,信息时代出版公司组织出版了"整体教育当前观点"系列丛书。罗德里奇出版社(Routledge)于2018年出版了一本《整体教育国际手册》,其中囊括了来自世界各地的整体教育工作者的经验、贡献。

相较于前两版而言,《整体课程》(第三版)内容有一些变化。2009年,均点整体教育非传统学校(Equinox Holistic Alternative

School，简称均点学校）创立，该校以本书为基础框架设置其课程体系。这所学校的发展也展示了整体教育理念是如何在一所公立小学付诸实践、实施的。目前，这所学校很受欢迎，有很多家长希望自己的孩子能够到这所学校上学。我在本书第二部分涉及课程关联性的地方介绍了均点学校的一些实施范例。同时，这本书还增加了土著教育的内容，附录中有四箭和我围绕土著教育与整体教育之间关系主题的对话。在整体教育实践方面，我也更新了一部分文本，采用了当前较新的整体教育实践案例，其中包括在多伦多大学安大略教育研究院上过我课程的一些老师的实践案例。

我从1985年开始教授"整体课程"，曾经参加这门课程的学生对本书的编写做出了很大贡献，对此我深表感谢。我还要感谢多伦多大学出版社的前组稿编辑道格·希尔德布兰德（Doug Hildebrand），他建议我修改《整体课程》并进行再版，以及现任编辑梅格·帕特森（Meg Patterson），他在本书的编辑和审查过程中给予了指导。我在多伦多大学出版社出版了四本书，我非常感谢他们为此付出的辛勤工作。

《整体课程》(第三版) 中文版内容提要

李太平　程　琳

全书包括两个部分和附录。第一部分"整体课程：理论背景"包括第一章至第五章，第一章阐述了整体教育的背景、目的、原则，并介绍了均点学校如何实施整体教育，第二章至第五章依次论述了整体教育的哲学背景、心理学背景、社会背景和历史轨迹。第二部分"整体课程：实践策略"包括第六章至第十二章，第六章至第十一章分别论述了直觉关联、身心关联、学科关联、社区关联、地球关联、心灵关联的深刻内涵和具体教育方法，第十二章阐明了整体课程实施的原则，讨论整体课程实施的问责制、变革方法。附录部分是本书作者约翰·米勒与原住民知名学者四箭（Four Arrows）之间关于整体教育与土著教育关系的对话。

在本书中文版即将出版之际，我们对全书内容做一个基本介绍，没有加以评论，也没有进行比较研究，所以只能称之为内容提要。我们没有完全按照英文版的结构进行介绍，而是从七个方面加以介绍：整体课程概论，整体课程的理论基础，整体课程的社会背景，整体课程的发展历史，整体课程的六种关联，整体课程的实施与评估，均点学校的整体课程实践及整体教育愿景。

一、整体课程概论

（一）整体课程诞生的时代背景

约翰·米勒认为，自工业革命以来，人类世界一直强调分割和标准化，导致世界和人的碎片化。教育系统中也存在这种碎片化现象，知识被分为科目、单元和课程教授，长期下来，学生们看不到学科之间的关联，看不到科目中不同内容之间的关联，也看不到学科与生活的关联。

我们生活在一个过渡的时代，旧的工业秩序正在瓦解，一些新的图景正在出现，这种图景是"一种相互依存和联系的新信念""全球关联的感觉""一个没有边界的世界""一个美丽的整体"。如果我们的教育机制能够与这种相互关联、动态的本质或未来图景相一致，那么人类的发展将更加美好。于是，约翰·米勒提出整体教育理论，并大力推广。

（二）整体教育的目标

自然界的实质是相互关联和动态的，整体教育的目标是让教育与自然世界的本质保持一致。约翰·米勒用四组词明确了整体教育的具体目标，即整体性/健康幸福、智慧与慈悲、敬畏与好奇、目的感/自主性。

1. 整体性/健康幸福

整体性意指经验的相互关联性和人类的多维性。整体教育意在促成我们和学生的这种意识，让我们看到生命的身体、智力、情感和精神层面之间的关联。整体性能产生一种幸福和快乐感。整体性要求我们接受当下发生在我们身上的一切,也包括接受"内在"的"阴影面"。

2. 智慧与慈悲

智慧是指深入洞察事物的本质,并根据这种智慧的洞察和理解采取行动。智慧关注永恒哲学中的相互关联性,当人类感受到这种相互关联时,就会对众生产生一种自然的慈悲心。智慧包含批判性的视角,即马丁·路德·金和甘地看待和抵制不公正时所持有的视角,即在争取正义的斗争中,仍然对那些非正义的人(也就是压迫者)抱有慈悲心。

3. 敬畏与好奇

敬畏和好奇主要是指对宇宙奥秘、自然万物的敬畏和好奇。爱因斯坦认为正是这种敬畏与好奇激励着科学探索。欣赏大自然,音乐、舞蹈和诗歌等艺术能够让我们开启敬畏和好奇心理。

4. 目的感/自主性

整体教育应该帮助学生找到生活的目的感,帮助学生发现他们擅长的东西,以及学会如何运用这些天赋。不断倾听内心的声音,倾听宇宙、自然的声音有助于我们确定目标。

(三)整体教育的三个基本原则

为达到以上教育目标,约翰·米勒认为,整体教育应遵循的三个基本原则为平衡、包容和关联。

1. 平衡

所谓平衡是指事物之间的相辅相成、相互转化、相互关联,来源于道家的阴阳平衡概念,阴和阳彼此互补,从而才能在宇宙、地球、文化、机构（如学校和教室）和个人中保持平衡与健康。

2. 包容

包容是指整体教育中教学方法、教育立场取向的多元融合，灵活融入传递式学习、交互式学习、转化式学习三种教学方法以探索整体性学习。

3. 关联

整体教育关注线性思维和直觉之间的关联、身体与心理的关联、学科之间的关联、人与社区之间的关联、人与地球的关联及人与自我心灵的关联。

在本书附录中，作者从更为宏观的视角谈到整体教育的三个原则。

整体教育的最初愿景是本土的。整体教育的第一个原则是让人们意识到生命深层的相互联系，或者意识到一些土著人民所说的生命之网。了解我们如何与所有生命和地球进程密切相关。土著教育家和整体教育家都在寻求一种让学生看到相互关联性的教育。

第二个原则是对神圣的感觉。原住民对地球充满了敬畏，宇宙、地球和所有自然生命都被视为神圣和奇妙的。不幸的是，在物质主义、消费主义盛行的今天，很多人对宇宙、地球、自然的神圣敬畏之心逐渐消失。

第三条原则是教育整全的个人，即教育应包括身体、思想和精神。现存的教育几乎只关注思想，心灵和身体被忽略。明智地使用儿童的身体器官，有利于发展儿童智力，且身心的发展应与精神的觉醒同步进行。只有当儿童的思想、身体和精神教育齐头并进时，才能实现适当和整体的发展。

二、整体课程的理论基础

（一）整体课程的哲学基础——永恒哲学

永恒哲学出现在宗教、精神心理学和哲学领域里。甘地、爱默生、达雅尼·耶和华、瓦格米斯、托马斯·默顿等是永恒哲学的代表性人物。永恒哲学认为，在一个相互依存的宇宙中，所有的生命都是相互联系的。永恒哲学建立于这个概念之上：在每个人的内心深处都有一个无条件的自我或心灵，这是每个人存在的最深层部分，它与宇宙的最高原则（类似于"道""上帝"）相联系。约翰·米勒认为永恒哲学包括以下内容。

第一，实在和宇宙统一体的相互关联性。永恒哲学承认多样性，并承认宇宙处于变化过程之中；多样性和变化的背后是一个统一体，这种统一性不是一元论的，相反，它强调的是整体与部分，或一与多之间的关系，关系不是静态的，而是动态的。大卫·博姆将此称为"整体运动"，并指出"整体运动是不可定义和不可测量的"，爱因斯坦也提出把宇宙当作一个有意义的整体来体验。

第二，个人的内在自我或心灵与宇宙神秘的统一体之间密切关联。爱默生认为一个人内心存在"小我"和"大我"，"小我"是我们的个人自我，它努力将自己的意志强加于宇宙，与"小我"在一起时，我们会主动努力和掌控。"大我"只是寻求与统一性相协调，当我们与"大我"接触时，我们"不是去做，而是让其被做"。

第三，可以通过各种沉思实践来认识这个神秘的宇宙统一体。永恒哲学的一条主线思想是，注重分析的理性思维不能完全掌握整体性的存在。应该培养直觉以更清楚地看到现实的相互关联性。培养直觉的方法包括沉思练习（如冥想）、身体运动和爱心服务。

第四，价值观来自对相互关联性的认知和践行。价值观源于意识到人的关联性，积极的价值观会增强或实现关联性，消极的价值观会导致分离和偏执。慈悲心是永恒哲学的核心价值，当我们体验到相互联系和相互依存，往往会产生一种对众生的自然的同情心。慈悲和仁爱能使教育工作更加有效。

第五，对存在的统一性的认识能够引导对抗不公正和人类苦难的社会行动。如果人类意识到他们是基本统一体的一部分，那么他们自然会感受到与他人的关联和责任。社会改革应该从内部开始，当今人类活动的全部范围构成了一个不可分割的整体。甘地基于这种整体观点，用非暴力和精神力量作为社会变革的工具，以减轻人民的痛苦，并帮助印度从英国的统治中独立；默顿提倡"爱的神学"理论，以解决世界上的不公正问题。

（二）整体课程的心理学基础——超个人心理学

超个人心理学有两个来源：一个来源是基督教、佛教、犹太教、伊斯兰教、印度教等宗教信仰中的神秘主义传统；另一个来源是超个人心理学理论知识，如荣格心理学和心理综合论。

基督教认为当我们觉醒时，心灵的成长会带来整体性的发展。默顿提出了无条件的自我的概念，并称其为"内在的自我"。内在的"我"是我们个人和个体化的圣地，有能力与他人进行最深入的联系，我们可以通过沉思和爱来唤醒内在自我。佛教把我们的真实本性称为佛性。一个人的本性不属于任何二元对立的类别，如果能够清晰地洞察到这一点，那么就能看到自己的本性，就能成佛。"如果你不去看自己的本性而是转而在外部事物中寻求佛，你将永远无法得到他"。"每个人都有一个基本的善的本性"，可以通过冥想获得这种基本的善。犹太教认为每个人都有心灵自我，它将人与普遍的神圣本质结合起来，并建议采用类似于东方各种精神实践的方法（如冥想、祈祷、瑜伽）达到这种统一。印度教讨论了个人和宇宙意识之间的联系,即阿特曼和布拉曼。一个人可以通过练习业力瑜伽、智慧瑜伽、巴哈提瑜伽、拉贾瑜伽这四种瑜伽将自己的生命集中在永恒上,从而实现内心的阿特曼。伊斯兰教苏非主义主张个人精神经验的修行,通过苦行修炼、自省转化、冥想禅修等方式升华自我心灵。土著思想倾向于将宇宙视为难以捉摸和不断变化的自然力量的动态相互作用,人类与其他生命体有深刻的共鸣和亲缘关系,主张敬畏自然,并将精神性渗透到生活的各个方面。

这些宗教、文化在关于人的本质、心灵或灵魂概念,以及冥思、精神修炼传统方面具有一定相似之处,这些共同点构成了永恒主义的核心,也对心理学的发展产生了重要影响。心理学的英文 psychology 一词来源于希腊文,由希腊文 psyche 与 logos 两字合成;psyche 意指"灵魂",logos 意指"论述、科学研究",可见早期宗教文化中的神学、哲学思想与心理学思想都旨在帮助人类发展对自我的认识,拥有更平静、愉悦的精神体验和心灵寄托。随着科学心理学的发展,现代心理学的研究对象逐渐由灵魂转向心灵、心理和行为。

超个人心理学在 20 世纪 60 年代作为一个领域发展起来,是人本主义心理学的产物,主要关注人的心灵智慧。卡尔·荣格经常被认为是该领域的奠基人,他认为,灵魂赋予自我以诸般映象,这些映象对人的精神发展很重要。人需要向内转,以听取灵魂的信息。托马斯·摩尔将灵魂的讨论带入心理学和教育领域,并认为,"心理学和灵性需要被视为一体","灵魂体现在个人对他人的依恋、爱和共同体中,同时也体现在个人抽离于外在关系,转而更注重于自己的内心世界。"爱是帮助我们走进灵魂的手段和向导。

心理综合治疗法的创始人罗伯特·阿萨吉奥利把意识分为七个层面:下层无意识、中层无意识、高层无意识、意识域、自我意识、超个人自我、集体意识。下层无意识以压抑和遥远记忆的方式代表人的心理过去。中层无意识是我们现在的思想状态和我们当下感知到的东西。高层无意识代表我们潜在的未来和最高的直觉和灵感。个人心理被集体无意识所包围，所有的个人都是通过这个集体来连接的。我们的个人自我是我们的社会自我，它由我们的个人欲望和社会角色定义；但我们的超个人自我不受个人野心的约束，而是由一个整体的视野，将心理与普遍性联系起来。

肯·威尔伯提出了人类和精神发展的各种模式，尝试建立一个整体的视野看待人的发展，即每个人的自我实现、发展都有主观方面（真诚、真实）和客观方面（真理、对应），主体间方面（文化构建的意义、公正性、适当性）及客体间方面（系统和功能调试）。

费雷尔提出了参与式灵性/精神发展方法，主要有平等性原则、潜力平等性原则、多元平等性原则是参与式方法的三个基本原则，这些原则鼓励对精神采取创造性的方法，以产生精神的个性化，"它的目标是出现一个由不同精神的人组成的人类共同体社区"。

积极心理学关注人的幸福感。马修·里卡德认为，我们都是生而完整的，幸福是指一种深刻的繁荣感，它是走向内心自由的喜悦，以及对他人散发的爱意。幸福不是一种单纯的愉悦感觉、转瞬即逝的情感或情绪，而是一种最佳的存在状态，来自一个健康的心灵。凯瑟琳·奥布莱恩提出，可持续幸福是"在不剥削他人、环境或后代的情况下促进个人、社区或全球福祉的幸福"。冥想能够带来"耐心、内在力量、宁静、爱和同情"。

总的来说，整体课程试图促进包括内在自我和社会性自我的整个人的发展。心灵教育可以帮助我们见证并最终接受我们的阴影和自己的所有方面，简单地说，它可以帮助我们成为一个整体。

三、整体课程的社会背景

约翰·米勒通过阐述三种课程教学立场背后的经济形态及其运行机制来分析整体课程的社会背景,重点阐述了转化式立场的社会背景。

传递式立场的社会背景是自由放任的市场经济。根据亚当·斯密的自由放任经济方法和原子论经济学,世界是一个原子化竞争的世界,市场是设定商品价格和质量的调节机制,每个人都被迫在一个巨大的社会自由竞争中为自己的利益而奔波。当经济活动被简化为个人的自我利益和竞争时,就容易使资本家忽视经济活动的社会成本和生态成本。放任自流的方法导致了过度的个人主义,导致了分裂。

交互式立场的社会背景是理性规划的计划经济。人类可以理性地采用科学方法干预改善他们的事务。理性主义认为,社会就像一台机器。只要有足够的研究,你就可以了解各部分是如何结合在一起的,并通过巧妙地操纵社会投入带来可预测的改善。在 20 世纪 60 年代初,经济蓬勃发展、通货膨胀率低,社会工程似乎取得了一定成效。但理性规划和干预仍然失败了,主要表现为美国的越南战争失败、美元通货膨胀危机等事件,人们开始审思对技术及理性规划的信仰。技术的局限性表明,只有当我们开始以一种联系的、整体的方式来看待问题时,我们才能超越自由放任思维的碎片化问题和技术补救的短浅视野。

转化式立场的社会背景是相互依存的生态经济。所有的人类活动都是相互关联的,一个领域的变化会在其他领域产生影响。这个观点要求我们尽可能地看到经济与生活的各个方面是相互关联和相互影响的。这种观点的提出基于以下事实:生态意识和生物区域,人类规模的组织,慢速运动,非暴力。

1. 生态意识和生物区域

弗里乔夫·卡普拉提出相互联系的网络概念是生态学观点的核心,自然界是由形成多层次结构的相互联系的系统组成,每个层次都是综合的、自组织的整体,由较小的部分组成,同时作为较大整体的一部分。人类的生活只是整个生态系统或生物圈的一个组成部分。每个生物区域"本身是连贯的,并与其他区域密切相关。人类需要在本地化的环境中看到自己,因为在这里他们被交织在大自然的持续进程中。

2. 人类规模的组织

人类需要在规模合理的组织中生活和工作,人类规模的核心价值包括个人实现、社区合作、与自然和谐、权力分散和自给自足。赛尔主张建立人类规模的教育机构,即根据学生的活动参与度与学业表现来确定学校的规模与活动,有研究表明,音乐、戏剧、社交和学生会等活动在人数 61~150 人的学校参与度最高;小规模学校的学生在学业上表现更好,儿童机构规模应小于 100 名学生。

3. 慢速运动

卡尔·奥诺雷提出的"挑战速度崇拜的世界性运动"如今已经蔓延到医学、工作、教育等领域。慢速教育是一种整体教育的形式,它反对以标准为主导的学校改革。当今教育界"创建快速学校的结果是机构消化不良,现在出现了不舒服的迹象","课程以牺牲理解为代价,塞进了太多的材料",随处可见"匆忙的孩子"。与此相反,慢速教育鼓励放慢教学,让学生可以有时间停下来,在课程中深入探究问题,让他们可以体验永恒的学习。

4. 非暴力

梭罗、托尔斯泰、甘地和马丁·路德·金阐明了非暴力的信条，非暴力变革的基础是不将对手对象化，不将我们的对手降格为仇恨和谴责的对象，在交锋中留有余地，使对手之间形成一定程度的相互性，其核心是尊重个人的良知和对生命的敬畏。非暴力变革被视为更有机地与一个人的内在相联系，其目标不仅仅是用更合适的法律和制度来改革社会，还要在人的内心寻求更根本的改变。

5. 无名的运动

保罗·霍肯描述了全球转型变化的背景，认为有一个"新兴的全球人道主义运动自下而上产生"，它涉及数以千万的人和基层组织。这场运动的核心价值在于"过程、关注和同情""生命的神圣性"。整体教育者和试图建立整体教育学校的群体是这个运动的一部分。整体教育正在尝试提供一种不同于当前标准化叙述的教育方式。

总而言之，整体课程的社会背景侧重于一个重视整体性的环境，人们可以在人类规模的社区中互动。

四、整体课程的发展历史

整体课程（整体教育）并不是一个全新的理念，很多世纪以前，教育家和哲学家们就已经阐述了它的原则，并以不同的形式践行它。

土著人民是第一批整体教育者，他们看到了生命的相互关联性，并称之为"生命之网"。崇敬自然、整合和关联的观念贯穿土著教育背景和教学过程。土著教育在一个真实的社区和自然环境中展开，认为学习是通过部分看到整体；人们可以通过身体和精神来学习，就像通过头脑学习一样。土著教育和整体教育具有共同点：①让人们意识到生命的深刻关联性；②关注对宇宙、自然神圣性的感觉和感受；③强调教育应该关注人的整体发展，包括身体、思想和精神。

希腊哲学家认为哲学是一种全面的、深思性的实践，柏拉图式的对话不仅仅是一种智力活动，而且是一种自我探索和自我改造的精神实践形式，希腊哲学家在工作中追求各种精神练习，实行各种形式的沉思。苏格拉底提出"认识你自己"，认为所有的知识都存在于内心之中，我们可以通过沉思来发现它。在柏拉图看来，教育应该教会人们超越物质世界的不稳定性，以直观地了解思想的"真实世界"。

让-雅克·卢梭是与整体教育有关的重要历史人物之一。他主张用自然的方法来养育孩子，因为他认为孩子的灵魂是纯净的，必须保护其不受社会文明的影响。他认为，应该让孩子的灵魂按照自己的自然模式来展开，所有教育中最有用的规则不是"获得时间，而是失去时间"。

瑞士教育家裴斯泰洛齐的思想显示出交互式立场和转化式立场的双重影响。他真正的教育天赋在于他对儿童的同情，以及他如何根据每个学生的独特需要调整他的教学方法。裴斯泰洛齐没有固定的教学计划和上课顺序，也不限制课堂时间。

福禄贝尔认为游戏是人类心智发展的首要手段，可以帮助儿童认识外部世界，从事物和事实中收集原始经验以及锻炼身体和心灵力量。儿童在开始游戏时也不知道模仿周围的游戏会达到什么目的，但它表达了自己的本性，这就是游戏活动中的人性。福禄贝尔和卢梭一样，相信儿童具有内在善性。

布朗森·奥尔科特在费城创办了一所名为圣殿学校的新学校，这所学校在整体教育的历史上有较为重要的地位。奥尔科特在圣殿学校发展了一种整体性的学习方法,"像拼写、语法和词汇这样的技能被整合到关于道德和精神事务的大课中"。奥尔科特认为,所有的教学和学习都应该与精神中的"心",即心灵相联系。

列夫·托尔斯泰受到卢梭的影响,认为儿童应该不受外界环境的影响,这样他们的善良才能展现。托尔斯泰对当时的学校提出非常严厉的批评,并建立了自己的学校,根据自己的理论来教育农民。他让孩子们自己决定是否参加课程,如果他们去上课,他就让他们根据自己的经验写故事。

20世纪最著名的人文教育倡导者尼尔于1921年在德国创办了一所非传统学校,后来成为著名的夏山学校。在夏山学校,孩子们可以选择去上课或不去上课,教师们倾向于非正式地管理他们的课堂。尼尔主要关注儿童的精神生活。家长们经常把有问题的孩子送到夏山学校,在尼尔的关怀教育下,这些孩子往往克服了他们的困难,成为健康的人。尼尔的影响不仅限于夏山学校内部,其在学校之外的影响也是巨大的。在20世纪六七十年代,他的《夏山学校》一书以每年超过20万册的速度销售,这本书成为许多自由学校教育者的圣经。到1972年,自由学校的数量达到约500所,这些学校取消了强加的纪律和惩罚、时间段的划分、家庭作业、频繁的测试、成绩和报告卡、严格的分级课程、标准化的教室。自由学校运动虽然也有缺陷、过度和盲点,但它代表了所有人类的一种严肃认真的努力,努力使社会从无序的技术主义道路转向更民主、更全面、以人为本的价值观。

20世纪六七十年代的人本主义教育是整体教育的直接先驱,它产生于人本主义心理学。罗杰斯提出"意义学习""体验式学习"的概念,认为学习具有"个人参与的特质——整个人在感觉和认知方面都参与到学习活动中。它是自发的……它是普遍存在的,它使学习者的行为、态度,甚至人格都发生了变化……它的本质是意义。"马斯洛重视儿童的"高峰体验",即儿童对世界的直接体验，因为它能让儿童产生敬畏和好奇心。人文教育家格里·温斯坦和马里奥·范蒂尼提出"当教学内容和方法具有情感基础时，与学生的有意义的关联就能最有效地建立和保持"，他们开发了一个"关注的课程"，涉及学生的兴趣和关注。乔治·布朗是融合教育的领导者之一，他认为"融合教育是指在个人和团体学习中情感和认知元素的整合或流动——有时被称为人文或心理教育"。

超个人教育于20世纪70年代中后期从超个人心理学中发展出来，关注人和经验的精神层面，认为我们不应把自己和我们的学生看作是孤立的自我，而看作是一个相互联系的动态宇宙中相互依存的生命……

社会变革教育家认为，学校在社会根本性的变革过程中可以发挥重要作用。1901年，弗朗西斯科·费雷尔为西班牙巴塞罗那的工人子女开办了现代学校，开发了"理性教育"的方法，通过探究和科学调查培养儿童的批判能力，以发展对社会力量的批判意识。1910年，纽约成立了费雷尔协会，该协会成立了费雷尔中心、现代学校及《现代学校》杂志。现代学校的信念是："在自由中长大的孩子会拒绝压迫性的工作条件，成为政治革命家。"乔治·康茨声称教育必须正视并勇敢地面对每一个社会问题，面对生活中的所有严酷现实，与社区建立有机的关系，发展一个现实而全面的福利理论，对人类命运形成一个令人信服和具有挑战性的愿景。麦尔斯·霍顿认为教育的过程必须是有机的，而不是各种不相关的方法或想法的组合，他的观点代表了社会变革教育的整体方法视野。

五、整体课程的六种关联

本书第二部分探讨线性思维和直觉之间的关联、心理和身体之间的关联、学科知识领域之间的关联、人和社区之间的关联、人与地球的关联及人与自我心灵的关联,并研究了与之相关的教学策略。

(一)直觉关联

整体教育试图在理性和直觉之间取得平衡,寻求右脑和左脑思维的平衡。线性认知涉及一个连续的、可观察的过程,而直觉则是一种直接的认识。学校对标准化考试的强调导致人的右脑思维发展被忽略。支持右脑思维的一个途径是发展我们的直觉。

弗朗西斯·沃恩描述了直觉的四个层次:身体、情感、智力和精神。在身体层面,直觉的特点是强烈的身体反应,例如,当人们在丛林中感觉到身体危险时产生的意识。情感上的直觉可以成为艺术表达的源泉,尽管很难描述原始直觉和最终表达之间的联系。智力层面的直觉经常通过心理图像来表达,比如闪现的洞察力和想象力。直觉的最高层次是精神上的,在这里,直觉独立于感觉、思想和知觉。

为什么我们要在教育中关注直觉,并寻求分析性思维与直觉洞察力的平衡?首先,有证据表明,直觉是创造力的组成部分,有效的思考既包括直觉也包括分析。沃拉斯模型以及其他创造性思维的模型,对于教育者在课堂教学中平衡逻辑分析和直觉洞察力很有帮助。爱因斯坦和莫扎特就是能够在最高水平上有效地将逻辑分析和直觉洞察力关联起来的例子。其次,有研究表明,丰富的内心生活、直觉和想象力可以成为自主性的来源,想象不发达、内心生活贫瘠的儿童容易出现冲动、依赖、暴力等行为。

我们可以通过可视化意象、隐喻或诗歌等方式将直觉纳入我们的教学。此外还有一些整体教育者认为可多元使用可视化意象工具,比如在课堂教学注入批判性思维视角,让学生发展健康的自我意识,审视社会机构;采用苏格拉底圈教学法整合学生的批判性思维和创造性思维。

（二）身心关联

近代以来，有两个初始原因让人类把心理情感和身体对立起来。一个是受 17 世纪笛卡尔思想的影响：笛卡尔主张"我思故我在"，而不是"我感故我在"，这导致了我们与身体的疏离。另一个原因是我们的教育系统：现代学校系统常常教导学生控制他们的感觉、情绪，而不是理解；教导学生遵循规则，取得好成绩，而不是去感受学习过程，导致学生普遍缺乏整体性发展。

多项研究证实，身心之间存在双向关系，"心理的状态影响身体，身体的状态也影响心理"，这意味着应该加强身体的练习，比如正念和瑜伽，以帮助调节情绪。正念是一种"心理训练的形式，帮助你逐一练习观察你的思想、感觉和感受，并且不做任何评判"。正念具有积极影响，学生练习正念后，同理心增强、乐观主义情绪显著上升、情绪控制能力增强、注意力更加集中、与同学的合作更加密切。瑜伽有助于激发学生的想象力，让学生身心放松，获得更多的自我意识。

教育中连接身心的工具包括运动/舞蹈、达尔克罗兹音乐教学法、教育戏剧等。杰尔拉丁·迪蒙斯坦开发的整体性的舞蹈方法可以发展动觉意识（即儿童控制自己的动作并同时感受动作的能力）。舞蹈赋予动作所表达的视觉形象以内心感受，有助于儿童发展"肌肉感"，学会通过运动或外显的动作形式来表达自己的内心感受。

达尔克罗兹音乐教学法基于"经验先于认知"的前提，通过身体体验和具身意识来发现音乐概念，吸引学生深度参与，充分意识到他们对音乐刺激的身体反应，教他们提升运动感知以及使用空间、时间和能量来传达音乐意义的敏感性。达尔克罗兹发现当学生通过运动体验音乐概念时，他们的注意力更加集中，内在潜力和直觉认知得到发展，同时形成他们对艺术表达的个性和意义。

英国教育家多萝西·希思科特开发了一种变革性的教育戏剧方

法，用戏剧来扩展学生的意识，使他们能够通过幻想来观察现实，看到行动表面之下的意义。这种方法可以帮助学生度过艰难的时期，同时也有助于学生利用戏剧来"探索小说中的世界，理解历史事件，体验不同文化群体之间的冲突，了解其他行业的感受"。

（三）学科关联

学科知识一直处于传统学校教育的中心，并以一种可能与学生需求和兴趣无关的教学方式传递。整体课程试图建立学科与自我、学科与学科之间的关联。融合教育始于20世纪60年代，由乔治·布朗领导，专注于连接认知和情感领域，是整体教育的一个重要先驱。融合教育发展了一些策略来促进自我—学科、学科—学科和学科—社区之间的联系。

整体课程主张将学科与儿童的内在生活联系起来，这样学科就会变得不那么抽象，更具有意义。阿什顿—华纳认为儿童的内在自我更有力量，学习必须触及内在的愿景。她开发了有机阅读和有机写作的教学方法，扎根于人的内心，并与自然相关联，关注儿童内心的愿景，从而帮助建立学科与自我的关联。

各种综合课程方法以及整体思维模式有助于实现学科之间的关联。多学科课程、交叉学科课程和跨学科课程有助于建立不同层面的学科关联。多学科课程保留了独立的学科，但在独立学科之间建立了联系。交叉学科课程建立了两个或三个不同学科间的关联，各学科通过围绕某个具体问题进行整合。跨学科课程使几个学科围绕一个更广泛的主题进行整合，学科和概念之间的联系变得更多和更复杂。跨学科课程有多种实施形式，例如华德福教育通过"主课"形式，通过教师的教学艺术将英语、数学、地理、历史和科学结合起来。詹姆斯·比恩倡导跨学科综合课程，围绕具有个人和社会意义的问题和议题整合相关知识和其他涉及知识应用的活动，并让学生参与课程规划。苏珊·德雷克开发了融合课程 KDB 模型和跨学科故事课程模式。KDB 模型专注于认知、行动和存在，涉及跨学科的"大概念"内容，如可持续性、冲突、模式和系统等都是大概念，这些大概念通常作为连接的桥梁可应用于多个主题域。故事模式包括个人、文化和全球多层次：个人故事是我们如何使我们自己的生活有意义；文化故事侧重于我们所处的文化或亚文化的历史；全球故事连接了个人和文化故事，并把它们放在一个更大的背景中。

学科也可以作为一个通往社区的桥梁，将自我与社会联系起来。例如，利用社区资源，让学生收集、撰写学校的历史故事和当地的历史故事。环境教育是关联学校和学科的重要载体。

（四）社区关联

整体课程应促进学生与社区之间的关联。社区指的是处在同一空间或拥有共识、某种关联性的共同体，比如班集体、学校社区、个人的城镇社区和全球社区。整个学校应该是一个社区，同时学校将自身扩展关联到周围社区也很重要，可以让学生参与社区服务活动或社会变革的一些项目。

与学生关联最直接的社区是课堂，合作学习、学习圈、恢复性司法有助于建设课堂社区。注重非语言交流、重视学校审美环境、讲述学校故事、开展节庆活动、营造真实性氛围、表达情感关怀是促进学校社区建设的关键点。学校可通过社区服务学习、参与社区工作来增强学生与周围社区的关联，引导学生参与社区活动，并将其与学校的学术工作相联系。

全球教育与整体教育具有一致性，都认同教育的相互依存性。全球教育试图将学生与全球社区联系起来，帮助学生把自己看作是全球社会的一部分，同时关注内在旅程的重要性。全球/整体性课程包括以下几种策略：合作性、互动性学习，以儿童为中心，混合节奏的学习，同理心、体现性的学习，精神的学习，缓慢的学习。

社区有许多层次，然而至关重要的是，学生在课堂上要有社区感。如果缺乏这一点，那么学生就不会在日常的基础上体会到社区的存在感。当学生在课堂中感受到共同体时，他们就会与其他学生、老师和学习过程形成联系。

（五）地球关联

我们的教育系统一直关注如何使公民具有全球竞争力，不断地将教育置于一个狭窄的经济参考框架内，剥夺了教育的最终目的和意义。与地球的关联可以唤醒我们对生命、自然的认识。

环境教育是学校课程的一部分，然而当前的学校课程侧重于研究解决环境问题的方法。我们需要的是另一种环境教育，其核心是让学生体验到我们如何与地球、大自然关联共生。大卫·奥尔认为我们应该进行生态教育，引导学生研究生态学的基本规律，看到生态环境与我们日常生活的关联，审视工业化和消费主义如何破坏地球，学习可持续性生活的悠久传统。这个传统是一个"致力于寻求所有年龄、种族、民族和世代的人之间以及人与自然界之间的统一关联模式的传统，这是一个以神圣的生命信念为基础的传统"，包括化繁为简、权力分散、民主程序、土地归属感和人口规模等策略。

整体教育注重在地化学习。在地化学习坚持一些基本原则：学习在学校操场、当地社区和环境中现场进行；学习的重点是当地本土的主题、系统和内容；学习经验有助于社区的活力和环境质量，并促进社区在全球环境质量方面发挥作用；学习受到当地组织、机构、企业和政府强有力的伙伴关系的支持；学习是基于对一个地方的热爱，并能促进发展这种对土地的爱；在地化学习是理解和适当参与区域和全球问题的基础。

整体课程强调自然原则，强调人与自然界的连接是人类健康、幸福和生存的根本。多项研究发现人类在与大自然互动时，其记忆表现和注意力有所提高，合作和解决冲突的技能得到了发展，自尊心得到了增强，解决问题的行为得到了改善，自然体验有助于发展创造力。

园艺种植是让学生参与自然的一种方式，能够让学生对地球有实实在在的体验，有益于儿童学会与大自然和谐共处，学习科学、数学、语言和社会研究等基本学术技能，学习与他人合作。环境文学作品也可以当做地球教育的方法，有助于唤醒我们对环境的敬畏。日本大寺屋学校、韩国的学校森林运动、加利福尼亚州海德罗伊斯学校以及多伦多均点学校都基于整体教育视野，因地制宜地将环境教育融入学校课程中。

在地球关联中，整体教育的目标是养成"对生命的敬畏"，以一种新的快乐和喜悦的感觉来看待地球和它的居住者。培养儿童对自然的惊奇感，重新唤起人们在机械化的世界中已经趋于丧失的对自然的敬畏感。

（六）心灵关联

心灵赋予人的生命以意义和目的，是一种重要而神秘的能量。整体教育主张基于内在生命的课程发展学生的心灵和精神。讲故事、冥想、正念、梦境记录、日记、儿童文学等许多方法可以帮助滋养学生的内在生命，建立与自我心灵的关联。

讲述宇宙故事以及蒙台梭利提出的宇宙教育也可以帮助培育学生的心灵。从大爆炸到现在的宇宙故事、地球故事也是人类的故事，也是地球上每一个生命的故事，能够使学生清醒地认识到存在的神奇。蒙台梭利认为，人的内心深处有一个精神的胚胎，需要得到尊重和滋养，这样学生才能最终找到他们在地球上的目的。宇宙教育可以帮助儿童发展对生命的敬畏感和对地球的关爱，更深刻地欣赏生命和地球本身，带给孩子们一种生活的意义和目的感。

学校教育是培养学生心灵的重要通道。瑞秋·凯斯勒基于多年的学生工作经验,描述了教育中通往心灵的七道门:深缘的向往,对寂静与孤独的向往,寻找意义和目的,对欢乐和愉悦的渴望,创造性的驱动,超越的冲动,启蒙的需要。

六、整体课程的实施和评估

如何实施整体课程?首先需要教师的临在感,其次实施整体问责制,最后是学校有机变革。

1. 整体课程的实施需要教师具有临在感、关怀、耐心、爱和谦逊

教师的临在感是教师从事教育活动时给人呈现的一种在场整体氛围感,它要求教师全身心投入在场,密切关注学生并及时回应与关怀。具备临在感的老师能够与学生或在场的他人产生心灵、情感等内在层面的连接,通常会给学生的人生发展带来深刻久远的影响。教师的临在感有利于促进师生相互关爱,有些学生学得很慢或者在课堂上的不当行为都可能会挑战老师的耐心,教师需要培养耐心,避免应激性的消极反应,这样学生的学习和行为就能慢慢改变。教师对工作的热爱表现在享受教学的行为上,还表现在希望学生得到最好的发展,成为完整的人。现实的教学可能会带来挑战和失望,但爱会帮助教师度过困难时期。作为教师,需要意识到,学习永无止境,应对世界、学科问题以及儿童学习保持好奇和谦卑心态。

2. 整体问责制

现在的教育问责制已扭曲化发展,一些学校的资金和人员配置与分数挂钩,学生之间相互竞争,只为在纸笔考试中取得成绩。

整体问责制将人或学生看作一个完整的人,尊重他的思想、感觉和身体,可以为现代问责制提供一个改良视角。整体教育视角下的问责制意味着:第一,对学生的整体负责,不把他或她看作是一个仅仅"执行"一套狭窄技能的人,充分倾听学生并回应他们的需求;第二,以正直的态度从内到外地工作和教学,对我们工作的机构负责,尽可能地帮助创造一种强烈的学校社区感;第三,对学校所在的社区负责,与家长保持公开沟通,并邀请他们尽可能地参与学校的生活。

整体问责制方法具有包容性,超越了考试分数、社区合作和领导实践等因素。爱默生写道,每个人都有权与宇宙建立一种原始关系。这种原始关系也是一种有机问责制,大自然本身提供了它自己的问责方法。生态系统的相互依存是问责的最终形式,有机的问责制扎根于一种尊重关系和相互联系的整体视角,一个更完整和明确的世界观。教育有责任向学生介绍他们与宇宙的原始关系,培养对地球和生物圈自然过程的敬畏感和尊重。

3. 学校有机变革

整体教育需要有机的校长领导力和变革方法。首先,校长需要要认识到,变化是学校生活中固有的,有机的愿景有助于学校发生有机变革。学校需要一个整体的愿景,这个愿景来自教师的心灵和思想,包括他们对学校整体大局的一些看法。这个愿景不是僵硬和固定的,它随着我们对整体教育的理解而变化。其次,整体教育必须建立在某种形式的内在转变之上才能发挥作用。当教师们感受到与整体原则的深度一致,并开始按照这些原则生活和教学时,学校就会发生由内而外持久的深层变化。再次,接受变革的复杂性和冲突。变革不是线性的,学校最好被看作是一套复杂的相互作用的关系。校长需要了解学校内部存在的一系列关系,以及学校与周围社区的联系,并将这种意识中带入与教职员工或教师群体的合作中。当冲突出现时，不要试图避免或压制它，因为冲突也是变革的重要因素。最后，关注学校的隐性氛围，大多数变化不是通过语言发生的，而是在非语言的、沉默的层面上发生的。因此可以尝试创造隐形、无声的变革氛围，比如，一个校长或一群教师默默无闻、深深地致力于服务整体愿景，成为一个无声榜样。

总之，整体教育将学校视为复杂的、不断进化的有机体（通过目的感、协作和深刻的内在方向感而改变）。理想情况下，校长或班主任应该是整体性的人，校长可以使用教师学习小组，帮助建立学校教师之间的合作环境，支持教师努力开发和实践整体课程，让老师充分感受到他的临在感。学校变革是渐进的和有机的，不能采用狭隘的、机械的变革方法，校长应觉察到每位教师准备做什么，引入不会对员工造成太大负担的专业发展战略，提供适合他们成长的机会。

七、均点学校的整体课程实施及整体教育愿景。

加拿大多伦多市的均点学校成立于 2009 年，是一所包含幼儿园、小学和初中的一体化公立学校，拥有 200 多名学生，是多伦多教育局管辖区域内最大的非传统学校，也是加拿大公共教育系统发展整体教育的先进示范学校。2007 年，约翰·米勒受多伦多学校委员会和当地老师、家长的委托，开始指导筹建均点学校，这所学校在遵循安大略省教育部课程标准的同时，以《整体课程》为实施框架开发了其独具特色的整体课程，如今成为当代整体教育学校的原型。

在直觉关联方面，均点学校关注基于探究的学习方法，在户外教育项目中，教师和领导制定了一种名为"提问的艺术"的方法，向学生提出基于探索的问题，并鼓励大胆想象和深入思考，这个过程连接了智力和直觉，发展了直觉和独立思考能力，为学生自主探究提供了良好基础。当学生熟悉这个过程后，他们学会相信自己的内在认知，并利用自己的直觉来解决问题，自主掌握自己的学习。

在身体与心理关联方面，均点学校的许多老师实践并教授正念冥想、视觉化意象、戏剧、角色扮演、舞蹈、瑜伽、气功、专注和大脑训练等方法，以帮助孩子们通过建立心理和身体之间的关联来获得他们生活中的平衡，促进他们的整体性。

在学科关联方面，均点学校采用整体性的探究方法使各个科目围绕广泛的主题交织在一起，为学生创建认知关联。例如，将讲故事、戏剧、视觉艺术、音乐和舞蹈尽可能地整合到所有的语言艺术课程中，以便孩子们以有趣和创造性的方式学习课程材料。

在社区关联方面，均点学校通过仪式活动、"教师连续带班制"和圆圈活动等来发展学校的社群感和加强学校的社区关联。学校员工、家长和学生都积极参与学校的日常运作，互相照顾、帮助孩子们，形成了一个紧密关联、极具凝聚力的学校社区。

在地球关联方面，均点学校通过定期的亲近大自然的体验，帮助学生们发展对地球的理解和深刻连接。开发了丰富的户外教育项目，在户外实际中教授地球、环境现象知识并观察自然界的变化过程和特征。学生在户外体验中撰写自然日记，学习观察技能并记录他们的观察结果，自由的去探究、绘画和测量。

在心灵关联方面，学校提供充足的时间和耐心指导，以开放的心态探究无形的事物。通过唱歌、音乐、教育戏剧、讲故事，日常课堂仪式活动、节庆活动等发展学生的想象力，滋养、连接学生的心灵。同时将冥想、正念练习纳入学校的健康课程，帮助学生发展健康的心灵，克服学习过程中的压力、注意力障碍等问题。

均点学校的整体教育愿景有如下几点。

在这所学校，我们关心孩子。我们关心他们的学习，希望他们看到知识的统一。换句话说，我们想让学生了解学科之间及与学生自身之间的关系。我们关心孩子们的想法，尤其是我们鼓励创造性思维。我们希望学生能够同时使用分析和直觉思维解决问题。

我们关心学生的身体发育。我们将部分课程用于培养健康身体和积极自我形象的活动。我们希望连接学生的身心，让他们感到"宾至如归"。

我们关心学生与他人及整个社区的关系。我们专注于沟通技巧，随着学生的发展，我们鼓励他们在各种社区环境中使用这些技能。同时我们鼓励社会各界人士走进学校，特别是能够激发学生审美意识的艺术家。

最重要的是，我们关心学生的生活。作为教师，我们可以努力培养学生的精神成长，让自己变得更有意识、更有爱心。通过对自己的努力，我们希望在我们的学生中培养一种深刻的内在关联感，以及与这个星球上其他生物的关联感。

目 录

第一部分 整体课程:理论背景

第一章 整体课程概论 /2
- 第一节 整体教育:为什么以及是什么 /2
- 第二节 整体教育的目的 /5
- 第三节 整体教育:平衡、包容和关联 /8
- 第四节 均点学校与整体教育 /17

第二章 哲学理论基础:永恒哲学 /21
- 第一节 实在和宇宙统一体的相互关联性 /23
- 第二节 人的内在心灵与神秘的统一体之间存在密切关联 /24
- 第三节 通过各种沉思实践来认识这个神秘的宇宙统一体 /25
- 第四节 价值观来自对相互关联性的认知和践行 /27
- 第五节 对存在的神秘统一性的认识引导对抗不公正和人类苦难的社会行动 /28

第三章 心理学理论基础:无条件的自我 /31
- 第一节 精神传统中的心灵概念 /32
- 第二节 超个人心理学和无条件的自我 /41

第四章　社会背景：一个生态学/相互依存的视角　/53
第一节　传递式立场——自由放任经济学　/53
第二节　交互式立场——理性规划　/54
第三节　转化式立场——相互依存的观点　/57

第五章　历史背景　/70
第一节　土著教育　/71
第二节　希腊先哲　/72
第三节　让-雅克·卢梭　/74
第四节　裴斯泰洛齐和福禄贝尔　/76
第五节　布朗森·奥尔科特　/78
第六节　列夫·托尔斯泰　/82
第七节　尼尔　/83
第八节　人本主义教育/超个人教育　/86
第九节　社会变革教育　/89

第二部分　整体课程：实践策略

第六章　直觉关联　/100
第一节　逻辑—直觉　/100
第二节　直觉与教育　/106
第三节　均点学校的直觉关联　/123

第七章　身心关联　/128
第一节　正念　/132
第二节　瑜伽　/140
第三节　运动和舞蹈　/142
第四节　达尔克罗兹音乐教学法　/144

第五节　教育中的戏剧（多萝西·希思科特）　　/146
　　第六节　均点学校的身心关联　　/148

第八章　学科关联　　/153
　　第一节　自我和学科　　/153
　　第二节　学科间的关联　　/155
　　第三节　学科与社区　　/168
　　第四节　融合教育　　/168
　　第五节　均点学校的学科关联　　/171

第九章　社区关联　　/174
　　第一节　在课堂上建立社区　　/174
　　第二节　学校社区　　/181
　　第三节　学生与社区的联系　　/185
　　第四节　均点学校的社区关联　　/188

第十章　地球关联　　/193
　　第一节　环境教育　　/195
　　第二节　在地化学习　　/196
　　第三节　自然原则　　/198
　　第四节　园艺种植　　/199
　　第五节　以环境为导向的学校　　/201
　　第六节　环境文学作品　　/208

第十一章　心灵关联　　/214
　　第一节　基于内在生活的课程　　/214
　　第二节　宇宙的故事和宇宙教育　　/223
　　第三节　教育中的心灵　　/225

第十二章　整体课程的实施和评估　　　　　　　　　　　　/230
　第一节　整体课程的实施　　　　　　　　　　　　　　　/230
　第二节　整体问责制　　　　　　　　　　　　　　　　　/236
　第三节　整体性校长与变革　　　　　　　　　　　　　　/239
　第四节　关于均点学校的评估反馈　　　　　　　　　　　/244

附录　命名世界：关于整体教育和土著教育的对话　　　/248

第一部分

整体课程：理论背景

第一章 整体课程概论

第一节 整体教育：为什么以及是什么

整体教育的目标是让教育与自然世界的本质保持一致。自然界的实质是相互关联和动态的。从原子、有机系统、生物圈到宇宙本身，我们都可以看到这种动态和关联性（Capra，1996）。不幸的是，自工业革命以来，人类世界一直强调分割和标准化，其结果是碎片化。

这种分裂渗透到了一切事物中（Senge et al, 2004：190）。首先，我们把经济生活与周围的环境分割开来，导致生态环境被破坏。由于我们长期视自己独立存在于周围的有机环境之外，我们似乎已经污染了所有事物，包括广袤的海洋。这种分裂也导致了全球变暖。

其次是社会分裂。工业化社会中的大多数人都生活在大城市中，他们在那里感到恐惧，并习惯与他人隔绝。尽管犯罪率已经下降，但城市地区的暴力仍然是北美城市的一个问题。即使在过去被认为是安全的地区，如郊区，人们也害怕在晚上独自行走。这种分裂也体现在当下我们熟视的各种形式的伤害行为中，比如我们用烟草、酒精和毒品来摧残、麻痹自己，我们责备、伤害他人，包括老人、配偶和孩子。我认为，正是由于人们感到彼此之间没有联系，脱离了现实生活中真实的群体、共同体，从而产生了这种对自己或他人的伤害性行为。

再次,是存在于我们内部的分裂。拉尔夫·瓦尔多·爱默生(1990:54)写道:"世界之所以缺乏统一性,并处于破碎和堆积之中,是因为人与自己不统一。"我们发现我们与自己的身体和心灵脱节。特别是教育,已经做了很多切断头脑和心灵之间关系的事情。任何不属于学术讨论的东西都被贴上"感性"的标签,导致工业化社会中的人们似乎只存活在他们的头脑中。正如我们在媒体上看到,人们被画上了大脑袋和小身体。这象征着我们看待自己的方式以及我们如何生活在自己的头脑中,否认了我们更深层次的认识和直觉。

最后,约瑟夫·坎贝尔(Joseph Campell,1986)描述了北美文化中另一种形式的碎片化——缺乏共同的意义感。在北美,我们似乎没有共同的价值观,媒体不断报道美国的"文化战争"。当我们试图处理枪支管制、堕胎、安乐死和同性恋等问题时,这种分裂的情况就变得很明显。与我们最接近的世界观是科学唯物主义,它在媒体和教育系统中得到了体现。这种世界观表明,唯一的现实是物理的,而我们能够理解和控制这种现实的唯一方法是科学。物质主义与消费主义有关,它鼓励我们尽可能多地拥有物质产品。我们拥有的商品越多,我们就应该感觉越好。然而,许多获得物质福利的人的生命仍然存在着缺陷和不完整。格雷格·伊斯特布鲁克(Gregg Easterbrook,2003)记录了人们如何在物质上比他们的父母和祖父母生活得更好,但却不那么快乐。有些人感觉到缺少了一些东西,由于缺乏一个更好的词来形容,我们暂且把这种东西称为"精神性"。在这里,我们把精神性定义为一种对生命的敬畏和尊重,这种敬畏和尊重来自我们与某种既奇妙又神秘的东西的关联。

我所描述的碎片化现象也存在于我们的教育系统中。我们把知识分为科目、单元和课程。然而,学生们往往看不到这些科目之间的关系,看不到科目中不同内容之间的关系,也看不到这个科目与生活的关联性。贝特森夫妇（1987）对这一点进行了总结：

> 原住民和农民共享的真理是融合的真理。相比之下，我们今天必须关注的是，尽管我们可以说服我们的孩子学习很多关于世界的事实，但他们似乎没有能力把它们放在一起，形成一个统一的理解——没有"连接的范式"。

很明显，我们生活在一个过渡的时代。旧的工业秩序正在瓦解，工厂模式正在消亡。然而，我们并不确定取代它的是什么。但是，我们可以确定的是，一些新的图景正在出现。约瑟夫·坎贝尔和其他人所引用的一个图像是在月球上拍摄的地球的照片。这张照片很好地展现了全球关联的感觉，因为它显示了一个没有边界的世界。美国宇航员拉塞尔·施威卡特（Russell Schwiekart）说："往下面看，你无法想象你一次又一次地跨越了多少边界和界限，而你甚至看不到它们……你所看到的地方，它是一个整体，它是如此美丽。"（Senge, 1990：370）

看那张照片让我们重拾敬畏和惊奇的感觉。爱默生（1990：25）在19世纪提出，人类已经失去了"与宇宙的原始关系"。如果这种观点在19世纪是真实的，那么对于今天就更有意义了，因为媒体已经成为我们观察宇宙的镜头。很多人对原住民的精神信仰感兴趣的原因之一是，他们的世界观有助于唤醒我们与自然的原始关系。

地球的照片彰显出一种相互依存和联系的新信念。根植于大自然本身的现实，并得到各种精神传统的支持，这种相互依存的愿景是商业、健康和教育等许多领域变革的核心。我认为，变革背后的动力是为了使我们的生活、组织机构与事物的发展方式更加和谐。如果自然界是动态的、相互联系的，而我们的教育系统是静态的、支离破碎的，那么我们只会感到疏离和痛苦。但如果我们的机制能够与这种相互联系和动态的本质相一致，那么人类实现发展的可能性就会大大增加。

自本书上一版出版以来，"整体"这个词被越来越多地用来构建问题和处理问题。人们经常问及整体的根本含义。整体这个词来自希腊语"holon"，指的是一个由综合整体组成的宇宙，不能简单地归结为其各部分的总和。整体性有时被拼写为"wholistic"。我认为这两个词并不能互换使用，因为"整体（holistic）"蕴含着精神性，或一种神圣感的意味，而"整体（wholistic）"则更多是物质和生物性的，强调物理意义和社会意义上的相互关联。我认为杜威的主张是基于物质社会的整体主义（wholistic），而甘地和斯坦纳的观点是包含精神性的整体主义（holistic）。

第二节　整体教育的目的

整体教育的最终目标是什么？以下是我认为整体教育者应努力实现的目标。

一、整体性与健康幸福

人类整体性观点是一个古老的观点，大多数文化都有一些整体的概念。它可以在原住民、希腊文化、佛教、印度教、道教以及美国超验主义者的世界观中找到。我们身体里的每个元素都是相互联系的，我们的身体与我们周围的一切都有联系。这些相互联系形成了"整体"。土著人民用直觉感知"整体"。切罗基人达雅尼·耶和华（Dhyani Ywahoo, 1987）曾写道：

圆圈代表了万物在不断运动的宇宙中的循环，万物在一个不断运动和微妙变化的过程中和谐共生。因此，我们每个人在我们自己的时间和空间的圈子里,都在不断地用我们的思想、语言和行动来实现整体的旋转。圆代表完全的和谐与平衡。

整体性意指经验的相互关联性和人类的多维性。整体性教育促成了我们对自己和学生的这种意识。我们看到生命的身体、智力、情感和精神层面之间的关系。

整体性能产生一种幸福感和快乐。我相信,幸福不是整体教育的直接目标,但当我们感到整体和相互关联时,就会产生幸福。如今积极心理学已经提出了关于幸福的研究,其中一些研究将在第三章讨论。尼尔·诺丁斯(Nel Noddings, 2003)的《幸福与教育》一书研究了如何在教育环境中培育幸福。

整体性也包括接受内在的"阴影"面。整体性并不意味着创造某种理想的人类模式,并试图达到这种模式。相反,它要求我们接受当下发生在我们身上的一切,这可能包括痛苦、无知和误解。我们文化中的趋势是压抑我们的阴影面,扬长避短。接受并不意味着对我们的阴影面的美化,只是意识到它们的存在。这种意识可以成为治愈的开始。

二、智慧与慈悲

智慧是指深入洞察事物的本质,并根据这种智慧的洞察和理解采取行动。如上所述,科学和生态学向我们展示了事物的相互关联性,或者说一切都存在于关系之中。精神性智慧也关注永恒哲学中的这种相互关联性,它将现实描述为和谐整体中的多重性(Huxley, 1945)。下一章将介绍关于永恒哲学的修正观点(Ferrer, 2017)。作为人类,我们体会到这种相互联系时,就会对众生产生一种自然的慈悲心。我强调体会这个词,因为这不仅仅是智力上的领悟,而且是来自内心深处的领悟。

智慧包含批判性的视角。这也是马丁·路德·金和甘地看待不公正并采取行动抵制这种不公正时所持有的视角。然而，在争取正义的斗争中，仍然对那些非正义的人——也就是压迫者——抱有慈悲心。

三、敬畏与好奇

迈克尔·勒纳（Michael Lerner，2000）指出，敬畏和好奇应该是教育的首要目标。爱因斯坦认为，对宇宙奥秘的敬畏和好奇激励着他和其他科学家进行探索。正是这种原始关系，使得敬畏和好奇自然而然地表现出来。欣赏大自然可以产生这种关系，例如，看云在天空中移动，仰望星空，或观察鸟类的飞行。也可以通过音乐、舞蹈和诗歌等艺术让我们开启敬畏和好奇心理。德雷塞维茨（Deresiewicz，2014：158）转述了诗人雪莱的话，说"艺术是滋养精神的摇篮"。

四、目的感与自主性

达雅尼·耶和华（1987：163）写道："在生命的轮回中，我们每个人都有特殊的天赋，有特殊的功能……每个人的天赋或功能都有存在的必要性，且都能裨益整个人类大家庭和那些行走、爬行、游泳或飞行的人的利益所必需。我们所有人都密切相关。"

整体教育应该帮助学生找到生活的目的感。教育应该帮助学生发现他们擅长的东西，并教他们如何运用这些天赋。教育应该为学生发现天赋、应用天赋提供空间，专注于"3R[①]"的狭窄课程是这种发现的障碍。

---

① 译者注：是指传统的"3R"教育，即阅读（Reading）、写作（Writing）和算术（Arithmetic）的基本技能。

达雅尼·耶和华（1987：104）写道，我们如何才能发现我们的生活目的："看看什么是容易的……哪些是你觉得被召唤去工作的领域？你做什么事情的时候感觉到充满能量？"当然，我们可能有不止一个人生目标，而且这些目标会随着我们的成长和发展而改变。因此，重要的是要不断倾听内心的声音，同时也倾听宇宙、大自然在对我们说什么。

第三节　整体教育：平衡、包容和关联

为实现这些目标，整体教育遵循三个基本原则：平衡、包容和关联。

一、平衡

平衡的哲学根源来自道家阴阳的概念，它们被视为互补和相互关联的能量。阴阳互含对方的种子，因此互相转化。劳伦斯·博德（Laurence Bold, 1999：27）描述了两者之间的关系："所有事物都是相辅相成的，从某种意义上说，它们需要彼此作为它们存在的条件……夜晚需要白天，白天需要晚上，好的需要坏的，坏的需要好的等。"图1.1是众所周知的阴阳符号。

阴和阳彼此互补，从而才能在宇宙、地球、文化、组织机构（例如学校和教室）和个人中保持健康。如果一个人某一方占优势而排斥另一方，就会出现疾病。有人认为，西方文化和教育一直以阳为主，它倾向于强调理性、物质、男性和个人，而排斥直觉、精神、女性和群体。有人认为，正是这种不平衡导致了西方文化和制度的病态。

图 1.1 阴和阳

让我们从阴阳的角度来看课堂:

阳	阴
个人	团体
内容	过程
知识	想象力
理性思维	直觉思维
定量评估	定性评估
测评	学习
技术	项目
技艺	愿景

1. 个人/团体

北美的教育倾向于强调个人竞争而不是团体合作。虽然这种情况已经有所改变,变得更加强调合作学习,但目前对考试和个人成就的关注严重加剧了学校的"阳气"。学生们热衷于在标准化考试中相互竞争,从而在这个教育系统中获得晋升。

2. 内容/过程

课程和教学往往以传授知识内容为中心。然而，知识爆炸和快速变化的世界使人们对帮助学生学习和处理信息的过程产生了兴趣。

3. 知识/想象力

课程改革者如赫希（Hirsch）、凯特（Kett）和特雷弗（Trefil, 1988）认为，儿童应该学习基本知识，知识应该在教学中占据优先地位。另一种观点认为，知识是学生在构建他们个人意义和认知方式的过程中共同建构的，在这个过程中，想象力发挥着重要作用。然而，近期课程改革倾向于强调知识内容的覆盖面和对学生是否掌握这些知识的测试。

4. 理性/直觉

我们的教育系统和整个文化都强调用理性和线性的方法来解决问题。整体教育则要求理性和直觉的融合。当这两个元素联系在一起时，学生的思维就会丰富起来。然而，我们在课堂中很少看到培养直觉的方法。莱恩·麦吉尔克里斯特（Lain McGilchrist, 2009）提出了一个极具说服力的案例，说明我们为何需要同时使用线性思维和直觉思维，这两种思维植根于大脑的两个半球中。他的研究将在本书第六章讨论。

5. 定量/定性评估

定量评估是以标准化考试为代表的，它在问责制时代往往占主导地位。定性评估是指使用档案袋，可以看到对学生连续长期性学习的评估。档案袋和其他形式的定性评估已经取得了进展，但美国小学的学生和教师仍都把注意力放在与联邦"不让一个孩子掉队"立法相关的定量测试上（Abeles, 2015）。

6. 技艺/愿景

在西方，我们倾向于把重点放在教学技艺上。这使得我们的教育过度强调教学和评估策略，而没有与更广泛的学习概念和儿童的整体发展愿景相关联。与此相反，像玛利娅·蒙台梭利和鲁道·斯坦纳这样的教育家在教学技艺和人的整体教育理念之间取得了平衡。

7. 测评/学习

今天，我们几乎痴迷于测试和报告。当这种痴迷愈加强烈时，我们往往会失去对学习的关注，特别是自然、有机的学习过程。课程变成了对学生的教学，而不是对学习的促进。评估和学习之间需要恢复平衡。新闻周刊的评论员安妮·昆德兰（Anne Quindlen，2005：88）曾写道："我们的教育系统已经坏了，问责制和标准会解决它。""不让一个孩子掉队"是从地方政府认证到联邦政府的测试评估项目口号，它还不如叫"不让一个孩子落下测评"。

8. 技术/项目

目前教育的另一个困扰是技术。一些教育工作者认为，我们需要为教室里的每个孩子配备一台电脑或 iPad。同样，我认为学校需要基于一个宽广的项目视域将技术置于一个适当的背景中。以技术为导向的课程最终将是一个狭窄和有限的课程。

还有整体和部分之间的关系，因为整体教学寻求保持两者之间的平衡。一般来说，我们关注的是部分，因为我们把课程分成了科目、单元和课程，然而我们缺乏一个激励我们的整体愿景。在整体课程中，我们试图将单元和课程与一个更大的愿景联系起来。这个愿景可以是变化的，但它通常涉及相互依存的关系和个人的整体感。托尔（Tolle，2005）描述了他对整体的看法。

一方面,整体包括所有的存在,它是世界或宇宙的一部分。但所有存在的事物,从微生物到人类,再到星系,都不是真正独立的事物或实体,而是构成了一个相互联系的多维网络过程的一部分。

罗马皇帝马库斯·奥勒里乌斯(Marcus Aurelius,1997)也提出了个人与整体之间关系的设想。

无论宇宙是一个原子的集合体,还是自然界是一个系统,首先要确定一点,即我是受自然界支配的整体的一部分;其次,我与其他同类的部分有某种密切的联系。因为,只要我是整体中的一个部分,我就不会对从整体中分配给我的任何东西感到不满,只要是为了整体的利益,就不会有任何对部分不利的东西。

因此,整体课程寻求部分和整体之间的"正确关系",使两者都得到承认和滋养。

二、包容

另一种看待整体教育的方式是将各种教育取向联系起来。这里描述了三种取向——传递传播、互动交换、转化转变——以及如何以整体的方式看待它们(Miller,Seller,1985)。

1. 传递式立场

传递式学习的特点是学生接受并积累知识和技能。这种形式的学习可以通过阅读文本或听老师的讲解来进行。知识被看作是固定的,而不是一个过程,知识通常被分解成较小的单元,以便学生能够掌握。当我们开始学习某项技能时,传递式学习是很常见的。例如,为了开车,我们必须学习驾驶的基本法律和规则,因此我们学习驾驶手册,以便能够通过关于驾驶知识的书面考试。

当学习一项技能时，传递式学习往往是模仿性和重复性的，如幼儿通过模仿其父母的讲话来学习说话。在学习一项运动时，如打高尔夫球，我们看着教练，然后一遍又一遍地重复相应的动作技巧。

从历史上看，传递式教学取向源远流长并经过发展形成了两条分支：第一个分支是行为科学；第二个分支侧重于让学生通过上课和背诵等传统方式来学习标准性科目。在这两种情况下，课程和儿童之间的关系如图1.2所示。

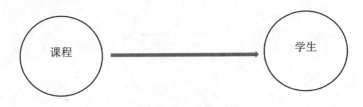

图1.2 传递式立场

在行为链中，这种关系被称为刺激—反应，而在传统学科课程中，由教师或文本向学生传达信息。在这两种情况下，基本上都是技能和知识的单向流动或传递，几乎没有机会对信息进行反思或分析。

2. 交互式立场

交互式学习的互动性更强，尽管这种互动主要是认知性的。学生往往在交互式学习中解决一个问题或进行某种形式的探究。知识不再被看作是固定在一个很小单元里面的东西，而是可以改变和被操作的东西。科学探究方法通常被当作是交互式学习的一种模式。约翰·杜威［(1938) 1969］指出：

科学的方法是获得日常生活经验意义的唯一且可控的方法……因此，不论在经验发展的哪一个阶段，我们要么按照经验提供的模式去做，要么采取另一种办法，即在发展和控制活生生的、动态的经验时忽略理智的作用，除此之外，别无它法。

交互式立场的特点是强调教师和学生之间的对话（图1.3）。然而，这种对话强调的是认知上的互动，在此更强调分析而非综合，更强调思考而非感觉。基于交互式的教学模式通常有一些探究和解决问题的程序。有时，这些程序用于特定的学科，如物理学或历史学，有时，这些程序也常见于各种不同的思维技能模式中。学习者通常被看作是理性的，有理智的行为，或者是一个问题解决者。

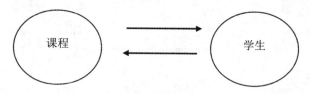

图1.3　交互式立场

3. 转化式立场

转化式立场承认学生的整体性（图1.4）。课程和学生不再被看作是独立的，而是相互联系的。

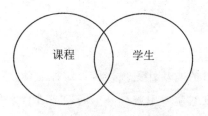

图1.4　转化式立场

转化式立场的目的是发展每个孩子的整体性。学生不再被简化为只拥有一些学习能力或思维技能，而是被视为一个完整的人。当我们把学生看作是一个不完整的人时，我们就减少了真实学习发生的机会。从这一立场出发的教师将使用诸如创造性地解决问题、合作学习和艺术等策略,鼓励学生建立各种类型的关联。这些关联使学习对于学生具有个人和社会的意义。

在转化式学习中,我们也关注与其他学习形式的关联。这可以用图1.5来表示。在这里,传递式立场被视为最小的领域,而转化式立场则是最具包容性的。包容是整体性立场的另一个重要因素。只要学习的形式不以任何方式歧视或贬低个人,那么它就可以被接受。这张图呈现的并不是这些教学立场之间的唯一关系,但其展示的是一种比较全面的不同教学立场之间的关系。

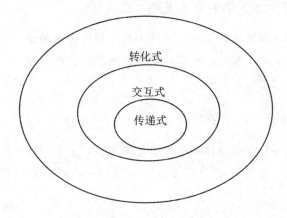

图1.5 整体立场

我在其他地方描述了这三种立场的其他图示关系(Miller,2010)。在我的课堂上,我要求学生用图示表达或想象他们看到的三种立场之间的关系。我鼓励学生把这三种立场作为探索整体性学习的一种方式,而不是把它们作为一种系统来对各种类型的学习和课程进行分类。

三、关联

整体教育也涉及探索和建立联系,因为它试图使教育从碎片化走向关联。

整体教育的重点是关联：线性思维和直觉思维之间的关联，身心的关联，各个知识领域之间的关联，人与社区之间的关联，人与地球的关联，以及人与自我心灵的关联。在整体课程中，学生研究这些关联，以便他们既能获得对这些关联的认识，又能获得必要的技能，并在适当的时候转化运用这些关联。

关联的定义可放在不同的具体背景下探讨。下面简要介绍整体课程的关联性。

1. 线性思维和直觉思维的关联

整体课程试图恢复线性思维和直觉思维之间的平衡。各种技术，如隐喻和可视化，可以与更传统的思维方法相结合，从而在分析和直觉之间实现综合。

2. 身体和心理的关联

整体课程探索身体和心理之间的关系，使学生感受到两者之间的联系。这种身心关联可以通过运动、正念、舞蹈和戏剧来探索。

3. 学科知识领域之间的关联

我们有许多不同的方式来连接学术学科和学校课程科目，如华德福学校通过艺术来连接学科。

4. 人与社区的关联

整体课程将学生与社区联系起来。社区可以是班级、学校共同体、个人所在的城市和国家的社区，以及全球社区。学生在社区中发展人际交往技能、社区服务技能和社会行动技能。

5. 人与地球的关联

人与地球的关联意味着倾听托马斯·贝里（1988）所说的地球的声音。西方工业化社会已经听不到这些声音了，如动物的声音、溪流的涟漪，甚至是风的咆哮。人与地球的关联还意味着我们把自己看作是生命之网的一部分，而不是把我们自己与地球分开。

6. 人与自我心灵的关联

最终，整体课程让我们认识到更深层次的自我意识，即我们的心灵。几个世纪以来，各种哲学和精神传统都在讨论人性的两个自我。其中，人的一个自我是"社会我"，这是我们对自己是谁的社会化意识。它涉及我们扮演的所有社会角色，如妻子/丈夫、父亲/母亲、女儿/儿子以及我们的工作身份。在这个自我之外，另一个自我被称为"我们的心灵"，或者爱默生称为"重要的人"的东西。当我们听到一段音乐，看到一个孩子在玩耍，沉浸在我们的工作中，或者仅仅是在大自然中的时候，我们的心灵就会敞开。我们的"社会我"认为自己与其他人是分开的，并经常在无休止的斗争中与他人竞争。对于"心灵我"而言，没有斗争，因为它能感觉到与他人和所有生命的深刻联系，它意识到分离是由基本的统一性暴露出来的幻觉。

第四节 均点学校与整体教育

自本书上一版出版以来，多伦多的一所小学已经采用这些关联性原则来构建其课程。整体课程为这所学校的老师提供了指导。均点学校成立于2009年，是多伦多教育局管辖区域内最大的非传统学校，有很多家庭想让他们的孩子进入该校学习（见 https：//equinoxschool.ca）。均点学校是一所包含幼儿园、小学和初中的一体化公立学校，拥有 200 名学生。它位于多伦多东端一个被称为小印度的社区，校内有树木和草地。它与社区内的另一所学校——罗顿公立学校是姐妹校。

2007 年以来，一群教师和家长开始为学校制定建设方案，我有幸与该校建立了联系。2015 年，我对该校进行了定性研究，采访了校长和 9 名教师、9 名家长和 9 名学生，包括 4 名已经上高中的毕业学生（Miller，2016）。该研究以及其他调查数据表明，整体课程可以帮助公立学校实施整体儿童教育，并促进学校蓬勃发展。2018 年 4 月，我参加了均点学校的一个活动，我看到教师和家长讨论均点学校的愿景，它自成立以来能够一直保持正能量和强烈的社区意识给我留下深刻印象。一位来自著名私立学校的校长参观了均点学校，并称赞这所学校富有灵魂。西班牙、韩国和挪威等不同国家的人都对均点学校感兴趣。2017 年 10 月，我在奥斯陆发表了关于整体教育和均点学校的演讲（读者可以在 www.youtube.com/watch?v-3q4HVnAuQ6w&t-85s 看到）。

在本书的后半部分，我将主要集中讨论这 6 种关联性，还会举例说明均点学校如何在课程和课堂上使用这些关联性。最后一章以对学校的简要描述作为结束。

参考文献

ABELES V. Beyond Measure：Rescuing an Overscheduled，Overtested，Underestimated Generation[M]. New York：Simon & Schuster，2015.

AURELIUS M. Meditations[M]. New York：Dover，1997.

BATESON G，BATESON M C. Angels Fear：Towards an Epistemology of the Sacred[M]. New York：Macmillan，1987.

BERRY T. The Dream of the Earth[M]. San Francisco:Sierra Club Books,1988.

BOLDT L G. The Tao of Abundance:Eight Ancient Principles for Abundant Living[M]. New York:Penguin,1999.

CAMPBELL J. The Inner Reaches of Outer Space:Metaphor as Myth and as Religion[M]. New York:Alfred van der Marck,1986.

CAPRA F. The Web of Life:A New Scientific Understanding of Living Systems[M]. New York:Doubleday,1996.

DERESIEWIEZ W. Excellent Sheep:The Miseducation of the American Elite and the Way to a Meaningful Life[M]. New York:Free Press,2014.

DEWEY J. Experience and Education[M]. New York:Macmillan/Collier Books,(1938)1969.

EASTERBROOK G. The Progress Paradox:How Life Gets Better While People Feel Worse[M]. New York:Random House,2003.

EMERSON R W. Selected Essays,Lectures,and Poems[M]. New York:Bantam Classics,1990.

FERRER J N. Participation and Mystery[M]. Albany NY:SUNY Press,2017.

HIRSCHE D,KETT J F,TREFIL J. The Dictionary of Cultural Literacy[M]. Boston:Houghton Mifflin,1988.

HUXLEY A. The Perennial Philosophy[M]. New York:Harper,1945.

LERNER M. Spirit Matters[M]. Charlottesville VA:Hampton Roads,2000.

MCGILCHRIST I. The Master and His Emissary:The Divided Brain and the Making of the Western World[M]. New Haven CN:Yale University Press,2009.

MILLER J P. Whole Child Education[M]. Toronto:University of Toronto Press, 2010.

MILLER J P. Equinox:Portrait of a Holistic School[J]. International Journal of Children's Spirituality,2016,21(3-4):283-301.

MILLER J P,SELLER W. Curriculum:Perspectives and Practice[M]. New York:Longman,1985.

NODDINGS N. Happiness and Education[M]. New York:Cambridge University Press,2003.

QUINDLEN A. Testing:One, Two, Three[J/OL]. [2005-06-12]. Newsweek,https://www.newsweek.com/testing-one-two-three-119621.

SENGE P M. The Fifth Discipline:The Art and Practice of the Learning Organization[M]. New York:Doubleday,1990.

SENGE P,SCHARMER O,JAWORSKI J,et al. Presence:An Exploration of Profound Change in People,Organization,and Society[M]. New York:Doubleday,2004.

TOLLE E. A New Earth:Awakening to Your Life's Purpose[M]. New York:Dutton,2005.

YWAHOO D. Voices of Our Ancestors:Cherokee Teaching from the Wisdom Fire[M]. Boston:Shambhala,1987.

第二章　哲学理论基础：永恒哲学

"永恒哲学"（Huxley，1945）为整体课程提供了哲学基础。永恒哲学认为，在一个相互依存的宇宙中，所有的生命都是相互联系的。

整体教育的根源可以在各种精神传统和教义的核心智慧中找到，这种核心智慧被称为永恒哲学。永恒哲学经常出现在宗教、精神心理学和哲学领域里。在西方，对永恒哲学的探索可以追溯到普罗提诺和奥古斯丁等思想家。在东方，永恒哲学在《奥义书》《道德经》和佛教教义中也能溯源。这个词最早是由阿戈斯蒂诺·斯泰科在提到文艺复兴时期哲学家马西利奥·菲奇诺的作品时使用的。莱布尼茨在18世纪承接了这一思想。在20世纪，奥尔德斯·赫胥黎（Aldous Huxley，1945）写了一本关于这个话题的书，他对永恒哲学的简要定义是：

形而上学承认神圣实在，它对这个世界上的事物、生命和思想具有实质意义；心理学发现心灵中存在与神圣实在相似甚至相同的东西；伦理学认为人的最终目的是对所有存在的内在认知和超越——神圣实在是永恒和普遍的。

肯·威尔伯（Ken Wilber，1997）写了大量关于永恒哲学的文章。

重要的是，不能以还原主义的方式对待永恒哲学（Ferrer，2007）。永恒哲学的普遍性也必须尊重精神传统和实践的多样性。

费雷尔（Ferrer）呼吁一种"更宽松的普适主义"，承认一与多之间的神秘关系。我也认同这种观点，因此，我将更详细地概述永恒哲学的主要原则。尽管费雷尔对"永恒哲学"这一术语持批评态度，但我认为，当我们以一种宽松的普适主义使用"永恒"这一术语时，应更清醒地认识和尊重有关灵性和灵性实践的多元方法。为此，我借鉴了甘地、爱默生、达雅尼·耶和华、瓦格米斯、托马斯·默顿等人物的观点和经验。

安娜·伦科（Anna Lemkow，1990）指出了与永恒哲学有关的一个重要的悖论，她写道：

> 永恒哲学一个自相矛盾的特点是它是永恒的，是一种复兴的、开放式的、与人类意识进化发展相一致的智慧。因为，正如佛教曾说的，智慧不仅仅是在人类历史的某一时刻所宣扬的智力的学说，而且是一种运动，它发生在与人类生活的不同条件和环境的接触中，揭示每一次人类意识的最新发展中最深的本质。

费雷尔的宽松普适主义和永恒哲学不是静态的，而是动态的，在"不同条件和环境"下表现出来。安娜·伦科的书是整体主义的重要基础文本，她探讨了整体性在科学、宗教和社会方面的意义。

在我看来，永恒哲学包含以下内容：
① 实在与宇宙神秘的统一体之间具有相互关联性；
② 个人的内在自我或心灵与宇宙神秘的统一体之间存在密切关联；
③ 可以通过各种沉思实践来认识这个神秘的宇宙统一体；
④ 价值观来对自对相互关联性的认知和践行；
⑤ 这种认识能够引导对抗不公正和人类痛苦的社会活动。

第一节 实在和宇宙统一体的相互关联性

永恒哲学承认多样性,并承认宇宙处于变化过程之中,然而多样性和变化的背后是一个统一体。看到这种统一性是切罗基人的五大智慧之一。达雅尼·耶和华(1987:95)写道:"尽管在外部方面存在差异,但存的智慧认识到事物的基本统一性。"这种统一性不是一元论的,相反,它强调的是整体与部分,或一与多之间的关系,我在前一章中简要地描述了这种关系。这些关系正是永恒哲学的核心。费雷尔提到了马丁·布伯(Martin Buber, 1970)和保罗·门德斯-弗洛尔(Paul Mendes-Flohr, 1989),以及"之间"的领域,也就是物体之间的地方。这就是神圣实在和关系的神秘特质。关系不是静态的,而是动态的。大卫·博姆(1980:151)将此称为"整体运动",并指出"整体运动是不可定义和不可测量的"。土著人民也察觉到这种运动。在前一章引用的耶和华(1987)的话已经证实了这一点。

圆圈代表了万物在不断运动的宇宙中的循环,万物在一个不断运动和微妙变化的过程中和谐共生。因此,我们每个人在我们自己的时间和空间的圈子里,都在不断地用我们的思想、语言和行动来实现整体的旋转。圆代表完全的和谐与平衡。

对于甘地(1980:63)来说,这种统一性在日常生活的即时性中显示出来,他声称这种统一性存在于所有宗教的背后。他说:"形式是多种多样的,但传递的精神只有一种。如果在包罗万象的外在表现形式背后存在一种基本统一性,那么万事万物怎么会存在高低之分?因为这是一个你在日常生活中每天都要面对的事实。所有宗教的最终目标都是实现这种基本统一性。"甘地的立场即这种统一性,在日常生活中是显而易见的,现实的相互关联性不应该被归入遥远的神秘主义形式。

相互关联和相互依存也是佛教的核心。佛教认为,我们的许多概念表明了一种非常深刻、非常复杂的相互联系。例如,当我们把自己说成主体时,我们只能在与物体的关系中理解这个概念——主体的概念只有在与物体的关系中才有意义。

爱因斯坦(1984:102)谈到了一种宇宙宗教,它涉及对自然界和谐的认识:"个人感到崇高和奇妙的秩序,它们在自然界和思想世界中都显露出来。他觉得个人的生活犹如监狱,想把宇宙当作一个有意义的整体来体验。"

第二节 人的内在心灵与神秘的统一体之间存在密切关联

爱默生(1913:190)在他的日记中说:"一个人发现在他身体内可能存在另一个他,这个他知道的比他实际知道的更多。然后他很快就会想到一些奇怪的问题:谁是谁?这两个人中哪个才是真正的我?是知道得多的那个还是知道得少的那个?是小我还是大我?"

爱默生(1913)的"小我"是我们的个人自我,它努力将自己的意志强加于宇宙。"大我"也被称为"阿特曼"(印度教)、"天国"(基督教)和"佛性"(巴德教),"大我"意识到这种努力是徒劳的,只是寻求与统一性相协调。当我们与"大我"接触时,我们"不是去做,而是让其被做,不是去工作,而是被工作"。与"小我"在一起时,我们会主动努力和掌控。与"大我"在一起时,我们只是听和看,而且,根据爱默生的说法,我们受到"巨大和突然扩大的力量"的影响。爱默生这里指的是一种创造性的力量，它类似于爱因斯坦提到的宇宙宗教，激励着艺术家和科学家。

耶和华（1987）写道："我们都是天生的纯洁者，我们内心都有完美的创造之心……纯洁之心存在于每个人的身上，消除任何遮蔽纯洁之心的东西是所有人的责任，使每个人都能记住并改进我们的方式，重新回到我们的存在之源。"奥吉布韦人理查德·瓦加梅西（2011：169）写道："我相信，我们内心携带着月光、星辰以及彗星尾巴的漩涡，当这个物理生命结束时，我们将与这些元素融合。我们将好奇地与我们的宇宙打招呼，做好准备迎接我们与宇宙的秘密。"

甘地（1980）这样描述个人灵魂与宇宙之间的关系：

我相信上帝的绝对一体性，因此也相信人类的绝对一体性。尽管我们有许多身体，但又如何？我们只有一个灵魂。太阳的光线通过折射而变得很多，但它们的来源是一样的。因此，我不能脱离最邪恶的灵魂，也不能否认我最道德的人性的一面。

对甘地来说，与上帝的关联导致了与全人类的相互关联。

第三节　通过各种沉思实践来认识这个神秘的宇宙统一体

永恒哲学中的一条主线思想是，注重分析的理性思维不能完全掌握整体性的存在。相反，应该培养直觉，以便更清楚地看到现实的相互关联性。甘地（1980：62）将直觉称为"内心静止的小声音"，促使他采取社会行动。"在你的生活中，有些时候你必须采取行动，尽管你不能带着你最好的朋友。当出现责任冲突时，你内心的'寂静的小声音'必须是最终的仲裁者。"

提倡的用以培养直觉的具体方法包括沉思练习（如冥想）、身体运动和爱心服务，这些方法被开发出来以帮助人们"洞见"。同样，这种观察通常是对事物的相互联系的逐渐觉察。例如，爱默生建议，安静和倾听是有帮助的。在这种安静中，我们可以获得每个人内心的"无限"。甘地（1980）说：

它（静默）现在已经成为我身体和精神上的必需品。最初是为了缓解压力感而采取的，然后我想有时间写作。然而，在我练习了一段时间后，我看到了它的精神价值。当它在我的脑海中突然闪过时，那便是我能与上帝进行最佳交流的时候。现在我觉得自己好像天生就是为静默而生的。

然而，爱默生的沉思与甘地的冥想不同。在东方的实践中，冥想往往比沉思更有针对性（如重复咒语或数呼吸），而沉思则更没有结构。重要的是要认识到用于接触统一性的方法的多样性，而不是只关注某一种方法或实践。

费雷尔（Ferrer, 2007: 40）写道："在具身的人类、宇宙和万物产生的奥秘之间存在着深刻的对应关系。"他主张参与对"动态和未确定的奥秘、精神力量和生命或现实的生成力"的探索。这种参与生命伟大奥秘的目标是克服自我中心，实现"人的所有层面的绽放"。他认为，参与式的观点不会给某一角度带来特权，可以使"更全面的知识"得到发展。费雷尔所指的参与通常涉及各种沉思性的精神实践，使人能够参与其中。这种参与包括我们的身体，身体是我们在各种传统中被视为宇宙的一个缩影。

土著人民使用了各种沉思的做法，如愿景追求。耶和华（1987: 55）说坐一坐，看一看，我们称其为愿景探索。我们可以坐上很多天，只要能让我们的心恢复平静就可以了。理查德·瓦加梅斯（2011）用静默来触摸精神。

以印第安人的方式进行灵修意味着简单地与任何打动你的精

神的东西取得联系。静默是我采用的一个工具。一幅画、一张照片、一本好书、一首歌词、一段蓝调、一只手的触摸、安静的谈话、与我的狗散步,所有这些东西也都能感动我的精神。当你学会把这种感觉带入你所做的一切时,你的生活就变成了一种仪式。

第四节 价值观来自对相互关联性的认知和践行

价值观来自于意识到人与人之间的基本关联,换句话说,价值观与关联性有关。积极的价值观会增强或实现关联性,而消极的价值观会导致分离和偏执。例如,慈悲心是永恒哲学的核心价值,佛教一直提到慈悲的重要性。如果我们体验到相互关联和相互依存,往往会产生一种对众生的自然的同情心。我们将不会认为自己是孤立的,我们感到与众生的基本联系,包括人类和非人类。佛教认为,慈悲心的基础是明确接受或承认他人和自己一样,希望得到幸福,并有权克服痛苦。在此基础上,人们对他人的福祉产生某种关切,而不考虑人对人的偏见,这就是慈悲心。在所有关系中,包括教学中,慈悲和仁爱具有重要意义。当老师上课讲得很好,同时还能对学生表现出爱意,那么我们从这样的老师的课堂中学到的知识会深入我们的头脑。关切学生的生活或未来发展,而不仅仅是关注他们的考试,这样能使教育工作更加有效。

托马斯·默顿 [Thomas Merton, (1959) 2004: 135] 也写到了对他人内心生活的敏感而产生的同情心。他说,怜悯和尊重使我们能够通过在我们自己内部孤独的亲密关系中发现他人的孤独而了解他人。

第五节 对存在的神秘统一性的认识引导对抗不公正和人类苦难的社会行动

最后一个原则通常不包括在永恒哲学的描述中,但我相信它是从其他原则中产生的。如果人类意识到他们是基本统一体的一部分,那么他们自然会感受到与他人的联系和责任。最重要的是社会改革应该从内部开始。根据爱默生(1903a:272)的说法:"所有改革都起源于人类道德情感的神秘源泉,在自然之中,它永远包含着人类的超自然力量。那是新的和创造性的,那是存在的。仅此一点就能使一个人超越他自己。"(爱默生的"道德情感"类似于他的"大我",它与比自己更宏大的东西相连。尽管爱默生不是社会活动家,但他公开反对奴隶制,尤其是反对丹尼尔·韦伯斯特对《逃亡奴隶法》的支持,他还反对将切罗基印第安人排斥在佐治亚州之外,支持妇女权利。)

当然,甘地是一位社会活动家,他用非暴力(ahimsa)和精神力量(satyagraha)作为社会变革的工具。对于甘地(1980)来说,宗教和政治不能分割。

除非我认同全人类,否则我无法过宗教生活,除非我参与政治,否则我也无法过宗教生活。当今人类活动的全部范围构成了一个不可分割的整体。你不能把社会、经济、政治和纯粹的宗教工作划分成明确的隔间。我目前还没听说过哪个脱离于人类活动的宗教。宗教为所有其他活动提供了道德基础,否则这些活动就会缺乏道德基础,使生活沦为"毫无意义的声音和怒气"的迷宫。

基于这种整体观点,甘地确实采取了行动,以减轻人民的痛苦,并帮助印度从英国的统治中独立出来。具有启发性的是,甘地的社会活动倾向于以心灵为基础,而不是以自我为基础。著名的盐场游行就是一个很好的例子,因为他经过几个月的冥想和思考,在一个晚上梦到了这个游行。有些人(费舍尔,1954)认为,盐场游行是导致印度独立的最重要事件。

托马斯·默顿[(1959)2004:129]写了一个"爱的神学"理论,它必须解决世界上的不公正问题。他说,这种神学"必须寻求处理现实世界中的邪恶和不公正,而不仅仅是与它们妥协……神学的存在不仅仅是为了安抚当权者和当权者平静的良心"。

如果永恒哲学只关注精神实践而不提及对痛苦的缓解,那么就会有自恋的危险。归根结底,永恒哲学和相关的实践应该导向一种积极和动态的爱。这种爱产生于与地球、所有生物和宇宙的深刻联系感。

总结而言,用甘地(1980)的教育概念来结束本章是很合适的,因为我在概述永恒哲学时借鉴了他的工作。我认为,这是对整体教育的最佳定义之一。

我认为真正的智力教育只能通过对身体器官如手、脚、眼、耳、鼻等的适当锻炼和训练来实现。换句话说,明智地使用儿童的身体器官是发展其智力最佳和最快捷的方式。但是,除非身体的发展与心灵的觉醒同时进行,否则仅靠前者那将变成一件可怜的、片面的事情。我所说的精神训练是指心灵的教育,因此,只有当思想与儿童的身体和心灵教育齐头并进时,才能实现适当的全面发展。它们构成一个不可分割的整体。因此,根据这一理论,如果认为它们可以零散地或独立地发展,那将是一个严重的谬误。

这个愿景与当前很多政府和媒体提出的教育愿景完全不同,它也深深地激励着我。

参考文献

BUBER M. I and Thou[M]. KAUFMAN W,Translated. New York:Scribner,1970.

BOHM D. Wholeness and the Implicate Order[M]. London: Routledge & Kegan Paul,1980.

EINSTEIN A. Cosmic Religious Feeling. In Quantum Questions: Mystical Writings of the World's Great Physicists[M],edited by K. Wilber,101-5. Boulder,CO:Shambhala,1984. (Reprinted from Ideas and Opinions, by A. Einstein [New York:Crown,1954])

EMERSON R W. The Complete Works, Vol. 1[M]. Boston: Houghton Mifflin, 1903.

EMERSON R W. The Journals of Ralph Waldo Emerson,Vol. 9[M]. Boston:Houghton Mifflin, 1913.

FERRER J N,JACOB H S. The Participatory Turn:Spirituality,Mysticism, Religious Studies[M]. Albany NY:SUNY Press,2007.

FISCHER L. Gandhi:His Life and Message for the World[M]. New York: Mentor,1954.

GANDHI M. All Men Are Brothers:Autobiographical Reflections[M]. New York:Continuum,1980.

HUXLEY A. The Perennial Philosophy[M]. New York:Harper. 1945.

LEMKOW A. The Wholeness Principle:Dynamics of Unity with Science, Religion,and Society[M]. Wheaton IL:Theosophical Publishing House, 1990.

MENDES-FLOHR P. From Mysticism to Dialogue:Martin Buber's Transformation of German Social Thought[M]. Detroit: Wayne State University Press, 1989.

MERTON T. The Inner Experience:Notes on Contemplation[M]. San Francisco:Harper,(1959)2004.

WAGAMESE R. One Story, One Song[M]. Vancouver BC:Douglas & McIntyre, 2011.

WILBER K. The Eye of the Spirit:An Integral Vision for a World Gone Slightly Mad[M]. Boston:Shambhala,1997.

YWAHOO D. Voices of Our Ancestors:Cherokee Teaching from the Wisdom Fire[M]. Boston:Shambhala, 1987.

第三章 心理学理论基础：无条件的自我

永恒哲学建立在这个概念之上：在每个人的内心深处都有一个无条件的自我或心灵。这是存在的最深层部分，同时也与宇宙的最高原则——上帝或道相联系。印度教也提到了阿特曼（个人意识）和布拉曼（普遍意识）的联系。在更详细地研究心灵之前，让我们简单回顾一下这三种教学立场和它们的心理学基础，如表 3.1 所示。

表 3.1 三种教学立场及其心理学基础

立场	心理学	位置	关注点
传递	行为心理学	身体	行为
交互	认知心理学	心理	智力、智能
转化	超个人心理学	心灵	智慧

行为心理学忽视了人的内在生活，只关注环境和行为。刺激物和强化物旨在影响一个人的行为方式。例如，正强化物用于增加某一特定行为的频率，而负强化物则旨在减少某一行为的频率。

认知心理学专注于认知和智力。在大多数情况下，它集中于加德纳（1983）所说的逻辑—数学智能。逻辑—数学智能是法国心理学家让·皮亚杰在他自己的工作中研究出来的。他没有提到灵性智力或智慧，而这正是超个人心理学的主要内容之一。智慧是植根于心灵的智力。古人称其为"思考的心"。智慧将直觉和智力联系起来，以便处理更宏大的问题，如：我们在宇宙中的作用是什么？我们怎样才能消除人类的痛苦？

超个人心理学有两个来源：一个来源是宗教信仰中的神秘主义传统——基督教、佛教、伊斯兰教、印度教和犹太教；另一个来源是心理学，如荣格心理学和心理综合论，其中包括精神元素。

第一节　精神传统中的心灵概念

1. 基督教

耶稣不断地提到神的国度，但这个国度有什么特点呢？首先，它就在我们心里（路加福音[①] 17∶21）。耶稣用比喻来阐述这个王国的含义。他说："天国就像藏在田里的财宝，有人发现了，就把它藏起来，高高兴兴地走了，变卖所有的东西，买下这块田。"（马太福音13∶44）[②] 那么，天国是在内部发现的东西，人们需要用一种特定的观察方式去发现它，需要放下所拥有的条件，变得像个孩子（马可福音9∶35-7）。耶稣对法利赛人[③]持批评态度，因

[①] 译者注：路加福音（The Gospel of Luke）是《新约圣经》的第三卷书，这本福音书记述了耶稣一生的生活，详细记载了他的降生、工作、受难与复活等相关事迹。

[②] 译者注：马太福音（The Gospel According to St. Matthew）是《新约圣经》的第一卷书，记载了耶稣的生平与职事，其中包括耶稣的家谱、耶稣神奇的出生、童年、受漫、讲道、上十字架、复活。

[③] 译者注：法利赛人（Pharisees）是公元前2世纪至公元2世纪犹太教上层人物中的一派。译自希腊语Pharisaios，原意为"分离者"。强调保守的犹太教传统，反对希腊文化影响，主张同外教人严格分离，因而得名。据基督教《圣经》载，耶稣指责他们是言行不一的假冒为善者。

为他们遵循复杂的规则和法律，他提倡彻底的觉醒。他说："我告诉你们，你们的德行若不能超过文士①和法利赛人的德行，就永远不能进天国。"（马太福音 5：20）

耶稣提倡的觉醒是指深刻的内在转变，他将心灵的成长（天国）与其他成长的形象相比较：

天国就像一粒芥菜籽，有人拿去播种在田里。它是所有种子中最小的，但当它长大后，它是所有种子中最大的灌木，并成为一棵树，以至于空中的鸟儿可以躲在它的枝头。

天国就像一个妇人拿着面酵，和三斗面粉混在一起，直到全然发酵了。

当我们觉醒时，心灵的成长会带来整体性的发展，正如耶稣经常所说的："你的信仰使你成为一个整体。"

不同的神秘主义者和圣人都阐述了耶稣对我们内心王国的概念。奥古斯丁、艾克哈特、特蕾莎、约翰·韦斯利和托马斯·默顿等人都提到过精神中心。他们称其为灵魂、灵魂之眼、存在的基础、心脏或超验的自我（McNamara, 1975）。一般来说，基督徒认为我们的灵魂不是上帝，而是上帝在我们体内接触我们的地方。换句话说，它是我们和上帝相遇的地方。

默顿［(1959) 2004］在一份未发表的手稿中提出了无条件的自我的概念，该手稿名为《内在体验》。默顿称其为"内在的自我"，并将其与外部的"我"进行对比。他说：

---

① 译者注：文士在圣经时代是男人，通常是祭司，他们的职业就是抄写《圣经》，向人们传授神的律法，他们常常专心于琐碎的细节和忽视律法的精神，因而受到人们的忽视。他们极专心于自己的工作，只要有微小的差错，他们就会将羊皮纸放到一边并重新开始抄写。在基督时代，文士与法利赛人一同工作，研究律法、做注释等。耶稣批评他们过于自傲，举止不切实际，忽视并无情地对待在精神事务上受他们指导的人们。

外部的"我",计划的"我",时间的最终结果的"我",操纵物体以占有它们的"我",与隐藏的、内部的"我"是不同的,后者没有什么计划企图,不寻求任何成就,其沉思也是如此。他只寻求存在,并根据存在本身的秘密法则,以及根据高级自由(即上帝)的提示来行动(因为他是动态的),而不是根据他自己的欲望来计划和实现。

相比之下,内在的"我"的特点是有能力与他人进行最深入的联系。

内在的"我"当然是我们个人和个体化的圣地,然而,矛盾的是,恰恰是我们自己中最孤独和个人的东西与面对我们的"你"结合在一起。在我们每个人的内在自我被充分唤醒以面对对方的最深处的精神之前,我们不可能在最深层次上彼此结合。

我们如何才能唤醒内在的自我?默顿[(1959) 2004]提出,我们可以通过沉思和爱来唤醒内在自我。他还认为,这两者是密切相关的。

事实上,沉思是人的最高和最基本的精神活动。这是人类对自己是神圣之子身份的最具创造力、最具活力的肯定……孤独是精神自由的必要条件。但一旦获得了这种自由,它就要求为一种爱服务,在这种爱中不再有屈从或奴役。如果不在行动中恢复自由,而仅仅是撤离,这将导致精神的静止和死亡般的惰性,在这种情况下,内在的自我根本不会觉醒。

默顿提到了沉思和为他人服务之间的平衡。如果我们变得过于内向,我们就会与他人失去联系;然而,如果我们过于沉迷于外部世界,那么我们就会迷失在外部的"我"和自我的幻想中。

2. 犹太教

无条件的自我也可以在犹太教中找到。当摩西[①]在何烈山看到燃烧的灌木丛时,他遇到了自己的灵魂。

摩西对上帝说:"当我来到以色列人面前,对他们说,你们祖先的上帝遣我到你们这里来,他们若问我,他叫什么名字,我该怎么回答他们呢?"上帝回答摩西说:"我就是我。"[②] 上帝又说:"你要这样对以色列人说。那自有永有的我派我到你们这里来。"

在对这段话的普遍解释中,"我就是"(I AM)是我们灵魂的另一个名字。

犹太教中还有一个古老的神秘主义分支,被称为卡巴拉(Hoffman, 1980),它承认我们体内有一个部分与神相连。卡巴拉指出,每个人都有三个方面:① 魄,一种生物能量;② 生命的气息或精神,这是个人心理的另一个名称;③ 灵或自我,它将人与普遍的神圣本质结合起来。卡巴拉建议采用类似于东方各种精神实践的技巧,来达到这种统一。例如,根据 13 世纪的卡巴拉学者亚伯拉罕·阿布拉菲亚(Abraham Abulafia)的说法,他提倡瑜伽的姿势、呼吸练习和冥想。其他卡巴拉学派的做法包括背诵类似于印度教咒语的特殊节奏的祈祷文。例如,建议人们冥想"Aleph"的内在声音,这是希伯来语字母的第一个字母。

[①] 译者注:摩西是以色列人的民族领袖,史学界认为他是犹太教创始者。摩西受上帝之命率领被奴役的以色列人逃离古埃及,前往富饶之地迦南,经历 40 多年的艰难跋涉,他在到达目的地的时候就在当地去世了,享年 120 岁。在摩西的带领下,古以色列人摆脱了被奴役的悲惨命运,并学会遵守十诫。

[②] 译者注:原文"I AM THAT I AM"(我就是我),这句话也常被译为"我是我所是"或"我是自有永有的存在"。

拉比纳奥米·列维（2017）写了一本关于灵魂的书。她写道："无形的连接线贯穿我们和整个宇宙。灵魂的意识将我们与脚下的草叶联系起来，与高峰的威严联系起来，与生者和死者的灵魂联系起来。"

3. 佛教

佛教认为，我们的自我或个人角色是一种幻觉，相反，佛教徒把我们的真实本性称为佛性。公元6世纪，将佛教带到中国的印度佛教圣人菩提达摩（Bodhidharma）说："如果你想寻求佛，你应该看到自己的本性，因为这个本性就是佛本身。"（铃木，1956：87）如同在其他精神传统中，人需要向内看。菩提达摩说："如果你不去看自己的本性而是转而在外部事物中寻求佛，你将永远无法得到他。"

公元8世纪的中国佛教高僧智者这样描述一个人的真我。

这个本性从一开始就是纯洁无瑕的，宁静而不受干扰的。它不属于任何二元对立的类别，如存在和非存在、纯洁和缺陷、长和短、吸收和放弃，身体存在并保有这种性质。如果能够清晰地洞察到这一点，那么就能看到自己的本性。因此，看清自己的本性就是成佛。（铃木，1956：206）

一般来说，佛教徒认为无条件的自我是空的，与所有事物和所有生命相互联系。许多佛教徒甚至不喜欢使用自我或灵魂这个词。重要的是要认识到，当人们使用自我或灵魂这个词时，它只是一个比喻，表示放弃我们的分离感，承认我们的存在是没有边界的。

宗喀巴（1984：30）将佛性描述为一种基本的善。他说："每个人都有一个基本的善的本性，它是未被稀释和未被混淆的。这种善性包含着巨大的温柔和欣赏。"

当你按照基本的善来生活时，你就会发展出自然的优雅。你的生活可以是宽敞和放松的，而不必是马虎的。你实际上可以放下你的抑郁和做人的尴尬，你可以振作起来。你不必为自己的问题责怪世界，你可以放松，欣赏这个世界。

我们如何才能获得这种基本的善？同样，冥想是主要的载体。

我们的生活是一个无尽的旅程，它就像一条宽阔的公路，无限地延伸到远方。练习冥想提供了在这条路上旅行的工具，我们的旅程包括不断的起伏、希望和恐惧，但这是一个美好的旅程。练习冥想使我们能够体验到道路上的所有纹理，这就是旅程的意义所在。通过练习冥想，我们开始发现，在我们自己的内心，对任何事或任何人根本没有抱怨。

4. 印度教

如前所述，印度教讨论了个人和宇宙意识之间的联系，即阿特曼和布拉曼。克里希纳在《薄伽梵歌》中以如下方式描述了阿特曼。

> 阿特曼，
> 不生不灭。
> 永不停息。
> 永不开始。
> 无死亡，无出生。
> 永远不变的。
> 它怎么能死？
> 身体的死亡？
> 知道它无生。
> 知道它无死。
> 知道它无穷无尽。
> 永远不变的。

不要梦想你做
凶手的行为。
不要梦见权力
是你的命令。
破旧的衣裳
是由身体脱落的。
疲惫的身体
是由居住在身体内的人舍弃的。
新的身体被穿上,
由居住者如同衣服般穿上。
不被武器所伤。
不被火所烧。
不被风吹干。
不为水所湿。
这就是阿特曼。
不被风干,不被水湿。
不被烧毁,不被打伤。
最内在的元素。
无处不在,始终如一。
众生的存在。
不变的,永恒的。
永远,永远的。

(约翰逊,1971:56-57)

一个人如何实现阿特曼？印度教的文献《吠檀多》描述了四种方法,一个人可以通过以下方法（瑜伽）实现阿特曼。

第一种形式是业力瑜伽。业力瑜伽是一条无私服务的道路,我们在日常生活中努力工作,提供服务,从而使自己的心灵变得纯洁。

第二种形式是智慧瑜伽。智慧瑜伽是通过智力学会区分永恒和非永恒的东西，通过学习辨别永恒和非永恒，个人将自己的生命集中在永恒上，从而实现内心的阿特曼。

第三种形式是巴哈提瑜伽，即奉献之路，遵循这条道路的人，心中充满虔诚。

第四种形式是拉贾瑜伽。它使个人专注于冥想，并将其作为与阿特曼融合统一的载体。人们通过练习拉贾瑜伽培养自己一心一意、专注集中的思想意志。

瑜伽师有可能使用所有这些方法，但他可能会专注于一种方法作为实现阿特曼的主要工具。如何选择在一定程度上取决于瑜伽师的个人气质。

5. 伊斯兰教

我想从苏非主义的角度探讨伊斯兰教中的无条件自我，苏非主义是对伊斯兰教中的某些知识主义和法律主义的反映。公元12世纪的伊斯兰神学家安萨里（Al－Ghazali）使苏非主义在伊斯兰教中正统化。苏非主义注重个人经验的修行，强调内心的净化和修炼，主张通过自省和神圣的体验去感受真主，要求门徒们学会控制思想、感知意识和内脏神经系统，通过对自我的思考转化更好地认识自己，积累智慧来达到自身的升华。苏非主义还主张通过不同阶段的精神上的自我克制来寻求认识神秘和真理，达到"无我"的境界。为此，苏非主义提出了一套修行实践方法，包括苦行、禁欲、念经、冥想、禅修、身体的训练等。

贾劳丁·鲁米是公元13世纪的苏非，也是一位著名的诗人，他创立了世界著名的托钵僧旋转舞蹈，苦行僧利用旋转舞蹈来实现自我。

6. 土著人的精神信仰

土著人民相信，所有的东西都是有灵性的，因此，精神性渗透到生活的各个方面。生活没有被分成不同的部分，一切都被看作是相关的和联系的。克努森和铃木（1992：13）在他们关于土著智慧的书中指出："土著思想倾向于将宇宙视为难以捉摸和不断变化的自然力量的动态相互作用，而不是大量的静态物理对象。景观本身，或其中的某些区域，被看作是神圣的，充满生命力的颤动。"

因为土著人看到了一切事物的灵性，所以他们对自然充满了深深的敬畏感。他们认为自己与地球及其居住者是相互关联的，并认为他们有责任保护和照顾地球。

土著思想倾向于强调庆祝和参与大自然的有序设计，而不是理性地"剖析世界"……

它倾向于认为人类与其他生命体有深刻的共鸣和亲缘关系，而不是与它们分离或对它们有优越感。

生活在加拿大北部的因纽特人相信，每个生命，包括动物，都有一个灵魂。克努森和铃木（1992：41）写道："他们把灵魂设想为一个微小的存在，是其所赋予生命和改变的生物的微缩版。"像其他宗教一样，灵魂被看作是不可毁灭的，能在死亡中存活。

由于我们面临着巨大的环境挑战，如全球变暖和海洋污染，土著人的世界观对于我们当下的发展具有重要意义，它涉及帮助治愈地球。

这部分内容描述了几个主要信仰如何阐述其内在自我、心灵或灵魂的概念。即使在不同的信仰中，对人的本质以及他或她与上帝的关系也有争议。例如，在基督教中，修道院和沉思的传统并不占优势。然而，在各种信仰的神秘主义流派中，相似之处似乎多于差异，这些共同点形成了永恒哲学的核心。

第二节 超个人心理学和无条件的自我

超个人心理学在20世纪60年代作为一个领域发展起来，是人本主义心理学的一个产物。卡尔·荣格经常被引介为该领域的奠基人。

1. 卡尔·荣格

对于卡尔·荣格（1968：161）来说，灵魂位于心理的中心，是"梦境映象的发明者、组织者和来源"。荣格认为，灵魂赋予自我以诸般映象，这些映象对人的精神发展很重要。人需要向内转，以听取灵魂的信息。荣格（1933）认为，当一个人面对一个问题时，映象可以浮现出来，或者可以为艺术活动提供灵感。

灵魂也与荣格所说的"集体无意识"密切相关。集体无意识是普遍的原型和映象的来源，这些原型和映象往往可以在灵魂中出现，并揭示我们生活中的问题和主题。同样，灵魂和集体无意识之间没有界限。就像阿特曼和布拉曼的关系一样，一个人只是整体的一个缩影。

2. 托马斯·摩尔

虽然托马斯·摩尔不认为自己是荣格派，但他已经把荣格的作品集读了三遍，并在写作时把荣格的书放在身边。托马斯·摩尔的研究重点是灵魂，他的书至关重要，因为他将灵魂的讨论带入心理学和教育领域。《灵魂的关怀》这本书是他的第一个重大贡献，这也是基于他作为心理治疗师的工作成果。他的写作受到了文艺复兴时期哲学家的影响，如马尔西利奥·费奇诺和帕拉塞尔苏斯。摩尔（1992）的灵魂理论不容易定义，但具有真实性、深度和想象力。"灵魂体现在个人对他人的依恋、爱和共同体中，同时也体现在个人从外在关系中抽离，转而更注重于自己亲密的内心世界。"对灵魂的关怀不是"治疗、修复、改变或调整"，这在一些自我治愈主题的书籍中很常见。相反，"它耐心地存在于当下，贴近生活，因为它每天都在呈现，同时也注意到宗教和精神"。摩尔认为，"心理学和灵性需要被视为一体"。与其说是调整，不如说是对灵魂的关怀，对灵魂的关怀促使我们"在心里与我们的祖先和所有共同生活在一个群体中的兄弟姐妹相关联"。这意味着不要忽视生活中可能出现的黑暗，有时称为灵魂的黑夜。

在思考自己的工作时，摩尔（1992）写道：

我们喜欢认为我们选择了我们的工作，但更准确的说法是，我们的工作找到了我们。大多数人可以讲述他们如何碰巧从事目前"职业"的命运故事，这些故事讲述了工作是如何占据他们的。工作是一种天职，我们被召唤去做……找到合适的工作就像在这个世界上发现自己的灵魂。

摩尔（1992）也写道"爱是灵魂的事件……这种体验是否会拓宽我们的视野或对神圣事物的认识？"当我们经历我们的爱情悲剧时，摩尔写道："我们正在被引入灵魂的神秘之路，爱是进入的手段和我们的向导，爱让我们走在迷宫般的道路上。"近年摩尔（2018）也写了关于教育中的灵魂。

3. 心理综合治疗法

罗伯特·阿萨吉奥利，心理综合治疗法的创始人，阐述了高等或超个人自我的概念。图 3.1 是阿萨吉奥利（1965：17）的意识概念图。

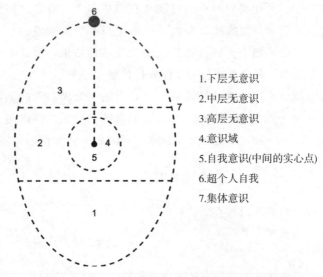

图 3.1 阿萨吉奥利的意识概念

下层无意识以压抑和遥远记忆的方式代表人的心理过去。心理综合法试图挖掘这些记忆,如果它们被忽视,压抑的能量会导致神经衰弱和功能障碍。

中层无意识是我们现在的思想状态,适用于我们的意识领域,我们的意识领域是我们当下感知到的东西。

高层无意识代表我们潜在的未来。在这里,我们接受我们最高的直觉和灵感。"它带来艺术的、哲学的、科学的灵感,道德的直觉要求以及对人道主义和英雄行动的渴求。它是更高的感情的来源,如利他主义的爱,天才和沉思、顿悟和狂喜的状态"(阿萨吉奥利,1965:17-18)。

从发展或进化的角度来看,下层无意识被看作是发展的早期阶段,而高层无意识则是一种进化的意识形态。阿萨吉奥利受到荣格的影响,认为个人心理被集体意识所包围,所有的个人都是通过这个集体来连接的。

阿萨吉奥利在我们的个人自我和我们的超个人自我之间做出了区分。前者是我们的社会自我，它由我们的个人欲望和社会角色定义。然而，超个人的自我不受个人欲望的约束，而是基于一个整体的视野，将个体心理与集体普遍性联系起来。

心理综合治疗学派已经开发了一些方法来处理心理的不同部分。皮耶罗·费鲁奇（1982）在《我们可能是什么》中描述了一些方法，其中一种方法是可视化意象，下面是一个例子。

钻石

生动地想象一颗钻石。

看到它所有闪亮的切面，完美地融合成一个整体。

看到它完美的形状。

把钻石放在你的眼前，被它晶莹剔透的美所包围。

钻石这个词来自希腊语 adamas——不可征服。当你认同这颗钻石时，感觉到它与你相连接，你被连接的这部分同样是不可征服的，就是你的自我。

你的自我不会被恐惧、蒙昧、日常琐碎所占据。它没有被过去的阴影、忧虑的怪物、幻影所覆盖。它是你的本质，闪耀着无数的面孔，但又是一个整体。意识到你就是那个自我，并且，随着钻石的形象逐渐消失，让这种自我的意识在你身上得到加强和发展，让这种自我意识在你心中越来越清晰。

其他练习包括识别自己的次人格并与这些人格对话，与次人格断绝关系，与自己的内在自我对话，与自己的意志合作，集中注意力并思考理想的品质（如喜悦、感激、爱等）。这些技巧将在本书的第二部分进行更全面的描述。

4. 肯·威尔伯

肯·威尔伯已经成为超个人心理学的主要人物之一。他的著作很多,提出了人类和精神发展的各种模式。在他的早期工作中,他发展了所谓的意识光谱。后来,他更多地关注层次性的成长,即一个人通过阶段性的发展得到自我的实现。

威尔伯发展了所谓的整合性方法,其中关于人类的有四个方面:内部和外部,又分别细分为个体和集体。威尔伯(1997)阐述了这四个象限(表3.2)。

表3.2 威尔伯的整合性方法

	内部	外部
	·诠释学 ·解释、理解的 ·意识	·一元论 ·经验的、实证的 ·形式
个体	西格蒙德·弗洛伊德 C.G. 荣格 让·皮亚杰 奥罗宾多 普罗提诺 释迦牟尼佛 有意的	B.F. 斯金纳 约翰·华生 约翰·洛克 经验主义 行为主义 物理学、生物学、神经学等 行为的
集体	文化的 托马斯·库恩 威廉·狄尔泰 让·格布瑟 马克斯·韦伯 汉斯·格奥尔格·加达默尔	社会的 系统理论 塔尔科特·帕森斯 奥古斯特·孔德 卡尔·马克思 格哈德·伦斯基

重点是每个人都有主观方面（真诚、真实）和客观方面（真理、对应），主体间方面（文化构建的意义、公正性、适当性）及客体间方面（系统和功能调试）……而整体观则试图包含不同流派的真理观——从经验主义到建构主义，到相对主义，再到美学主义——但在承认它们是唯一类型的真理存在时避免它们的矛盾冲突——并将它们置于真正的彩虹联盟中。

托宾·哈特（2002）探讨了威尔伯的四个象限与教育的关系。他认为，威尔伯的每个象限都代表着不同形式的真理，四个象限提供了一种必要的多维方法。哈特建议，从四个象限看太阳系可以扩大学习经验。

问及月相的经验事实，就可以看到知识和真理的外部——个体象限。考虑各种系统（如太阳、地月）的互动，包括偶然的机制（如引力的影响），触及外部——集体象限。询问学生坐在月亮下的主观体验，也可要求写诗，提出开放式问题，或者幻想，这触及内部——个体象限；挖掘我们对月亮的共同态度，例如通过比较跨文化的月亮及其神话故事，我们窥探到内部——集体文化象限。每一种象限都有其合理性，每一种在其自身领域都是真实的，每一种都为知识的发展服务。文科课程等结构的发展是尊重不同领域的一种尝试。

肖恩·艾斯布乔恩-哈根斯（Sean Esbjorn-Hargens，2005）写道，威尔伯的思想启发了约翰肯尼迪大学的教师，他们把整体教育的许多原则纳入研究生课程开发中。

对威尔伯工作的批评有很多。费雷尔（2002：56）指出，当威尔伯建议艺术、科学和宗教"可以用深度经验主义的核心方法在一个屋檐下结合起来"时，他认可了一种还原主义的方法。尽管威尔伯努力建立一个完整的视野，但费雷尔认为威尔伯把"精神探索限制在一个认识论的束缚中"（2002：57）。

威尔伯对教育做了一些评论,但我发现它们相当令人不安。在他的《一种味道》一书中,威尔伯(1999:259)赞同标准运动,并攻击进步教育,他认为进步教育是基于"白痴的同情心"。我认为这些对进步教育的一概而论和对标准运动的无条件认可多少是有点令人费解的。

5. 乔治·费雷尔/参与式精神

费雷尔(2017)提出了他所谓的参与式精神。

参与式精神认为人类的精神性或灵性本质上来自人类共同创造性地参与一种未知的神秘或生命、宇宙或现实的生成能力。更具体地说,我认为精神上的参与事件既可以调动人类的全部认识能力(如理性的、想象的、身体的、生命的、审美的),又可以创造性地揭示未知世界的神秘力量,也可以对本体丰富的宗教世界的微妙实体或能量的可能载体予以呈现。

费雷尔(2017)定义了参与式方法的三个基本原则。第一个原则是主要平等性原则(equiprimacy),这意味着不把单一的宗教或精神传统作为优越的特权。它还对人采取了整体的方法,避免优先考虑智力的认知中心主义,具身实践被整合到这个整体的视角中。第二个原则是潜力平等性原则(equipotentiality),承认"我们都是老师和学生",这意味着"人类不能笼统地根据单一的标准,如脑力、情商,来进行排名"。深入对话、智力和精神上的谦恭以及精神成长的关联性方法有助于树立这一原则。第三个原则是多元平等性原则(equiplurality),这一原则为真正的精神多元主义开辟了道路,它鼓励对灵性的探索精神,促进了同样具有整体性和解放性的多元精神互动。

这些原则鼓励对灵性采取创造性的方法,包括批判性的参与,可以促生"新的灵性理解、实践,共同创造的宽广的自由环境"(费雷尔,2017:15)。

这种方法能产生精神性的个性化。在传统的宗教方法中,有一种倾向是紧跟领袖老师的教诲,这可能导致某种实践和行为的一致性。参与式方法促进了精神性表达的多样性。"它的目标是出现一个由不同精神的人组成的人类共同体社区(费雷尔,2017:15)。"这种精神个性不是"现代超个人主义的社会心智层面的自我",而是一个"具身的、综合的、链接的、充满显著差异性的人,它不是孤立的,它实际上能够使他或她进入与他人、自然和多维宇宙的深层意识交流"。

精神的个性化导致了多元化的精神性参与、精神性表达和终极状态。没有人试图将精神性终极简化为一个超前的目标,或将其混为一谈。用费雷尔的话说,参与式方法是创造性的,"让无数的精神性花朵绽放(2017:17)"。正如上一章所提到的,仍然有一个潜在的统一性或动态,形成费雷尔所说的"宽松的普适主义"。

最后,费雷尔(2017)提出了三个测试来批判性地评估不同精神性的方法。一个是自我中心主义测试,评估该方法是否将人从自我中心和自恋的倾向中解放出来。另一个是分离测试,评估该方法是否能使整个人类发展。还有生态—社会—政治测试,评估"精神系统促进生态平衡、社会和经济正义、宗教和政治自由、阶级和性别平等,以及其他基本人权的程度"(2017:18)。

6. 积极心理学

自上次修订《整体课程》以来,积极心理学取得了很大的发展,它关注幸福和福祉。马丁·塞利格曼(2002)和芭芭拉·弗雷德里克森(2013)一直是该领域的主要理论家,他们对包括快乐和爱在内的积极情绪的益处进行了研究。塞利格曼的一项研究发现，大学生从善意的行为中获得的满足感比看电影等愉悦的活动更深。

马修·里卡德（Matthieu Ricard，2003）也以整体的方式写了关于幸福的文章，与本书的主题一致。他承认无条件的自我，"佛教说，我们都是生而完整的，因为每个人的内心都有一个只需要被实现的宝藏"（2003：264）。他对幸福的定义如下："我在这里所说的幸福是指一种深刻的繁荣感，它来自一个特别健康的心灵。这不是一种单纯的愉悦感觉、转瞬即逝的情感或情绪，而是一种最佳的存在状态（2003：19）。"里卡德用梵文的 Sukka 来阐述幸福。Sukka 是我们从妄想中解放出来，看到事物的本来面目的地方。"它是走向内心自由的喜悦，以及对他人散发的爱意（2003：25）。"

冥想练习是实现内心深处的善的核心。"冥想是一种技能，它所需要的决心、诚意和耐心远远多于它所需要的智慧的魅力。"（里卡德，2003：261）里卡德还写道，冥想能够带来"耐心、内在力量、宁静、爱和同情"，需要融入一个人的日常生活和与他人的工作中。

7. 可持续的幸福

凯瑟琳·奥布莱恩（Catherine O'Brien，2013）曾写过关于幸福的可持续方法。她写道："经过几年对幸福研究的监测，我相信环境教育和可持续发展将被纳入幸福研究的经验教训进而得到重视"（2013：230）。她提出了可持续幸福的概念，即"在不剥削他人、环境或后代的情况下促进个人、社区或全球福祉的幸福"（2013：232）。她举了一个喝咖啡的例子来说明可持续性和幸福之间的关系：咖啡的味道带给我们快乐和温暖，然而，我们也需要考虑咖啡是如何来到我们身边的。

如果我们喝的是公平贸易或直销的咖啡,这意味着咖啡生产者得到了公正的收入,咖啡的种植也考虑到了环境问题。咖啡杯可以重复使用,也可以送往垃圾填埋场。积极情绪确实很重要,有助于幸福,但同样重要的是要反思咖啡带来的积极情绪是否以牺牲他人或自然环境为代价。

奥布莱恩在布雷顿角大学任教,她的学生在不断更新一个可持续的幸福图表。在这个图表上,学生们记录了喝咖啡等活动,然后记录了它对自己、其他人和环境的影响,这让学生看到这些行为对自己和他人的影响。她还要求学生制定相互依存的图表,让他们探索人和物之间的相互联系。奥布莱恩还开发了供加拿大小学使用的教师指南(见 http://sustainablehappiness.ca/teachers),其中一项活动是为学校开发一个相互依赖的地图。

引导他们思考用于建造学校的材料及热能、灯光、冷气的能源来源,用于洗手间和饮水机的水(并进一步关联到水处理、河流、雨水等)的来源。思考所有使用的材料(纸张、书籍、铅笔、尺子、体育器材等),思考建筑物内的机器、书桌和其他家具的来源。请他们思考计算机从哪里来,以及制造计算机所需的材料从哪里来。思考学校的占地面积有多大,学校的操场有多大,停车场有多大,学校是否位于部分或所有学生可以主动通勤的地方,还是大部分学生都是坐公交车的。(奥布莱恩,2010:67)

然后,学生们研究学校可以减少消耗的方法,这可能要考虑一下电源,以及是否有可再生能源的选择。

总的来说,本章的重点是无条件的自我或心灵自我。本书的后半部分将重点介绍一些如何滋养自身或修身的策略。整体课程试图促进包括心灵自我和社会自我在内的整个人的发展。不妨把生命看作是我们游走在社会自我和心灵自我之间的舞蹈,我们希望促进形成一个健康的自我,能够管理我们的日常事务和社会关系。同样重要的是，我们要认识到卡尔·荣格所说的"阴影"或我们心理的黑暗方面。心灵可以帮助我们见证并最终接受我们的阴影和自己的所有方面，简单地说，它可以帮助我们成为一个整体。

参考文献

ASSAGIOLI R. Psychosynthesis[M]. New York：Viking，1965.

ESBJORN-HARGENS S. Integral by Design：How Integral Theory Informs Teaching，Learning，and Curriculum in a Graduate Program[J]. Revision，2005，28(3)：21-9.

FERRER J N. Revisioning Transpersonal Theory：A Participatory Vision of Human Spirituality[M]. Albany NY：SUNY Press，2002.

FERRER J N. Participation and the Mystery[M]. Albany NY：SUNY Press，2017.

FERRUCCI P. What We May Be[M]. Los Angeles：Tarcher，1982.

FREDRICKSON B. Love 2.0：Creating Happiness and Health in Moments of Connection[M]. New York：Plume Books，2013.

GARDNER H. Frames of Mind[M]. New York：Basic Books，1983.

HART T. Truth，Values，and Decompressing Data：Seeing Information as Living Words[J]. Encounter：Education for Meaning and Social Justice，2002，15(1)：4-10.

HOFFMAN E. The Kabbalah：Its Implications for Humanistic Psychology[J]. Journal of Humanistic Psychology，1980，20(1)：33-47.

JOHNSON C. Vedanta：An Anthology of Hindu Scripture，Commentary，and Poetry[M]. New York：Bantam，1971.

JUNG C. Modern Man in Search of a Soul[M]. New York：Harcourt，Brace and World，1933.

JUNG C. Man and His Symbols[M]. Garden City NY：Doubleday and Co.，1968.

KNUDSTON P,SUZUKI D. Wisdom of the Elders[M]. Toronto:Stoddart,1992.

LEVY N. Einstein and the Rabbi:Searching for the Soul[M]. New York:Flatiron Books,2017.

MCNAMARE W. Psychology and the Christian Mystical Tradition[M]// TART C. Transpersonal Psychologies. New York:Harper & Row,1975.

MERTON T. The Inner Experience:Notes on Contemplation[M]. San Francisco:Harper,(1959)2004.

MOORE T. Care of the Soul: A Guide for Cultivating Depth and Sacredness in Everyday Life[M]. New York:Walker, 1992.

MOORE T. The Care of Soul in Education[M]// JOHN P M,KELLI N,MARNI J B,et al. International Handbook of Holistic Education. New York:Routledge,2018.

O'BRIEN C. Sustainable Happiness and Health Education:Teachers Guide for Ontario[OL]. 2010. http://sustainablehappiness.ca/wp-content/uploads/2013/11/SHTeachersGuideON.pdf.

O'BRIEN C. Happiness and Sustainability Together at Last:Sustainable Happiness[J]. Canadian Journal of Education, 2013,36(4):228-56.

RICARD M. Happiness:A Guide to Developing Life's Most Important Skill [M]. New York:Little,Brown & Co.,2003.

SCHOLEM G. Major Trends in Jewish Mysticism[M]. New York:Schocken,1961.

SELIGMAN M. Authentic Happiness[M]. New York:Free Press,2002.

SHAH I. The Dermis Probe[M]. New York:Dutton, 1970.

SUZUKI D T. Zen Buddhism[M]. Garden City NY:Doubleday,1956.

TRUNGPA C. Shambhala:The Sacred Path of the Warrior[M]. Boston:Shambhala,1984.

WILBER K. The Eye of the Spirit:An Integral Vision for a World Gone Slightly Mad[M]. Boston:Shambhala,1997.

WILBER K. One Taste:The Journals of Ken Wilber[M]. Boston:Shambhala,1999.

第四章　社会背景：一个生态学/相互依存的视角

在教育方面，我们倾向于非语境性思考，也就是说，我们没有将学校课程与周围的社会环境关联起来。本书的一个假设是，课程方法往往可以与其对应的社会环境关联起来。关于这三种不同立场的课程教学方法，也存在着以下社会关联：传递式立场——自由放任的市场经济；交互式立场——理性规划的计划经济；转化式立场——相互依存的生态经济。在这一章中，我将简要地提及前两种立场，然后更详细地介绍转化式立场的观点。

第一节　传递式立场——自由放任经济学

原子论经济学来源于亚当·斯密的自由放任经济方法，即个人在市场上竞争，市场是设定商品价格和质量的调节机制。罗伯特·海尔布罗纳（Robert Heilbroner，1980）对亚当·斯密的原子主义世界进行了很好的描述。

亚当·斯密的世界被称为一个原子化竞争的世界，在这个世界里，生产机制的任何代理人，无论是劳动还是资本，都没有强大到足以干预或抵制竞争的压力。在这个世界里，每一个代理人都被迫在一个巨大的社会自由竞争中为自己的利益奔波。

米尔顿·弗里德曼（Milton Friedman）接过斯密的旗帜，他声称："在亚当·斯密世界简单的形式中，社会由一些独立的家庭组成——就像鲁滨孙漂流记的集合"（弗里德曼，1980：13）。对弗里德曼来说，联系这些人的主要纽带是市场。弗里德曼认为，"亚当·斯密《国富论》的核心观点简单得令人误解：如果双方之间的交换是自愿的，除非双方都相信他们会从中受益，否则不会发生"。这种观点的问题之一是，它将经济活动与生活的其他部分剥离或分割开来，并使资本家很容易忽视经济活动的社会成本和生态成本。当经济活动被简化为个人的自我利益和竞争时，就很容易为工厂向河流倾倒毒素或虐待性使用劳工的做法提供借口。

放任自流的方法导致了过度的个人主义，尤其是在美国。个人主义导致了分裂，因为很少有人试图定义共同利益，更不用说为这样的目标而努力。罗伯特·贝拉（1986）在他的工作中探讨了这个问题。《纽约时报》的专栏作家保罗·克鲁格曼（2008）也一直是这种方法的有力批评者。无管制的资本主义和对个人的关注使得美国不可能制定出一个连贯性的医疗保健方法。

第二节 交互式立场——理性规划

交互式立场是基于这样的假设：人类可以理性地进行干预以改善他们的事务。在这个干预过程中，科学方法特别有帮助。约翰·杜威认为，社会科学已经发展到了人们可以使"智慧和思想成为解决社会问题的最高力量"（莫里斯，1986：9）。实用主义者影响了社会改良计划的发展，特别是在城市规划方面，例如，与杜威同时代的芝加哥大学的罗伯特·帕克（Robert Park）认为，人们可以控制城市的物理环境，从而使人们的身体和心理健康得到改善。查尔斯·莫里斯（1986）认为，杜威和帕克是肯尼迪·约翰逊时代社会工程的先驱者。

社会工程观念的理性主义前提与40年后林登·约翰逊提出的伟大社会的概念是相同的。社会就像一台机器。只要有足够的研究，你就可以了解各部分是如何结合在一起的，用现在的话说就是"建模"，然后通过巧妙地操纵社会投入，你就会在产出方面得到可预测的改善：人们会更健康、更友好、更勤奋。

在20世纪60年代初，社会工程似乎取得了一定成效。经济蓬勃发展、通货膨胀率低，约翰逊早期的社会计划得到了极大的发展。社会工程还以干预越南的形式被应用于外交事务。在这里，实用主义和社会工程的假设开始建立。越南人对美国军队的抵抗远超过技术官僚们的预测，在越南冒险的战术和道德上的失败都极大地促进了美国反主流文化的发展，并为今天的转型观点埋下了种子。保罗·瓦恩克（Paul Warnke）在1969年离开五角大楼时说，北越的问题在于他们的行为不像是讲道理的人（莫里斯，1986：100）。理性主义模式永远无法完全预测一个人或一群人将如何行动，美国在伊拉克进行军事干预的经验进一步证明了这种规划也会出错。

理性规划和干预不仅在越南失败了，而且在经济学上也失败了。自20世纪30年代以来，政府倾向于依靠凯恩斯理论，利用赤字支出来刺激经济。然而，20世纪70年代的通货膨胀侵蚀了凯恩斯主义的共识，供应方经济学取代了政府干预以刺激经济的信念。总的来说，自由主义者的"新政"已名誉扫地，并在寻找替代方案，特别是那些与新技术有关的方案。

然而，对技术的信仰与对理性规划的信仰面临着同样的困难。柯克帕特里克·赛尔（Kirkpatrick Sale, 1980）将这种对技术的信仰称为"技术依赖症"。他引用了前原子能委员会主席格伦·西博格（Glenn T. Seaborg）的话，作为技术补救思维的一个例子，他说："我们必须追求这样一种理念，即更多的科学、更好的科学、更明智的应用才能使我们摆脱困境……并为我们未来的技术和社会发展制定基本理念。"解决焦虑的技术方案是安定，而解决石油短缺的技术方案是煤炭液化。然而，技术的局限性继续给我们敲响警钟。1986年发生的航天飞机灾难和切尔诺贝利事故提醒我们，技术的好坏只取决于运行它的官僚机构，简而言之，技术不会在社会政治真空中运行。只有当我们开始以一种联系的、整体的方式来看待问题时，我们才能超越自由放任思维的碎片化问题和技术补救的短浅视野。

在过去的十年里，我们看到了互联网和社交媒体的发展。奈杰儿·弗格森（Nigel Ferguson，2018）认为，互联网和Facebook威胁到了民主国家。他引用了安东尼奥·加西亚·马丁内斯（Antonio Garcia Martinez），这位前Facebook工程师和《混沌之猴》一书作者的话，在接受采访时直截了当地说："我认为存在一个真正的问题，即民主能否在Facebook和所有其他类似Facebook的平台上生存下来。"他在接受采访时说："以前在像Facebook这样的平台上，你有权利发表自己的意见。现在，我们不仅仅是发表自己观点，而更像是构建、呈现自己所以为的现实。"互联网允许人们待在自己营造的泡沫中，这导致了政治上的进一步分化。

当今技术的创造者承认，技术可能会让人上瘾。亚当·阿尔特（2017）在他的《不可抗拒》一书中记录了这种形式的成瘾，如成瘾技术的崛起和让我们上瘾的商业。苹果和Instagram的工程师正在承认他们所创造的工具的危险性：Instagram的创始工程师之一格雷格·霍克莫斯（Greg Hochmuth）意识到他正在建立一个上瘾的引擎，总会出现一个标签让你去点击，然后它好像就有了自己的生命，变成一个让人们变得痴迷的有机体。

第三节 转化式立场——相互依存的观点

关于社会—经济—政治思维相互依存的观点，始于这样一个假设：所有的人类活动都是相互关联的，因此，一个领域的变化会在其他领域产生影响。这个观点要求我们尽可能地看到经济是如何与生活的各个方面相互作用的，并且不能与其他方面分割开来。这种观点的提出基于以下几个原则：① 生态意识和生物区域；② 人类规模的组织；③ 慢速运动；④ 非暴力。

一、生态意识和生物区域

生态意识的前提是人类的生活只是更大生态系统的一个组成部分，包括植物、动物和我们生活的整个生物圈。我们有很多例子可以证明，无论是在今天还是过去，人类都忽视了这种生态意识的。例如，在罗马帝国时期，帝国在地中海周围的土地上过度采伐以养活其庞大的城市人口。当时的耕作技术导致了表土的流失，并最终导致了大部分土地（特别是北非）的荒漠化。罗马帝国缺乏生态意识的耕作正是造成撒哈拉沙漠的主要原因。

今天，人们关注的焦点是世界各地过度的碳排放导致的气候变化，地球正变得越来越暖和，越来越极端的天气变化和不断上升的海平面威胁着城市。虽然我们与环境的关系已经有了很大的改善，格雷格·伊斯特布鲁克（2003）记录了这些变化，特别是在北美和欧洲的清洁水和空气方面。但是，伊斯特布鲁克也承认，温室气体积累的全球问题是我们这个时代的主要环境挑战。

生态意识的例子还有很多，土著人民为我们提供了关于自然界是如何相互联系的美丽描述。卡杰特（1994）写道：

"我们都是相关的"，这是拉科塔人在他们的祈祷中使用的一个隐喻。这个隐喻的含义是所有印第安人达成的共识,它是印第安人精神生态学的一个指导原则,每个部落在对自然的认识中都会体现出来。它是具有深远意义的精神、生态和认识论原则……基于这种理解,美国印第安人象征性地承认他们与植物、动物、石头、树木、山脉、河流、湖泊、溪流和其他众多生命实体的关系。

格雷格谈到了土著人与自然界的关系是"奉养",这与上一章谈到的心灵有关。土著人体验到"自然是他们自己的一部分……他们理解自己是由他们所在的地方诞生的"。"原住民意味着完全认同生养他们的土地,他们反映了自然大地的内脏和灵魂。"不同的部落,如苏族,都生活在同一片土地上,所以"景观成为他们心灵的反映"。当原住民被从他们的土地上连根拔起时,人们遭受了"一种形式的心灵死亡"。

南达科他州的医生奥希耶萨(Ohiyesa)描述了一个土著人是如何迎接一天的:

> 每个人的心灵都必须独自迎接早晨的太阳、清新的大地和伟大的寂静。在每天的狩猎过程中,每当红色猎人遇到一个美丽绝伦、崇高的场景——黑色的雷云与彩虹在山间流淌,绿色峡谷中心的瀑布,广阔的草原染上了血红色的夕阳——他就会以崇拜的态度停顿片刻。他认为没有必要将七天中的某一天定为圣日,因为对他来说,所有的日子都是神圣的。(麦克卢汉,1972:38)

弗里乔夫·卡普拉(Fritjof Capra,1996:32)的工作也很有帮助,他提出相互联系的网络概念是生态学观点的核心,他写道:"生命之网由网络中的网络组成的,在每个尺度上,在更仔细的观察下,网络的节点显示自己是更小的网络……在自然界,没有'上面'或'下面',也没有等级制度,只有网络中的网络。"根据卡普拉(1982:280)的观点,自然界是由形成多层次结构的相互联系的系统组成的,每个层次都有综合的、自组织的整体,由较小的部分组成,同时作为较大整体的一部分。人是一个有机体,由器官系统(如呼吸系统)组成,器官系统由器官(如肺)组成,器官系统由组织(肺组织)组成,组织又由细胞组成。这些层次中的每一部分又都是一个子系统。阿瑟·凯斯勒(Arthur Koestler)将这样一个子系统描述为一个整体,它既具有整体的独立属性,又具有相互关联的属性,因为它是一个系统的一部分。在这种情况下,可以把宇宙看作是由相关的思想组成的一个整体。"个体的人类思维被嵌入社会和生态系统更大的思维中,这些思维被整合到行星的思维系统中——盖亚的思维——这反过来又必须参与到某种普遍或宇宙的思维中(卡普拉,1982:292)。"

生物区域是生态和地理层面网络的一个例子。托马斯·贝里(Thomas Berry,1988)提出,人类活动应以生物区域为基础,如河谷、平原、山脉和其他自然地理区域。贝里指出,每个生物区域"本身是连贯的,并与其他区域密切相关。它们共同体现了这个宇宙花园星球的奇迹"。人类需要在这个本地化的环境中看到自己,因为在这里他们被交织在大自然的持续进程中。贝里认为,生物区有六个主要功能。

第一个功能是自我繁殖,这要求人类承认并尊重生活在该地区的每个物种的权利。第二个功能是自我滋养,这意味着社区成员之间的相互支持。这个功能指的是商业和经济活动,应该以自然界为榜样,自然界在处理废物方面更加经济高效。第三个功能是"通过物理、化学、生物和文化模式化进行自我教育"。从这个角度来看,进化被看作是一个自我教育的过程,因为地球和它的每一个生物区域都"在设计现有的生命系统时进行了数不清的实验"。生物区域的第四个功能是自我管理,每个区域都应该能通过参与性活动来照看自己的事务。第五个功能是自我修复,生物区虽经历了洪水和地震等自然灾害,但具备自我再生的能力。贝里指出，人类可以通过服从地球社区和接受其自然治疗能力来找到愈合的方法。生物区域的第六个功能是自我实现的活动。这些活动发生在"宗教活动、市场节日、政治集会的庄严仪式中，各种形式的游戏、音乐和舞蹈中，所有视觉和表演的艺术中。生物区的文化特征就来自于此"（1988：168）。

正如前文所示，生态意识的模式来于自然本身。自然可以提醒我们所有生命的联系，就像刘易斯·托马斯（1975）对他体内细菌的讨论。

它们在那里，在我的细胞质中移动……它们与我的关系远不如彼此之间以及与山下自由生活的细菌的关系密切。它们感觉像陌生人，但我想到也正是同样的生物，在海鸥、鲸鱼、沙丘草、海藻和寄居蟹的细胞中，在我后院的山毛榉树叶中，在后院栅栏下的臭鼬家族中，甚至在窗户上的苍蝇中。通过它们，我被联系起来。我有近亲，一旦被移走，就到处都是。

二、人类规模的组织

柯克帕特里克·赛尔（1980）写了一本名为《人类规模》的书，他在书中描述了人类如何需要在规模合理的组织中生活和工作。几个世纪以来，"人是尺度"一直是一项指导原则。人的尺度最初是一个与建筑有关的术语，它意味着建造的建筑物不会使个人或周围环境显得不协调。人的尺度意味着建筑可以允许自然世界与人类制造的世界共存。赛尔认为，人的尺度可以应用于经济、卫生保健、教育，以及人类实际活动的大多数领域。他指出，已经有很多人类规模社区的例子，包括加州戴维斯的太阳能社区、贵格会、以色列的公社、新英格兰社区的城镇会议及按照非权威路线进行重组的许多公司。

人类规模的核心价值包括个人实现、社区合作、与自然和谐、权力分散和自给自足。今天我们称之为"共享经济",它涉及人与人之间的交换,通常是通过互联网来进行。

赛尔还主张建立人类规模的教育机构。他提到了巴克(Barker)和甘普(Gump,1964)所做的研究,研究了中学环境中的规模变量及其影响。巴克和他的同事花了3年时间研究堪萨斯州东部的13所高中,这些学校的规模为40~2000人。巴克着重研究学校规模与学生参与体育活动、课堂讨论和课外活动的关系。在诸如音乐、戏剧、社交和学生会等活动中,入学人数在61~150人的学校参与度最高。在课堂活动方面,虽然大学校可以提供更多的科目,但大学校的学生参加的课程和种类更少。在详细研究的音乐课中,巴克和甘普发现,音乐教育和经验在小学校的发展更为广泛。

还有进一步的研究支持了这一发现,即小规模学校的学生实际上在学业上做得更好(Cotton,1996;Lee,Smith,1994;Wasley,2000;Johnson,Howley,Howley,2002)。世界卫生组织在审查了不同机构有关儿童的研究后,得出的结论是,儿童机构规模应小于100名学生(US Department of Education,1999)。根据世界卫生组织的说法,当组织规模超过这个数字时,基于个人接触的非正式纪律就会被非个人的、机构性的权威所取代。

北美的学校系统一般注重项目的整合,并向大型学校发展。例如,在美国,从1950年到1975年,小学的平均规模从153人上升到405人。与此同时,学校的暴力和破坏行为也急剧增加。尽管社会上的其他因素也可能导致校园暴力,但学校规模的扩大某种意义上加剧了暴力行为的发生趋势。美国教育部的一项研究(1999)发现,大型学校的暴力犯罪增加了825%,肢体冲突增加了394%,抢劫案增加了3200%。此外,大规模学校中的教师成为学生暴力受害者的可能性增加了五倍。

规模较大的学校通常以规模经济为理由,采取联合管理并使用一个工厂式的建筑群而不是几个建筑物,这样可以节省开支。

然而，由于学校往往是该镇社会生活的组成部分，因此，还要考虑校车费用，与大型学校系统关联紧密的上层官僚机构，以及小社区学校关闭可能带来的社会成本。规模较大的学校的另一个所谓优势是效率。尽管佛蒙特州的一项研究（Sher，1977）表明，因为行政部门与社区和学生是隔离的，所以较大的学校往往更有效率。但该研究同时也表明，在佛蒙特州毕业生进入大学百分比最高的 10 所学校中，有 6 所是小型学校（毕业班少于 60 人），而且这些小型学校能够以每个学生少 225 美元的运营成本取得这些成果。

三、慢速运动

卡尔·奥诺雷（Carl Honoré，2004）曾写到他所谓的"挑战速度崇拜的世界性运动"。这场运动始于慢食运动，它开始于意大利，是对消费快餐的一种替代。它已经蔓延到除饮食之外的其他生活领域，包括医学、工作、教育和休闲领域。现在在意大利甚至有一个"慢城"，它在成立宣言中宣布："坚决捍卫安静的物质享受是反对快速生活的普遍愚蠢的唯一方法（Holt，2002：266）。"

慢速教育是一种整体教育的形式，它反对以标准为主导的学校改革的机械产品导向。莫里斯·霍尔特（Maurice Holt，2002：268）认为，问责制运动强调使用量化措施来检验教育。它创造了"一个只面向产品（测试结果）的学校系统，而不是创造教育经验的过程"。霍尔特总结说，"创建快速学校的结果是机构消化不良，现在出现了不舒服的迹象"，在那里，"课程以牺牲理解为代价，塞进了太多的材料"。与此相反，慢速教育鼓励学生在课程中深入探究问题，而不是快速过一遍与测试不相关的事实知识。霍尔特建议：

人们需要时间来了解牛顿的质量和力的概念可能意味着什么，来欣赏它们的抽象性质和它们所代表的智力飞跃。然后，常规的算法就会迅速而安全地落到实处。缓慢的学校提供了一个审视、争论和解决的智力空间。

霍尔特认为，在家上学的孩子的增加也是一种慢速教育形式，因为父母希望孩子有一个更灵活的学习方法。当我们的教学方法放慢时，那么学生可以有时间停下来，他们可以体验永恒的学习。

许多精神导师都鼓励精神修行者"放慢脚步"。艾克纳特·伊斯瓦兰（Eknath Easwaran, 1989）写到他称之为我们社会中的"匆忙病"，可以通过耐心和放慢速度来解决。大卫·艾尔金德（David Elkind, 1989）写到"匆忙的孩子"，他们的一天总是被计划好的活动塞得满满的。他呼吁给孩子一个更轻松的童年，这与慢学校运动是一致的。

四、非暴力

梭罗、托尔斯泰、甘地和马丁·路德·金阐明了非暴力的信条，非暴力变革的基础是不将对手对象化的原则。埃里克森（Erikson, 1969）在《甘地的真相》中讨论了这一点，该书讲述了艾哈迈达巴德纺织厂的罢工。甘地从未将他的对手，即工厂主，降格为仇恨和谴责的对象。用埃里克森的话说，甘地总是在交锋中留有余地，使对手之间形成一定程度的相互性。

这里变革概念的核心是尊重个人的良知。梭罗尤其认为，道德应该建立在个人的良知之上。在梭罗著名的文章《公民不服从》中，他（1986）主张通过不参与和不合作来抵抗不公正的法律和政府，非暴力并不意味着消极怠工，他呼吁不交纳支持战争和奴隶制的税款。梭罗还提出，在一个不公正的社会中，正义的人所处的场所可能是监狱。这个想法被甘地和马丁·路德·金在他们的抗议活动中采用。理查森（Richardson, 1986）将梭罗思想中的这一部分与斯多葛主义联系起来，指出梭罗的同代人埃勒里·钱宁（Ellery Channing）说，梭罗是一个天生的斯多葛主义者。斯多葛主义包含许多整体主义的原则，斯多葛主义者马库斯·奥勒留（Marcus Aurelius, 1964：73）说："永远把宇宙想成一个活的有机体，有一个单一的物质和一个单一的灵魂，有一种规律支配着自然的进程，可能也支配着人类的行动。"理查森（1986：190）声称："与认为宇宙是由原子和空虚空间组成的伊壁鸠鲁主义相反，斯多葛派认为，上帝存在于所有被造物的内在，没有单独的外在存在。"斯多葛派坚信个体和个人的良知，梭罗能够将他对个人的关注与他对自然的热爱和他的道德观联系起来，理查森总结说：

> 梭罗可能是过去两百年来斯多葛派最伟大的代言人，他认为我们的道德不能求助于国家，不能求助于上帝，也不能求助于社会，而是要求助于自然。他是最具吸引力的美国榜样，正如爱默生被不同程度地称为不朽的斯多葛主义原则（自我信任、自我尊重或自我依赖）的伟大倡导者。梭罗的一生可以被认为是一次漫长而不间断的尝试，他试图找出斯多葛思想的实际具体含义，即统治自然的法则也统治人。（1986：191）

与非暴力问题相关的是对生命的敬畏。如果一个人把所有的生命看成是一个相连的整体的一部分，那他就很难伤害到一个生物。当你把一个人看作是你自己的一部分时，你怎么能伤害他呢？

非暴力变革被视为更有机地与一个人的内在相联系，其目标不仅仅是用更合适的法律和制度来改革社会，而且是要在人的内心寻求更根本的改变。

从整体的角度来看，由内而外的工作是很重要的（Hunt, 1987）。那么，变革应该与我们的内心期许相一致，而不是依据一些外部的期望。马丁·路德·金和甘地能够接触到人的最深层部分，因此能够带来非剥削性的变化。我在《爱与同情：它们在教育中的作用》一书中论述了非暴力的内涵，并探讨了它们在教育中的作用（Miller，2018）。

五、无名的运动

保罗·霍肯（2007）在他《受祝福的骚乱》一书中描述了全球转型变化的背景，探讨了世界上最大的运动是如何产生的，为什么没有人看到它的到来。霍肯在世界各地旅行，与数百个不同的团体交谈，他提出了这样的假设：有一个"新兴的全球人道主义运动自下而上产生"。它涉及数以千万计的人和基层组织，他们的活动没有成为周期新闻，但却是加里·斯奈德（Gary Synder）所说的"伟大的地下"的一部分。这场运动的观点是"思想不是意识形态……思想是质疑和解放，而意识形态是辩解和支配"。这个运动不是另一种"主义"，它提供了"过程、关注和同情"。霍肯写道，这场运动的核心和灵魂是土著文化以及他们与地球的关系。他写道："每一个粒子、思想和存在，甚至我们的梦境都是环境的一部分，我们对彼此的所作所为反映在地球上，就像我们对地球的所作所为反映在我们的疾病和不满上一样。"

这场运动的核心价值观是"黄金规则和所有生命的神圣性"，怜悯是其核心，霍肯写道："要治愈世界的创伤，需要从心里做出反应。"（2007：188）这涉及"接受悲伤，听取承认，允许赔偿和参与和解，通过这种方式，祖辈那些被虐待的人和部落在我们共享的世界上给我们所有人带来了新的生命"。这样，地球的愈合就可以开始了。

我相信整体教育者和试图建立整体学校和项目的群体是这个运动的一部分。他们是伟大的地下世界的一部分。同情心和爱是整体教育的终极目标之一(Miller,2006,2018)。他们正在提供一种不同于当前标准化叙述的教育方式。

总而言之,整体性课程的社会背景侧重于一个重视整体性的环境,人们可以在人类规模的社区中互动。表4.1总结了与三种立场相关的社会环境的特点。

表4.1 社会背景下的传递、交互和转化

传递	交互	转化
放任自流	合理规划	与生态意识相关的经济活动
保守派	自由派	超越传统的两极分化
竞争	规范的竞争	合作/规范的竞争
大企业倾向于主导市场	大企业和大政府占主导地位	人类规模经济
基于利润/损失的决策	官僚机构决策集中化	分散化的决策,包括社会和生态成本
自然和经济被视为独立的活动	通过合理规划将自然和经济活动联系起来	自然和经济活动被视为相互联系的
硬数据	使用定量数据(如数学模型)	强调质量,硬数据和软数据[①]相结合
人的需求由市场/广告决定	需求受到合理规划的影响	有机地看待需求,适当地消费

---

① 译者注:硬数据(hard data)指实际算出的数据,如在银行的存款数;软数据(soft data)指包含估计因素的数据,如应收款减去坏账准备后的净额,通过聊天收集的定性材料数据等。

续表

传递	交互	转化
与市场相关的个人角色（如专业化）	与自由主义相联系，民主实现的角色（如不可剥夺的权利）	与社区联系的角色
狭窄的性别角色	与平等权利立法有关的灵活角色	雌雄同体/超越性别角色
由市场波动决定的变化	理性的/计划的变化	非暴力的变化，对内心需求的回应
短期观点	长期观点与规划	进化的、有机的观点的变革
自上而下的组织	民主组织，理性的共识	共识包括意识到精神和情感需求

参考文献

ALDER A. Irresistible:The Rise of Addictive Technology and the Business of Keeping Us Hooked[M]. New York:Penguin,2017.

AURELIUS M. Meditations[M]. New York:Penguin,1964.

BARKER R B,GUMP P V. Big School,Small School[M]. Palo Alto CA:Stanford University Press,1964.

BALLAH R N. Habits of the Heart:Individualism and Commitment in American Life[M]. New York:Harper & Row,1986.

BERRY T. The Dream of the Earth[M]. San Francisco:Sierra Club Books,1988.

CAJETE G. Look to the Mountain: An Ecology of Indigenous Education [M]. Durango CO: Kivaki Press,1994.

CAPRA F. The Turning Point[M]. New York: Simon & Schuster,1982.

CAPRA F. The Web of Life: A New Scientific Understanding of Living Systems[M]. New York: Anchor,1996.

COTTON K. Close-Up #20. School Improvement Research Series[M]. Portland OR: Northwest Regional Educational Lab,1996.

EASTERBROOK G. The Paradox of Progress: How Life Gets Better While People Feel Worse[M]. New York: Random House,2003.

EASWARAN E. Original Goodness: Strategies for Uncovering Your Spiritual Hidden Resources[M]. Petaluma CA: Nilgiri Press,1989.

ELKIND D. The Hurried Child[M]. Reading MA: Addison Wesley,1989.

ERIKSON E. Gandhi's Truth[M]. New York: W. W. Norton,1969.

FERGUSON N. What Have We Done? [J]. Globe and Mail, 2018,20(1): 6-7.

FREDMANM, FRIEDMAN R. Free to Choose[M]. San Diego CA: Harcourt Brace Jovanovich,1980.

HAWKEN P. Blessed Unrest: How the Largest Movement in the World Came into Being[M]. New York: Viking,2007.

HEILBRONER R L. The Worldly Philosophers[M]. New York: Touchstone Books,1980.

HOLT M. It's Time to Start the Slow School Movement[J]. Phi Delta Kappan, 2002,84(4):265-271.

HONORE C. In Praise of Slowness: How a Worldwide Movement Is Challenging the Cult of Speed[M]. San Francisco: Harper,2004.

HUNT D E. Beginning with Ourselves: In Practice, Theory, and Human Affairs[M]. Toronto: OISE Press,1987.

KRUGMAN P. Conscience of a Liberal[M]. New York: Norton,2008.

LEEV, JILIA B S. Effects of High School Restructuring on Size and Achievement[M]. Madison WI: National Center for Organization and Restructuring of Schools, 1994.

MCLUHAN T C. Touch the Earth: A Self-Portrait of Indian Existence[M]. New York:Pocket Book,1972.

Miller J P. Educating for Wisdom and Compassion:Creating Conditions for Timeless Learning[M]. Thousand Oaks CA:Corwin,2006.

Miller J P. Love and Compassion:Exploring Their Role in Education[M]. Toronto:University of Toronto Press,2018.

MORRIS C R. A Time of Passion:America,1960—1980[M]. New York:Penguin Books,1986.

RICHARDSON R D. Henry David Thoreau:A Life of the Mind[M]. Berkeley:University of California Press,1986.

SALE K. Human Scale[M]. New York:Perigee Books,1980.

SHER J P. Education in Rural America[M]. Boulder CO:Westview Press,1977.

THOMAS L. The Lives of a Cell[M]. New York:Bantam, 1975.

THOREAU H D. Walden and Civil Disobedience[M]. New York:Penguin Classics,1986.

US Department of Education. Violence and Discipline Problems in US Public Schools:1996—1997[R]. Washington,DC:National Center for Education Statistics, 1999.

WASLEY P. Small Schools and the Issue of Scale[M]. New York:Bank Street College of Education, 2000.

第五章 历史背景

整体课程（整体教育）并不是一个全新的理念，几百年前，教育家和哲学家们就已经阐述了它的原则并使用它。然而，每个时代都不得不以自己的方式重新定义整体课程。整体教育工作者面临的主要问题是如何整合两方面的内容。一个方面专注于个人成长。在这一分支，专注心理成长的人本主义教育家和那些专注于精神成长的超个人主义教育家之间产生了进一步的划分。当然，这些分支之间的界限并不总是很清楚，因为超个人教育者通常将心理发展作为精神成长的一个组成部分。

另一方面则专注于社会变革。从这一立场出发，教育家们制定了一些计划，鼓励学生参与社区活动。这种参与可以是为社区服务或参与社会行动。后者更为激进，因为学生试图改变或改善社区的生活。当这些分支被整合时，整体课程最为有效，如纽约和斯特尔顿的现代学校和迈尔斯·霍顿的工作。[1]

---

[1] 译者注：迈尔斯·霍顿（1905年7月9日—1990年1月19日）是美国教育家、社会主义者和高地人民俗学校的共同创始人，因其在民权运动中的作用而闻名（运动领袖詹姆斯·贝维尔称霍顿为"民权运动之父"），他对当时的大多数领导人起到了重要的影响。

第一节 土著教育

土著人民是第一批整体教育者，他们看到了生命的相互关联性，并称之为"生命之网"。对土著教育最好的描述之一来自卡杰特（1994）的书《望山》，讲述土著教育的生态学。他认为，"美国教育必须从注重专业化知识转向整体知识，从客观科学转向系统科学，从建筑转向建构"（1994：27）。他还指出了土著教育的几个特点：

① 对自然的神圣看法贯穿于教学的基本过程；
② 整合和相互关联是土著教育背景和过程的普遍特征；
③ 土著教育在一个真实的社区和自然环境中展开；
④ 土著教育认识到，学习是通过部分看到整体；
⑤ 我们通过我们的身体和精神来学习，就像通过我们的头脑学习一样。

这些特点也是整体教育的根本。2012年，我与四箭就土著教育和整体教育之间的关系进行了对话，我们的对话围绕三个原则达成了共识。第一条是让人们意识到生命的深刻关联性，土著人和整体教育者都认识到我们与所有生命和地球的发展进程密切相关。第二个原则是对宇宙、自然神圣性的感觉和感受，宇宙、地球及其居民被看作是神圣的，充满了奇迹。没有人比原住民更能表达对地球的敬畏，不幸的是，今天在物质主义、消费主义思潮的冲击下，这一点已经丢失了。我们已经忘记了如何通过仰望星空、感受风吹拂我们的脸庞或闻到雨后的草香而感到陶醉。第三条原则是整体教育，即教育应该覆盖整个人，包括身体、思想和精神。今天，教育几乎只关注思想，对身体只是口头上说说而已，精神、灵魂几乎被完全忽视（Kessler, 2000；Miller, 2000）。

然而，四箭指出，原住民可以说是已经践行了这些原则，因此已经"言行一致"。尽管整体教育者致力于应用这些原则，但它们有时仍然只是知识性的概念，并没有深入刻画在人们存在于这个世界的生活方式中。整体教育者可以把土著教育者作为整体学习和教学道路上的向导，四箭《真正的教学》一书是将原住民观点融入课程的指南，我们关于原住民教育和整体教育之间关系的对话载于本书附录中。

第二节　希腊先哲

有研究表明（Hadot，2002；McEvilley，2002），希腊哲学家认为哲学不是一种狭隘的智力活动，而是一种全面的、深思性的实践。哈多特（2002）指出，柏拉图式的对话不仅仅是一种智力活动，而且是一种精神实践的形式，其要求自我探索和自我改造。"以哲学的方式生活，首先意味着转向智力和精神生活，进行涉及'整个灵魂'——也就是整个道德生活——的转换。"

哈多特描述了希腊哲学家在工作中追求的各种精神练习，他们实行各种形式的沉思，如完全置身于当下。例如，罗马诗人和哲学家贺拉斯写道："让灵魂在当下感到快乐，拒绝担心以后会发生什么……考虑尽可能以宁静的心态安排当下，其他一切都会像河流一样被带走。"（Hadot，2002：196）

需要持续关注身处的当下，斯多葛派特别强调这种持续的意识，哈多特（2002）指出：

对他们来说，哲学是一种独特的行为，必须在每个瞬间进行实践，帮助自己不断地更新自己和当下的意识……正是由于这种关注，哲学家不仅能总是完全意识到自己在做什么，而且还能意识到自己在想什么（这是生活逻辑的任务）和自己是什么——换句话说，自己在宇宙中的位置。

佛教徒的做法非常类似，这种实践被称为"正念"，它涉及每时每刻的意识。哈多特（2002）在引用他的同事索莱尔的话时将希腊哲学与古代亚洲哲学联系起来，他写道："古人也许比我们更接近东方。"（Hadot，2002：279）

对希腊人和印度人来说，教师的临在感很重要。哈多特（2002：70）写道："于是，哲学成为一种充满爱的存在经验，我们从一个被爱的存在的经验上升到一个超越性的存在的经验。"这类似于印度的达瞻（darshan）概念，即置身于一个开明或觉悟的人面前。同样，老师和学生之间的这种关系不仅仅是智力上的，而且是基于感情和爱的。哈多特说，希腊人认为，即使是科学或几何学的研究也会涉及整个灵魂，并且"总是与爱神、欲望、渴望和选择相联系"。

苏格拉底"认识你自己"可以被看作是整体教育的最早准则之一。苏格拉底以其无情的提问，迫使个人审视自己的假设。自我审视的基础或者说部分基础是基于这样的前提：所有的知识都存在于内心之中，我们可以通过沉思来发现它。苏格拉底和柏拉图认为，灵魂在出生前就已经存在，由于被置于肉体之中，它已经忘记了自己的真实身份。这被称为"回忆学说"（Ozman，Craver，1981：5）。那么，苏格拉底就像一个助产士，引出了人体内的思想。柏拉图在对话《美诺》中描述了苏格拉底是如何通过提问从一个奴隶男孩那里提取毕达哥拉斯定理的。

柏拉图在《共和国》中描述了他的教育方法，即建议建立一个由国家管理的综合教育系统，使人们的潜力得到充分发展。在柏拉图看来，教育应该教会人们超越物质世界的不稳定性，以直观地了解思想的"真实世界"。柏拉图的洞穴寓言也可以被看作是教育的一个隐喻。在这个寓言中，囚犯们在黑暗中被锁住，他们在洞穴的墙壁上只看到影子。然而，其中一个囚犯走到一个陡峭的斜坡上，最终进入阳光下。他意识到自己一直生活在一个虚幻的世界里，于是回到山洞，向其他囚犯解释他的发现。然而，向囚犯们解释他的发现涉及风险，因为他们可能不相信自己生活在一个阴影的世界里。柏拉图认为，哲学家或教师与他人分享他或她的知识时，需要承担风险。因此，教师不能停留在沉思中，而必须进入世界，与他人进行对话。

第三节　让-雅克·卢梭

让-雅克·卢梭（Jean-Jacques Rousseau）是与整体教育人文主义分支关联密切的重要历史人物之一。他的书《爱弥儿》发表于1762年，他在书中描述了自己的教育方法。卢梭［（1762）1955］主张用自然的方法来养育孩子，因为他认为孩子的灵魂是纯净的，必须保护其不受社会文明的影响。他说"必须从一开始就在孩子的灵魂周围筑起一道墙"，否则他们就会被"社会习俗的粉碎性力量"所征服。这种浪漫的儿童观一直激励着人文主义和非传统学校的教育者。

在《爱弥儿》中，卢梭［（1762）1955］描述了儿童发展的四个阶段——婴儿期、儿童期、青年期和成年期。这些阶段在书中的四个部分都有描述，在最后一部分，卢梭描述了虚构的中心人物埃米尔的妻子苏菲的教育，其方法的核心是消极教育。卢梭指出：

大自然以她自己的方式为孩子的成长提供了条件，这一点不应受到阻挠。当他想奔跑的时候，不要让他坐着不动；当他想安静的时候，也不要让他跑。如果我们不因我们的失误而破坏孩子们的意志，他们的欲望就不会任性。

千万不能给他下命令,绝对不能。

不要给你的学习者口头上的教训,他应该只靠经验来教;永远不要惩罚他,因为他不知道什么是做错事;永远不要让他说"原谅我",因为他不知道怎么就对你做错了。他不能有任何道德上的错误,他既不值得惩罚,也不值得责备。

在这里,幼年时期的教育应该只是消极的,它的内容不是教导美德或真理,而是保护心灵不受罪恶和错误精神的影响。

卢梭认为,孩子的心是好的,应该让孩子的灵魂按照自己的自然模式来展开。那么,就应该允许孩子探索世界、探索自我。

当然,完全消极和不受监督的教育是不可行的。因此,在卢梭的作品中,以及在大多数浪漫主义教育家,如 A. S. 尼尔的作品中,存在着一个矛盾。在一些情况下,卢梭说:"对你的学生采取相反的方针,让他总认为他是主人,尽管你才是真正的主人……毫无疑问,他应该只做他想做的事,但他可能应该除了你想让他做的事之外其他什么都不想做。"在这里,卢梭把老师描述为操纵者,因为他设计了一些情境来诱导孩子学习。例如,卢梭描述了一个复杂的情境,在一个乡村集市上,一个魔术师教艾米尔认识磁铁,埃米尔通过在黑暗中做游戏,学会了不用仪器测量距离的方法。因此,消极的教育不是那么容易实行的,它提出了关于教师角色的基本问题。

在一本全面的卢梭传记中,Leo Damrosch(2005)对《爱弥儿》做出了如下评价:

卢梭的主张是真正具有独创性的,即每个人都有独特的气质,需要自由来发展……他的意图是展示一个人如何在不牺牲诚信的情况下为社会生活做准备,"用自己的眼睛看,用自己的心去感受,除了自己的理性,不受任何权威支配"。

卢梭的一句话,即所有教育中最有用的规则不是"获得时间,而是失去时间",启发了许多整体教育家,如乔治·丹尼森。

第四节 裴斯泰洛齐和福禄贝尔

瑞士教育家约翰·海因里希·裴斯泰洛齐（Pestalozzi）受到卢梭、英国哲学家洛克和捷克教育家夸美纽斯的影响,因此,他的书和思想呈现出互动式立场和转化式立场的双重影响。他与卢梭的不同之处还在于,他关心贫困儿童,将其一生的大部分时间用于教育,并试图将自己的信仰付诸实践。莫夫（德·吉姆普斯,1889：154-155）总结了裴斯泰洛齐教育方法的主要原则：

① 直觉是教学的基础；

② 语言应与直觉相联系；

③ 学习的时间不是判断和批评的时间；

④ 在每一个分支中,教学应该从最简单的元素开始,根据儿童的发展逐步进行,也就是按照心理学上的顺序进行；

⑤ 对教学的每一点都应投入足够的时间,以确保学生完全掌握它；

⑥ 教学应以发展为目的,而不是教条式的阐述；

⑦ 教育者应尊重学生的个性；

⑧ 小学教学的主要目的不是向学生传授知识和才能,而是发展和提高学生的智力；

⑨ 权力必须与知识相结合,技能必须与学习相联系；

⑩ 教师和学生之间的关系,特别是在纪律方面,应该建立在爱的基础上并受爱的支配；

⑪ 教学应服从于教育的更高目标。

原则⑦和⑩反映了卢梭的影响。许多教育史学家（Bayles, Hood, 1966）认为，裴斯泰洛齐真正的天才之处在于他对儿童的同情，以及他如何根据每个学生的独特需要调整他的教学方法。裴斯泰洛齐的学生约翰·拉姆绍尔（John Ramsauer）描述了裴斯泰洛齐课堂技巧的非正式性：

裴斯泰洛齐没有固定的教学计划和上课顺序，他不限制时间，常常在同一科目上讲上两三个小时。我们大约有60名8～15岁的男女学生，课程从早上8点上到11点；下午从2点上到4点，教学内容仅限于绘画、算术和语言练习。

既没有阅读，也没有写作，学生们没有课本，也没有抄写本，他们什么都没有学到。裴斯泰洛齐让我们重复有关自然史的句子作为语言练习，我们可以画自己喜欢的东西，有些人画男人和女人，有些人画房子，有些人则根据自己的喜好描画线条和阿拉伯式花纹。裴斯泰洛齐从不看我们画的东西，而是看我们涂鸦的东西，从我们大衣的袖口和肘部可以看出，学生们是用红粉笔画的。至于算术，我们在每两个学生之间都有一个小框架，框内分隔出很多格子，格子里有小点来练习加、乘、减、除的运算。（德·吉姆普斯，1889：104-105）

弗里德里希·福禄贝尔（Friedrich Froebel）受到卢梭和裴斯泰洛齐的影响，但他的教育观念更为神秘，在本书的第一章就有引用。福禄贝尔发展了幼儿园，并把游戏作为幼儿发展的一个重要因素来关注。他说：

游戏是人类心智发展的首要手段，是认识外部世界、从事物和事实中收集原始经验以及锻炼身体和心灵力量的第一次努力。儿童确实没有认识到其中的目的，在开始时也不知道模仿周围的游戏会达到什么目的，但它表达了自己的本性，这就是游戏活动中的人性。（Von Marenholz-Bulow, 1895：67）

福禄贝尔和卢梭一样，相信儿童具有内在善性，他（1887：121）声称："因此，一种被压制的或被改变的良好品质——一种良好的倾向，只是被压制、误解或误导——最初就在人的每一个缺点的底部。"那么，儿童的自然游戏使这种善的品质得以展开。

第五节 布朗森·奥尔科特

布朗森·奥尔科特（Bronson Alcott，1799—1888年）是拉尔夫·瓦尔多·爱默生和亨利·梭罗的朋友，他一生中大部分时间都致力于教育。作为作家路易莎·梅·奥尔科特（Louisa May Alcott）的父亲，他一生都在为养家糊口而奋斗，而爱默生也经常来帮助他。19世纪40年代，奥尔科特建立了两个合作社区——布鲁克农场和水果园。水果园是一个素食社区，该社区的成员们甚至都回避穿皮鞋，这个社区勉强维持了一年，未能度过1844年的冬天。

奥尔科特相信灵魂是预先存在的。因此，他认为孩子来到这个世界上时不是一个白板式的存在，而是肩负着神圣的使命。他写了一份题为《关于我的孩子的精神培养观察》的手稿，该手稿的基本思想是每个孩子都有一个需要培养和发展的灵魂。他观察了他的孩子和他们的行为，然后推测了他们行为的原因。例如，他写道："安娜很喜欢为自己和路易莎进行理论研究，而路易莎则只想着实践，不断拆毁安娜的理想城堡，用哥特式的粗鲁来刺激她的精神。一个人在建造，另一个人在拆除，在相反力量的斗争之间，他们的宁静被扰乱了。"（贝德尔，1980：83）。

奥尔科特住在费城时，在人类文化学校任教，他试图培养孩子们的精神。虽然时间不长，但学校的信件和文件激发了奥尔科特的朋友伊丽莎白·皮博迪，她于1834年帮助奥尔科特在波士顿创办了一所新学校。这所学校被命名为圣殿学校，在整体教育的历史上有其地位。它之所以被称为圣殿学校，是因为它被安置在共济会圣殿顶部的两个房间里，而该圣殿就在波士顿公园的正对面。伊丽莎白·皮博迪对学校的工作起到了重要作用，她帮助招收学生，在那里教书，还记录了奥尔科特与学生们的许多对话。学校于1834年9月开学，第一天就有18名学生在那里，这些学生的年龄在5～10岁，大多来自波士顿一些有名的家庭。

奥尔科特不仅教他们阅读，还教他们写作，让他们先打印字母，然后再写字。据贝德尔（Bedell，1980：94）称，奥尔科特意识到写字时手和眼睛之间的协调对于年幼的孩子来说太难掌握了，这是之前没有人知道的。在写作方面，他希望学生能够表达自己的想法和感受，而不仅仅是抄写书本上的东西。在讨论中，奥尔科特还鼓励学生们站起来，大声说话。一个学生说："在我来到这所学校之前，我从来不知道自己有思想。"奥尔科特并不使用体罚的方式，而是采用了劝诫或劝离的方式。

到了冬天，入学人数增加了一倍。伊丽莎白·皮博迪刚开始每天只工作两个小时，现在她待在学校工作一整天，并开始记录学校的情况。据贝德尔说："《学校记录》一书在今天看来，可能仍然是对布朗森·奥尔科特教育理论的最佳探索。"（1980：102）该书出版于1835年，是社会变革运动的一部分，其中包括妇女权利和反奴隶制活动。贝德尔认为，《学校记录》成为"美国思想中一个全新时代的象征"（1980：103）。奥尔科特本人从未像现在这样快乐或感到充实，他在自己的生活中找到了"一种统一感和充实感"。

这所学校最不寻常的特点是奥尔科特与学生就精神问题进行的对话。伊丽莎白·皮博迪曾经写道："教育取决于其对精神的态度"。爱丽丝·豪威尔（1991）讨论了奥尔科特如何将这种态度纳入他的教学中：

孩子不是一片白纸，奥尔科特毫无疑问地证明了这一点。当我们阅读时，我们重新发现，儿童的哲学洞察力和直觉比我们通常认为的要强得多，事实上，他们很高兴被当作值得尊重的个体来对待……奥尔科特的秘密，我相信，他的成功在于他对儿童的态度；他从自己内心深处的中心向他知道存在于每个儿童身上的同一个中心努力。在这个层面上建立了信任、相互尊重和感情的纽带，这样就避免了教师和学生之间的争斗。

下面是伊丽莎白·皮博迪在《学校记录》一书中记录的一个谈话的例子，体现了精神文化的一般原则。这段学生之间的对话发生在奥尔科特读完《圣经》中关于沙漠中施洗者约翰的段落之后，他问学生们："在阅读时脑海中想到了什么？"

乔赛亚：沙漠在我看来是一个巨大的空间，里面有沙子，就像沙漏里的沙子。阳光照在上面，使它闪闪发光，那里没有树，约翰一个人在那里。

爱德华：我认为沙漠是指树林，到处都有小路。

露西：我想的是一个长满草和野花的地方，约翰在那里散步。

查尔斯：我想到了大草原。

亚历山大：我想到的是散落在全国各地的一些树木，树干上有蜜蜂。

乔治：我想到了一个没有房子的地方，除了约翰的房子，还有花、树和蜂箱。（皮博迪，1835：61）

马丁·比克曼（Martin Bickman，2004）引用了这段话，他将这一讨论与创造性联想进行了比较，这将在本书第六章讨论。比克曼还评论说，奥尔科特让谈话继续下去，而没有扮演"中央总机"的传统角色。比克曼承认，有时奥尔科特的教学可能是操纵性的，他试图鼓励学生找到自己的意象，发展自己的思维路线。比克曼引用达尔斯特朗（Dahlstrand，1982）的话来支持他的结论：

奥尔科特的范式给了孩子们一种体验个人思想的手段。作为一种结构，他们可以在此基础上建立自己的想法。从某种意义上说，范式限制了他们，但在另一个重要方面，范式解放了他们——使他们摆脱了无组织的暴政。随着时间的推移，他们可以抛弃范式，但范式帮助他们发展的思维过程可以永远伴随着他们……尽管奥尔科特本人未意识到，但他的方法成功了。(Bickman，2004：127)

另一本书《与儿童对话的福音书》于1836年出版。该书收到了一些负面的评论，一位作家称奥尔科特"不是疯了就是半吊子"，而传教士则认为这些对话对基督的神性没有表现出尊重。这些攻击，以及经济衰退期间的债务，导致了学校的关闭。奥尔科特在圣殿学校还发展了一种整体性的学习方法。马丁·比克曼(1999，xxiii)评论说："这种教育就是我们现在所说的'整体性'，因为像拼写、语法和词汇这样的技能被整合到关于道德和精神事务的大课中。"奥尔科特认为，所有的教学和学习都应该与精神中心即心灵相联系。

其他超验主义者，如伊丽莎白·皮博迪和玛格丽特·富勒，也撰写关于教育的文章，教授相关知识。作为一个群体，超验主义者提供了一个救赎性的教育愿景，包括以下几个方面：

① 教育整个儿童——身体、思想和灵魂；
② 将幸福作为教育的目标；
③ 教育学生，使他们看到自然界中的相互联系；
④ 认识到儿童的内在智慧是需要尊重和培养的东西；
⑤ 通过梭罗的工作为环境教育绘制蓝图；
⑥ 通过富勒的工作为所有年龄段的妇女提供鼓舞人心的教育愿景；
⑦ 不断寻求更有效的儿童教育方法的教育学实验方法；

⑧ 认识到教师临在感的重要性，鼓励教师意识到自己的行为，并有意识地去做；

⑨ 通过伊丽莎白·皮博迪的工作，提出了多元文化和双语教育的愿景。(Miller, 2011: 6)

第六节　列夫·托尔斯泰

列夫·托尔斯泰与福禄贝尔和裴斯泰洛齐一样，都受到卢梭的影响。他认为儿童，特别是农民的孩子，应该不受外界环境的影响，这样他们的善良才能展现。托尔斯泰（1967）对学校的批评非常严厉。

学校在儿童心目中的形象是这样的：在那里，他被教导的是无人理解的东西；在那里，他通常被强迫说的不是他的母语蒙达语，而是外语；在那里，老师把学生看作天敌，因为学生出于自己和父母的恶意，并不想学习他所学的东西，而学生们则把他们的老师看成自己的敌人。

为了提供另一种选择，托尔斯泰在他俄罗斯的庄园亚斯纳亚·波利亚纳建立了自己的学校。在这里，他根据自己的理论来教育农民。他让孩子们决定他们是否参加课程，如果他们去上课，他就让他们根据自己的经验写故事。特鲁瓦亚（Troyat, 1980）为我们介绍了托尔斯泰学校的情况。

早上八点，一个孩子敲响了铃声。半个小时后，"透过雾、雨或秋日的斜阳"，小穆兹克的黑色身影三三两两地出现，挥舞着他们空荡荡的手臂。和往年一样，他们没有带书或笔记本——除了学习的愿望，什么都没带。教室被漆成粉红色和蓝色，矿物样本、蝴蝶、干枯的植物和物理仪器摆满了书架，但没有书本。

为什么要有书？学生们来到教室，就像来到家里一样，他们坐在自己喜欢的地方、地板上、窗台上、椅子上或桌子的角落里，他们听或不听老师讲的内容，当老师讲到他们感兴趣的内容时，他们会靠近，当工作或游戏需要他们去别的地方时，他们会离开房间——但只要有一点声音，他们的同学就会安静下来，这里有着自我约束的纪律。课程——如果一个成年人和一些孩子之间的闲聊可以称之为课程的话——从上午八点半到中午，从下午三点到六点，涵盖了从语法到木工的所有可以想象的科目，还有宗教历史、唱歌、地理、体操、绘画和作曲。那些住得太远而无法在晚上回家的人就睡在学校里。夏天，他们围着老师坐在室外的草地上。

第七节 尼 尔

20世纪最著名的人文教育倡导者也许是尼尔（A. S. Neill）。尼尔于1921年在德国创办了一所非传统学校，后来这所学校搬到了英国，成为著名的夏山学校。像卢梭、裴斯泰洛齐和福禄贝尔一样，尼尔不喜欢对孩子进行道德教育或灌输罪责。

在夏山学校，孩子们可以选择去上课或不去上课，教师们倾向于非正式地管理他们的课堂。克罗尔（Croall, 1983：206）评论说，尼尔"对教学方法几乎没有兴趣，对他的教师应该做什么也没有给予任何指导"。尼尔主要关注的是儿童的精神生活。家长们经常把有问题的孩子送到夏山学校，尼尔在回应他们的需求方面表现出色，因为他们没有被强迫学习，也因为尼尔的关怀，这些孩子往往克服了他们的困难，成为健康的人。克罗尔在其关于尼尔的传记中评论说：

然而，尼尔的最大成就无疑在于他作为"灵魂治疗师"的能力。现在有相当多的成年人过着平凡无奇的生活，他们这样做要归功于尼尔。他本人在晚年喜欢争辩说是自由的环境，而不是他对问题儿童的个人工作，导致了这么多惊人的"治愈"。许多以前的夏山学校学生以及多年来与尼尔一起工作的一些成年人不这么认为，对他们来说，是尼尔的人性和理解产生了结果。正如一位曾经的问题儿童在回顾他在夏山学校的时光时所说的那样："我几乎可以肯定，如果不是尼尔，我早就进精神病院了。"

尼尔将他的教育方法与贝特朗·罗素进行了比较，后者在1927年建立了灯塔山学校。尼尔曾对罗素评论说，如果一个孩子和他们在一起，罗素会希望孩子告诉他关于星星的事情，而尼尔更愿意让孩子有自己的想法。克罗尔（1983）总结道："尼尔旨在释放情绪，而罗素则想要训练思想。"尼尔认为，如果"情感是自由的，智力会照顾自己"。

尼尔是夏山学校的良性权威，虽然学生确实有很大的自由，但尼尔在某些方面做出了限制，比如孩子们的健康和安全，以及教职员工的聘用和解雇，如他对孩子们可以攀爬的地方做出了规定。

夏山学校的核心特征之一是会议，在那里每个人都有一票，包括尼尔。在这里，他的影响更加微妙。克罗尔（1983）评论说：

> 诺娜·西蒙（Nona Simon）在4岁时来到夏日山庄，实际上是由尼尔夫妇带大的，她回忆说："大多数小孩子只会投大多数人的票，而且你会发现大孩子和尼尔一样崇拜英雄。但他会影响投票——他是一个权威，无须说太多。"布兰温·威廉姆斯也持类似观点："虽然他说我们管理着学校，他在会议上的发言权并不比其他人多，但我认为实际上我们仍然期待着他的领导——当然在我们很小的时候。我们偶尔会投票给他，只是为了证明他的理论是正确的，但我认为我们对这样的事情觉得棘手，所以有一种微妙

的指导。"辛西娅·艾伦加强了这一想法:"他从冲突中退出,离开他的工作室或办公桌,这产生了影响。"

尼尔与卢梭和其他浪漫主义者一样,面临着在哪里以及如何干预儿童生活的两难问题。

尼尔的影响不仅限于夏山学校内部,其在学校之外的影响也是巨大的。到1969年,他的《夏山学校》一书以每年超过20万册的速度销售。在20世纪六七十年代,这本书是许多自由学校教育者的圣经,因为他们试图建立自己版本的夏山学校。根据格劳巴德(Graubard,1972)的说法,到1972年,自由学校的数量达到约500所。

格劳巴德声称,这些学校取消了强加的纪律和惩罚、按部就班的分级和时间段的划分、家庭作业、频繁的测试、成绩和报告卡、严格的分级课程、标准化的教室,由一个教师主导和指挥,25~35名学生在他或她的指导之下学习。

不幸的是,这些学校并没有尼尔作为校长,尼尔对儿童的直觉天赋是夏山学校成功的核心,在自由学校中永远无法取代。人本主义理论可追溯到卢梭,但从来都不强大,只是让热心的教育家们摸索着与孩子们相处的策略。

罗恩·米勒(2002)对自由学校运动进行了广泛的分析,他对该运动的长期影响进行了评论。

自由学校运动像所有人类的努力一样,包含了它自己的缺陷、过度和盲点,但它代表了一种严肃的努力,使社会从无序的技术主义道路转向更民主、更全面、以人为本的价值观。与反对公立学校教育本身相比,自由学校的意识形态代表了对技术主义蔓延的有意识的抵制,而20世纪60年代激进教育批判的这一基本要素继续在替代性、进步性和整体性教育的文献中产生共鸣。

第八节 人本主义教育/超个人教育

在20世纪六七十年代,人本主义教育是整体教育的直接先驱。同时期,其他被使用的人文主义教育术语包括情感教育、心理教育和融合教育。它产生于人本主义心理学,特别是卡尔·罗杰斯和亚伯拉罕·马斯洛的工作。罗杰斯(1961)的书《成为一个人》中,有一章题为"关于教学的个人想法",包括以下陈述。

① 我的经验是我不能教另一个人如何去教。

② 在我看来,任何可以教给别人的东西都是相对不重要的,对行为几乎没有重大影响。

③ 我渐渐觉得,只有对行为有重大影响的学习,才是自我发现的、自我适用的学习。

④ 我意识到,我已经失去了当老师的兴趣。

这些主张显然对传统的教学概念提出了挑战。罗杰斯在他于1969年发表的《自由学习》中扩展了他的教育观念,他将人本主义心理学的一些假设应用于课堂实践,并提出了他对学校"自我导向的变革"的看法。罗杰斯(1969:5)提出了"意义"或"体验式学习"的概念,它具有"个人参与的特质——整个人在感觉和认知方面都参与到学习活动中。它是自发的……它是普遍存在的,它使学习者的行为、态度,甚至人格都发生了变化……它的本质是意义。"

马斯洛(1968)主张重视儿童的"高峰体验"。这些经历是我们对世界的直接体验,往往导致敬畏和惊奇。他写道:

我们必须学会珍惜孩子在学校里的"临场事件",他的着迷、沉浸,他惊奇的眼神,他的狂热。至少,我们可以珍视他浅层次的狂热,他的"兴趣"和爱好,等等。它们可以带来很多东西,特别是它们可以支撑儿童在艰苦的环境中坚持不懈、全神贯注并有所建树，且具有教育意义。

反过来说，我认为可以把高峰体验，敬畏、神秘、惊奇或完美的成就体验，也看作是学习的目标和回报，它的终点也是它的起点。如果对伟大的历史学家、数学家、科学家、音乐家、哲学家和其他所有的人来说都是如此，那么我们为什么不尝试将这些研究最大化，作为儿童高峰体验的来源呢？

两位领先的人文教育家是格里·温斯坦（Gerry Weinstein）和马里奥·范蒂尼（Mario Fantini），他们在福特基金会的资助下开展了一个包括情感在内的课程材料开发的重大项目。他们在《走向人文主义的教育：情感课程》（1970）中写到这项工作，他们的结论之一是：

当教学内容和方法具有情感基础时，与学生的有意义的关联就能最有效地建立和保持。也就是说，如果教育者能够发现来自任何背景的学生的情感、恐惧和愿望，无论是通过调整传统的内容和程序，还是通过开发新的材料和技术，都能够更好地帮助学生学习。

温斯坦和范蒂尼开发了一个"关注的课程"，涉及学生的兴趣和关注。这些都与传统的语言、数学、社会研究、科学和艺术课程相结合。他们指出，"关注"超越了感觉，有时涉及"内心的不安"。

这本书包含了一些活动，让学生表达他们的关注和感受。该项目主要是与城市内的非裔美国儿童一起进行的，所以关注的问题往往集中在权力和自我形象等问题上。

格里·温斯坦在马萨诸塞大学任教，该大学成为人文教育的一个主要中心。另一个主要的中心是加州大学圣巴巴拉分校，它专注于融合教育。乔治·布朗是这一方法的领导者之一，他写了

《人类教学促进人类学习：融合教育简介》。他写道："融合教育是指在个人和团体学习中情感和认知元素的整合或流动——有时被称为人文或心理教育。"（Brown, 1971: 3）本书第八章中有关于融合教育的例子。

超个人教育出现在 20 世纪 70 年代中后期，从超个人心理学中发展出来，包括经验的精神层面，大部分的成果都发表在《超个人心理学杂志》上。盖伊·亨德里克斯和吉姆·法迪曼（1976）写了《超个人教育》。普伦蒂斯霍尔出版社出版了《感受和存在的课程》，并将其作为超个人教育系列的一部分。笔者的书《富有同情心的教师：如何用你的整个自我进行教学和学习》于 1981 年出版，也被列入这个系列，它包含了以下引文：

为什么提出超个人教育？对许多人来说，这是人文主义的自然发展结果。例如，人文主义心理学的创始人之一亚伯·马斯洛（Abe Maslow）在他生命的最后阶段写道，自我超越是超越自我实现的一个阶段。超个人的观点使我们不把自己和我们的学生看作是孤立的自我，而看作是一个相互联系的动态宇宙中相互依存的生命……超个人教育承认我们的精神身份，而不牺牲知识的敏感性……重点是内在工作，如冥想、可视化联想和运动，以便我们发展我们的"内在权威"。

超个人教育从未受到重视，因为这个词对大多数从业者来说太深奥了。整体教育作为一个术语和运动出现在 20 世纪 80 年代，一直持续到今天。一些人最初将整体教育与新时代运动联系起来，但随着整体观点在各个领域的应用，它获得了更大的可信度。我们越来越多地听到商业、卫生保健、政府、教育和其他领域的个人采用整体观念。这种观点具有包容性，承认相互联系是一个基本现实。

第九节 社会变革教育

社会变革教育家认为,在社会根本性的变革过程中,学校在实现变革方面可以发挥重要作用。柏拉图的《共和国》可以被视为最早的社会变革文件之一,它概述了教育在柏拉图新社会愿景中的重要性。

卡尔·马克思认为,教育被资本家用来维持现状和维护其经济利益。新马克思主义者声称,学校的隐性课程强化了被动性,这样工人就会接受他们在流水线上的角色(Apple,2012)。教科书避免了有争议的问题,有助于培养听命于人的"好公民"。然而,马克思也看到了教育的潜力,通过使人们更加意识到他们被剥削,提高他们的社会意识,从而带来根本的变化。

在20世纪,弗朗西斯科·费雷尔、乔治·康茨和西奥多·布拉梅尔德主张社会变革或重建。

1. 弗朗西斯科·费雷尔

1901年,弗朗西斯科·费雷尔为西班牙巴塞罗那的工人子女开办了现代学校。费雷尔开发了一种被称为"理性教育"的方法,教师通过探究和科学调查培养儿童的批判能力。费雷尔说:

> 正义与非正义之间的区别也许是儿童能够真正掌握的第一个道德区别,如果假装它不属于教育的适当范围,那将是荒谬的。我们的内在诉求是,在儿童无法完全理解的问题上对他的思想产生偏见是不公平的,这只不过是资产阶级自我辩护的谬论。(Archer,1911:48)

费雷尔与卢梭或托尔斯泰不同,他不满足于让孩子们自生自灭,相反,他认为应该让他们沉浸在社会问题中,以便他们能够发展对社会力量的批判意识。费雷尔提出，批评文学可以帮助提高儿童的意识，它能渗透到他们的智慧中，并在他们心中植入一种根深蒂固的信念，即有可能建立一种新的事物秩序，在这种秩序中，和平和幸福将占据至高无上的地位，这与我们目前社会不公正、冲突和不幸福的状况截然不同。"（Archer，1911：40）

费雷尔特别喜欢让·格雷夫的《诺诺历险记》，该书将革命思想构建在一个幻想的故事中。在这个故事中，一个十岁的男孩在"自治"和"团结"等地方经历了一系列的冒险，遇到了"资本家"和"工人"等人。当诺诺收到他父母的礼物时，格雷夫得出以下观点："当然不是昂贵的礼物，因为诺诺的父母是劳动人民，而富人在轻浮的东西上挥霍无度，几乎没有剩余的东西给劳动人民买他们需要的东西。"（Archer，1911：40）

费雷尔鼓励家长参与建设他的学校，他还编辑了一本杂志，主要是关于工团主义，以及关于激进教育的文章。费雷尔的工作对法国和意大利的激进学校产生了强烈的影响，并最终影响了纽约的现代学校。

2. 纽约和斯泰尔顿的现代学校（1911—1915年）

这所学校是建立在列奥·托尔斯泰和弗朗西斯科·费雷尔的理想基础上的。费雷尔于1910年被处决，这件事推动纽约成立费雷尔协会。该协会成立了费雷尔中心、现代学校并创办了《现代学校》杂志。该协会由工人、社会主义者、无政府主义者和自由主义者组成，也有一些更激进的领导人如艾玛·戈德曼和亚历山大·伯曼。

该学校于1911年开办，创始人认为自由主义和社会主义原则可以结合起来。学校的信念是："在自由中长大的孩子会拒绝压迫性的工作条件，成为政治革命家。"（Trager，1986：401）现代学校与协会在同一栋楼里，里面有费雷尔、托尔斯泰、惠特曼、易卜生和威廉·莫里斯的画像。有时孩子们会去办公室，那里正在出版激进的杂志《地球母亲》。据弗洛伦斯·特拉格（Florence Trager, 1986）说，最初，学校的教学法是托尔斯泰式的。

课堂教学方法是托尔斯泰式的自由主义。孩子们按照自己的意愿来到学校，按照自己的节奏学习他们感兴趣的科目，课程往往是由孩子们自己确定的。1912—1913年冬天，现代学校的教师威尔·杜兰特（Will Durant）描述了该校的典型一天。据杜兰特说，孩子们在不同时间到达。当他到达时，孩子们都跑去围着他，并在接下来的半小时里继续他们的嬉闹。然后，一些孩子学习和工作，而另一些则继续打闹。那些准备好工作的孩子进入安静的房间，在那里他们上阅读和数学课，或者做百科全书的工作。8个年龄较大的孩子每天都要上课，而年龄较小的孩子则大约每隔一天接受一次单独的指导。当天气允许时，孩子们会在公园里吃野餐，下午在外面玩耍和讲故事。

特拉格（1986）指出，在政治激进主义者和自由主义者之间，关于学校的哲学有不可避免的冲突。尽管费雷尔的理念仍然是学校的愿景，但学校的日常生活更像是托尔斯泰式的。然而，吸引了政治激进分子的费雷尔中心，以一种更非正式的方式影响着孩子们和学校。因此，革命派和自由主义派的综合作用得到了体现。一位学生说："尽管学校对我意义重大，但中心的意义更大……那是事情开始的地方！我认识了来自世界各地的人，也认识了激进派的各个部分。"

费雷尔协会的成员在学校教书，孩子们参加在中心举办的成人班。在这个时期，纽约经常发生罢工和示威活动，政治活动也十分活跃，这种整体氛围也对学校产生了影响。

一些家长对学校宽松的课程和氛围表示担忧，因此学校增加了更多的学术科目，并强调历史学科的重要性。课堂活动逐渐从个人化向团体化转变，学生们为一本儿童杂志的创立和教室的布置做出了贡献（Trager，1986：407）。最后，学校搬到了新泽西州的斯泰尔顿，在亚历克斯和伊丽莎白·费姆的领导下，学校再次采取了更加托尔斯泰式的立场。总的来说，浪漫主义和政治教育的真正结合是在纽约时期发生的。

3. 乔治·康茨（George S. Counts）

乔治·康茨认识约翰·杜威，并受到杜威作为社会活动家方面的影响，康茨最著名的作品是他在1932年出版的《学校敢不敢建立新的社会秩序？》。大萧条和失业令他震惊，他于1930年前往俄国，希望寻找更有建设性的方案。康茨对进步教育持批评态度，他认为进步教育试图在价值中立的幌子下避免争议，他（1932）声称：

如果进步教育要成为真正的进步，它就必须从这个阶级的影响中解放出来，正视并勇敢地面对每一个社会问题，面对生活中的所有严酷现实，与社区建立有机的关系，发展一个现实而全面的福利理论，对人类命运形成一个令人信服和具有挑战性的愿景，并变得不像今天那样对强加和灌输感到害怕。

一些批评者认为，康茨是一个共产主义的同情者，他对根本变革的呼吁并未被主流教育家所接受。然而，他对教师参与社会变革的恳求，仍在刺激着教育工作者的良知。

4. 麦尔斯·霍顿（Myles Horton）

也许没有人比麦尔斯·霍顿更能代表社会变革教育的整体方法。霍顿于1932年创办高地人民学校，直到他于1990年去世，一直与该学校有联系。这所学校影响了许多社会变革举措，包括民权运动。在他的自传中，霍顿（1998）描述了与高地人有关的公民学校,这些学校帮助教育黑人,使他们能够投票。霍顿描述了第一所公民学校和这所学校的老师伯尼斯·罗宾逊。

伯尼斯在合作商店的后面房间里开始了第一堂课,她说:"我不是老师,我们在这里是为了共同学习,你们要教我,我也要教你们。"她没有教科书或教师手册。她仅有的材料是《联合国人权宣言》《州宪法》……

伯尼斯和学生们每天都在制定课程,他们学会了写信、订购目录和填写汇票,他们构造了关于他们种植的蔬菜和使用的工具的故事。

"他们告诉我一个故事",罗宾逊夫人告诉我们,"一个我写下来的故事,然后他们学会阅读这个故事。这是他们的故事,用他们的话来说,他们很感兴趣,因为这是他们的故事"。她优先考虑他们的切身利益,使他们能够体验到学习的有用性和快乐。

这些公民学校开始在整个南方蔓延,帮助许多黑人参与投票过程。扫盲的教育方法还有类似于西尔维娅·阿什顿-华纳在新西兰教育毛利儿童的方法,这将在本书第八章中介绍。

霍顿(1998)在他《漫长的旅程》一书中阐述了他的整体教育观点。

我对教育过程有一个整体的看法。宇宙是一个整体:自然、思想、精神、天堂、时间和未来都是生命的一部分。我认为你必须基于它们已经在一起的前提出发,而不是认为你把碎片放在一起就会变成一个整体,你要努力避免通过分割它、过度组织它和非人化它来破坏生命。你试图让事情保持在一起。教育的过程必须是有机的,而不是各种不相关的方法或想法的组合。

《漫长的旅程》是一本鼓舞人心的书,它清楚地表明霍顿体现了一种植根于整体视角的社会变革方法。

总体来说,华德福教育和蒙台梭利教育是20世纪较为突出的整体教育的例子,并一直延续到今天。本书的第二部分将对它们进行讨论。华德福教育和其主要课程将在本书第八章介绍,蒙台梭利的宇宙教育概念将在本书第十一章讨论。瑞吉欧·艾米利亚(Reggio Emilia)的概念也是整体性的,将在本书第九章中进行简要讨论。

罗恩·米勒(1997)的《学校是为了什么?美国文化中的整体教育》一书是关于整体教育历史的权威著作,我强烈建议读者查阅该书。他还写了关于自由学校运动的重要著作《自由学校,自由人》及《20世纪60年代后的教育与民主》(2002)。

参考文献

APPLE M. Knowledge, Power, and Education: The Selected Works of Michael Apple[M]. New York: Routledge, 2012.

ARCHER W. The Life, Trial, and Death of Francisco Ferrer[M]. London: Chapman & Hall, 1911.

BAYLES E E, BRUCE L H. Growth of American Educational Thought and Practice[M]. New York: Harper & Row, 1966.

BEDELL M. The Alcotts: Biography of a Family[M]. New York: Crown, 1980.

BICKMAN M. Minding American Education: Reclaiming the Tradition of Active Learning[M]. New York: Teachers College Press, 2004.

BICKMAN M. Uncommon Learning: Henry David Thoreau on Education[M]. Boston: Houghton Mifflin, 1999.

BROWN G. Human Teaching for Human Learning[M]. New York: Viking, 1971.

CAJETE G. Look to Mountain: An Ecology of Indigenous Education[M]. Durango CO: Kivaki Press, 1994.

COUNTS G. Dare the Schools Build a New Social Order? [M]. New York: Day,1932.

CROALL J. Neill of Summerhill: The Permanent Rebel[M]. London: Routledge and Kegan Paul,1983.

DAHLSTRAND F C. Amos Bronson Alcott: An Intellectual Biography[M]. East Brunswick NJ: Associated University Presses,1982.

DAMROSCH L. Jean-Jacques Rousseau: Restless Giant[M]. New York: Houghton Mifflin,2005.

FOUR A. Teaching Truly[M]. New York: Peter Lang,2013.

FOUR A, MILLER J. To Name the World: A Dialogue about Holistic Education and Indigenous Education[J]. Encounter,2012,25(3):1-11.

FROEBEL F. The Education of Man[M]. New York: Appleton-Century Crofts,1887.

GRAUBARD A. Free the Children: Radical Reform and the Free School Movement[M]. New York: Pantheon,1972.

DE GUIMPS R. Pestalozzi: His Aim and Work[M]. Syracuse NY: C. W. Bardeen,1889.

HADOT P. What Is Ancient Philosophy? [M] Cambridge MA: Belknap Press,2002.

HENDRICKS G, JAMES F. Transpersonal Education: A Curriculum of Feeling and Being. Englewood Cliffs NJ: Prentice Hall,1976.

HORTON M. The Long Haul: An Autobiography[M]. New York: Teachers College Press,1998.

HOWELL A O. Introduction[M]. ALCOTT A B. How Like an Angel Came IDown, xvii-xliv. Hudson NY: Lindisfarne Press,1991.

KESSLER R. The Soul Education: Helping Students Find Connection, Compassion, and Character at School[M]. Alexandria VA: ASCD,2000.

MASLOW A. Some Educational Implications of Humanistic Psychologies [J]. Harvard Educational Review,1968,38(4):685-696.

MCEVILLEY T. The Shape of Ancient Thought: Comparative Studies in Greek and Indian Philosophies[M]. New York: Allworth Press,2002.

MILLER J P. The Compassionate Teacher: How to Teach and Learn with Your Whole Self[M]. Englewood Cliffs NJ: Prentice Hall,1981.

MILLER J P. Education and the Soul: Toward a Spiritual Curriculum[M]. Albany NY: SUNY Press,2000.

MILLER J P. Transcendental Learning: The Educational Legacy of Alcott, Emerson, Fuller, Peabody, and Thoreau[M]. Charlotte NC: Information Age Publishing,2011.

MILLER R. What Are Schools For? Holistic Education in American Culture[M]. 2nd ed. Brandon VT: Holistic Education Press,1997.

MILLER R. Free Schools, Free People: Education and Democracy after the 1960s[M]. Albany NY: SUNY Press,2002.

OZMAN H A, SAMUEL M C. Philosophical Foundations of Education[M]. Columbus OH: Charles E. Merrill,1981.

PEABODY E. Record of a School: Exemplifying the General Principles of Spiritual Culture[M]. Boston: James Munroe,1835.

ROGERS C. On Becoming a Person[M]. Boston: Houghton Mifflin,1969.

ROGERS C. Freedom to Learn[M]. Columbus OH: Charles Merrill,1961.

ROUSSEAU J. Emile[M]. New York: Everyman's Library,(1762)1955.

TOLSTOY L. Tolstoy on Education[M]. Translated by Leo Weiner. Chicago: University of Chicago Press,1967.

TRAGER F. Politics and Culture in Anarchist Education: The Modern School of New York and Stelton,1911—1915[J]. Curriculum Inquiry 1986,16(4): 391-416.

TROYAT H. Tolstoy[M]. New York: Crown Publishers, Harmony,1980.

VON M B. Reminiscences of Friedrich Froebel[M]. Boston: Lee & Sheppard,1895.

WEINSTEIN G, MARIO F. Toward Humanistic Education: A Curriculum of Affect[M]. New York: Praeger,1970.

第二部分

整体课程：实践策略

在这本书的开头,我对整体教育提出了以下定义。

整体教育的重点是关联:线性思维和直觉之间的关联,身体与心理之间的关联,各个学科知识领域之间的关联,人和社区之间的关联,人与地球的关联,以及人与自我心灵的关联。学生在整体课程中学习、研究这些关联,从而获得对这些关联的认识和必要的技能,并在适当的时候转化这些关联。

本书的第二部分探讨了这些关联,并研究了与之相关的教学策略。

线性思维和直觉的关联(第六章):整体课程试图恢复线性思维和直觉之间的平衡。伊恩·麦基尔克利斯特(Iain McGilchrist, 2009)的工作有助于提供一个讨论这种平衡的框架。在这一章中,我讨论了直觉以及我们如何尝试将其与线性认知形式关联起来。直觉是一种复杂的现象,我用了相当多的篇幅来讨论它的性质,还讨论了我们如何使用各种技术,如隐喻和视觉化来加强直觉在课堂上的作用。本章还对批判性思维进行了探讨。

身体与心理的关联(第七章):整体课程探讨了心理和身体之间的关系,以便学生能够感觉到两者之间的联系,可以通过正念、运动、戏剧、舞蹈和瑜伽来实现身心连接。

学科之间的关联(第八章):我们可以通过许多不同的方式来连接学术领域和学校科目,例如,华德福教育通过艺术来连接学科,还研究了自我和学科之间的关系,以及学科和社区之间的联系。这一章还讨论了用于连接学科的整体思考方法。

个人与社区的关联(第九章):整体课程将学生与社区联系起来。社区指的是处在同一空间或拥有共识、某种关联性的共同体,比如班集体、学校社区、个人所在的城镇社区和全球社区。学生在个人与社群的关系中发展人际交往技能、社区服务技能和社会行动技能。这一章还包括对恢复性司法的讨论。

人与地球的关联（第十章）：人与地球的关联是一个有机的过程，这也是最重要的联系之一。然而，许多生态学家认为我们已经失去了这种联系。通过置身于大自然，同时研究那些没有失去"与宇宙的原始关系"的人的著作，我们可以逐渐开始将自己视为生命之网的一部分。这一章还讨论了注重与地球的关联的学校。

人与自我心灵的关联（第十一章）：归根结底，整体课程让我们认识到我们的真实本性。在这一章中，我特别探讨了通过内在生命的课程来滋养学生心灵的方法。还讨论了瑞秋·凯斯勒（Rachael Kessler，2000）关于灵性教育的工作。

第六章 直觉关联

第一节 逻辑—直觉

一、大脑的两面性/伊恩·麦基尔克利斯特

伊恩·麦基尔克利斯特（2009）的工作为大脑的两个半球以及它们如何影响西方文化提供了一个广阔的视角。他认为西方文化一直被左脑所支配，他对此提出如下描述：

> 左半球总是追求目的，它总是有一个目标，并降低任何没有工具性目的的东西的地位……左半球的世界，依赖于明确的语言和抽象概念，从而产生明确的目的和力量来操纵那些已知的固定的、静态的、孤立的、非语境化的、明确的、非实体的、一般性质的事物，但最终却没有生命。

与此相反，他认为右脑半球：

> 对任何事情都没有企图，它对任何事物都保持警惕，没有先入为主的观念，没有预定的目的……它产生了一个个体的、变化的、进化的、相互联系的、隐含的、化身的、在生活世界背景下的生命体的世界。但就事物的本质而言，永远无法完全掌握，永远无法完全了解——对于这个世界，它以一种关怀的关系存在。

麦基尔克利斯特（2009）并没有对大脑进行归纳化简，他不把它看作是一台机器，而是看作是自然界的一部分，它对某些方面是开放的，最终不能被完全理解。他认为，从大脑的左侧看世界会导致碎片化，世界"对其居民来说，就好像是一堆明显随机扔在一起的碎片"。他还说："在历史上，直觉已经输给了理性。"整体教育试图恢复失地，在理性和直觉之间取得平衡。

在《我的洞察力》一书中，吉尔·博尔特·泰勒（2008），一位脑科学家，描述了她的中风经历，以及这个经历如何使她意识到右脑思维的重要性。她的中风影响了她的左脑，这是逻辑思维和语言的所在地。她把这称为"大脑喋喋不休"或"知道你什么时候要洗衣服的计算智慧"，它也是我们"自我中心"的所在地，而右半球则在关系中和整体的大背景下看待事物。

我们的右脑认为我们每个人都是人类大家庭的平等成员，它识别我们的相似性，并认识到我们与这个神奇星球的关系，它维持着我们的生命。它能察觉到大局，一切是如何联系在一起的，以及我们是如何结合在一起构成整体的。我们具有移情能力，能够站在他人的立场上感受他们的感受，这是我们右额皮层的产物。

泰勒（2009）还认为，这是我们体验内心平静的地方。有一段时间，她的生活被右脑所支配，在那段时间，她经历了深刻的平静时刻和与宇宙相连的感觉。在中风之前，泰勒像大多数生活在工业化世界的人一样，被卷入"以非常快的速度做很多事情"的状态，这种紧张的生活也导致了沮丧和愤怒。她的中风让她体验到一个不同的世界，她写道："在没有左半球的负面判断的情况下，我认为自己是完美的、完整的、美丽的，就像我现在这样。"

通过康复治疗，泰勒（2009）已经恢复了对左脑的使用，但她已经学会使用大脑的两边来更充分地生活，实现更深的幸福。现在，当她开始感到压力时，她会"向右转"，从而放慢速度，倾听身体的声音，相信自己的直觉。她深呼吸，并对自己重复说："在这一刻，我重拾我的快乐，或者在这一刻，我是完美的、完整的、美丽的，或者我是宇宙中纯净的、和平的孩子，我重新转变为正确的思想意识。"

因此，整体课程寻求右脑和左脑思维的平衡。在学校里，由于强调标准化考试，右脑思维大多被忽略了，发展我们的直觉是促进右脑思维的一个途径。

二、什么是直觉？

直觉是一种直接的认识。与此相反，线性认知涉及一个连续的、可观察的过程。诺丁斯和肖尔（Noddings, Shore, 1984: 57）将直觉描述为"不戴眼镜的看，不戴过滤器的听，不戴手套的摸。直觉的直接特征并不意味着准确性、正确性或道德上的良好性，它确实意味着承诺和清晰"。在直觉模式中，没有调解人。

三、直觉的层次

弗朗西斯·沃恩（Frances Vaughn, 1979）描述了直觉的四个层次：身体、情感、智力和精神。在身体层面，直觉的特点是强烈的身体反应，例如，当人们在丛林中感觉到身体危险时产生的意识。然而，直觉与本能的不同之处在于，直觉是完全有意识的，而本能则更多是无意识的。这一层次的直觉也与身体和心灵的联系有关，例如，一个人正在经历压力时，他的身体会给出肌肉紧张或肌肉痉挛等表征线索，表明这个人需要检查他们生活中的压力来源。沃恩认为，我们应该学会信任我们身体的反应。查尔斯·塔特（1975）的一项研究支持了这一结论，在这个实验中，一个受试者在一个隔音室中被要求在他觉得收到"潜意识刺激"时敲击电报键。这个受试者没有得到直接的刺激，但在另一个隔音室里，一个人正在接受低水平的电击。第二个人每次接受电击时都试图向第一个人发送心灵感应的信息，以便他或她敲击电报键。有趣的是，敲击电报键与精神信息无关，但身体的反应却与精神信息有关。脑电波和心率测量表明，第一个人的身体对信息做出了反应，尽管这个人没有意识到这一点。

在情感层面，人通过感觉来体验直觉。例如，我们可以从我们遇到的人身上接收到"振动"的信号。有时这些感觉可能相当强烈，有时它们可能更微妙。沃恩声称，女性据说在情感层面是有直觉的，尽管这很大可能只是文化上对直觉的强加看法。沃恩（1979）举了一个关于情感直觉的例子。

当我还在读研究生的时候，我的一个朋友告诉我，他非常想认识我们的一个教授，他非常欣赏这个教授。一天晚上，他梦见自己在和他说话，但教授没有说什么，而且拒绝脱下他的大衣。当我的朋友反思这个梦告诉他的内容时，他意识到，他凭直觉觉得这个人自从他们相遇后就想保持距离。他屡次试图更好地结识，但都无济于事。他后来对所花费的时间和精力感到后悔，因为他一直都"知道"这将是没有结果的。

有时，情感上的直觉可以成为艺术表达的源泉，尽管很难描述原始直觉和最终表达之间的联系。当代诗人伊丽莎白·赫伦（Elizabeth Herron）（Vaughan，1979）描述了她表达直觉见解的困难。

我当时很郁闷，世界变得空洞和无色，我已经退缩了。我变成我身体里的一个小内核，漂泊在一些必需性事物和被迫义务中，被我的分裂感所压迫，与我灵魂的源泉隔绝。我走到池塘边，脱下衣服，跳进水里，突然一惊，冰冷的水贴着我的皮肤。漂浮在水面上，我听到草地上有鸟叫，突然间，我来到了静止点，那只鸟的叫声就是我的声音。我们是分开的，但又是一体的。我在外面，也在这里……所有的东西都汇聚在我身上，并从我身上放射出来。"圆心无处不在，圆周无处不有。"我认识到这一点，知道它一直是如此，尽管我被切断了对它的体验，我的脑子里充满了诗意的画面，到处都是无限的维度。

这是对类似经历的重复，这是一种自相矛盾的意识。我能知道这些时刻，但仅是知道是不够的，我必须努力去理解我知道的。我的直觉知识必须被表达出来，才能被交流。我不能仅仅通过告诉你来分享我的经验。作为一个诗人，我为我的经验寻找语言，但仅有语言是不够的。感受和意义有现实的细微差别，对于这些差别，语言是不够的。

在心智层面，直觉经常通过图像来表达，在这里，我们可能会有闪现的洞察力，从而导致科学探索。大卫·博姆把高水平的心理直觉描述为洞察力。对于博姆来说（1984：15）洞察力是"一种渗透着强烈能量和激情的感知行为，它带来了极大的清晰度……这种感知包括新形式的想象力和新的理性秩序。"博姆说："那些认识爱因斯坦的人都会同意，他的工作渗透着巨大的激情。"爱因斯坦炽热的洞察力使他超越了现有的牛顿范式，发展了相对论。

直觉洞察力的载体之一是心理图像。爱因斯坦说："文字或语言，因为它们是书面的或口头的，在我的思维机制中似乎没有发挥任何作用。在思想中作为元素的物理实体似乎是某些符号和或多或少清晰的图像，它们可以被'自愿'复制和组合。"（Vaughn，1979：72）爱因斯坦认为，客观现实只有通过直觉才能真正掌握，而不是靠经验主义或逻辑。穆勒·马库斯（Muller Markus，1976：154）说："像普朗克的行动量子思想，在逻辑上并不是由实验引起的，也不能从以前的理论中得出，普朗克设想它来自他自己。"

沃恩声称,洞察力的"啊哈"① 体验是精神直觉的另一个例子。有时,"啊哈"经验可能涉及对自己行为的洞察,或者,它可能涉及对问题的创造性解决方案。诺贝尔化学奖得主梅尔文·卡尔文(1976)给出了以下心理直觉的例子。

有一天,我的妻子正在办一件事,我在车里等。几个月来,我从实验室得到了一些基本信息,这些信息与在此之前我所知道的关于光合作用过程的都不一致。我在等待,坐在方向盘前,很可能是等红灯,这时我想到了失踪的化合物。它就那样突然发生了,而且是在几秒钟内突然发生的,碳的路径的循环特性对我来说变得很明显,不是在最终被阐明的细节上,而是最初对磷酸甘油酯的识别,以及它如何到达那里,以及受体如何再生,都发生在这30秒内。

直觉的最高层次是精神上的,在这里,直觉独立于感觉、思想和知觉。沃恩(1979:77)评论道:"与此矛盾的是,直觉在其他层次上依赖的线索在这个层次上被视为干扰。"詹姆斯·布根塔尔(James Bugental, 1976: 296)曾说:"人在他对自己本性的最深层直觉中认识上帝。"在精神层面,直觉超越了二元论,直接体验到统一性。泰尔哈德·夏尔丹(Teilhard de Chardin, 1965)的以下陈述是精神直觉的一个例子。

通过更强大的方法,我们对物质渗透得越深,就越被其各部分的相互依存关系所迷惑。宇宙的每一个元素都是由所有其他元素积极编织而成的……不可能切入这个网络,孤立一个部分而不使它所在的边缘受到磨损和解开。在我们周围,在眼睛能看到的地方,宇宙都在一起,只有一种考虑它的方式是真正可能的,那就是把它作为一个整体,在一块儿。

---

① 译者注:啊哈(aha),表示了解或发现某事物的喜悦。

冥想是一种旨在使心灵平静的技术，以便精神上的直觉能够产生。冥想的一种类型是可视化意象，本章将对这个问题进行讨论。

第二节 直觉与教育

为什么我们要在教育中关注直觉，并寻求分析性思维与直觉洞察力的平衡？首先，有一些证据表明，直觉是创造力的组成部分。沃拉斯（Wallas，1926）描述了创造过程中的四个基本要素。第一步是准备，即个人收集与问题或项目有关的信息。在第二阶段即孵化阶段，个人放松，不刻意地去解决这个问题。相反，当在个人有意识地关注其他事情时，这个问题图像会发生重新排列。在第三阶段明悟下，会提出解决方案，往往是自发的和出乎意料的，就像化学家梅尔文·卡尔文的情况。那么，第二和第三阶段是直观的，而第一和第四阶段是更多的分析。第四阶段是验证，或者说是修正，在这个阶段，个人将想法投入使用，并有意识地以更具体的方式处理这个直觉想法来解决问题。

沃拉斯模型以及其他创造性思维的模型（Judkins，2015；Lucas, Spencer，2017），对于教育者在课堂教学中平衡逻辑分析和直觉洞察力很有帮助。可视化想象、冥想和各种审美体验可以用来加强孵化和明悟，而逻辑问题解决模式则可用于促进准备和验证（Beyer，1991）。因此，有效的思考既包括直觉也包括分析。爱因斯坦和莫扎特就是能够在最高水平上有效地将逻辑分析和直觉洞察力联系起来的例子。如果我们的思维被一种模式所主导，那么它的有效性就会大打折扣。如果强调线性、分析性思维，我们在处理问题时就会变得步履蹒跚，失去自发性。如果我们强调直觉，那么我们就会失去现实基础。如果我们没有尝试去验证我们的想法，那么我们的想法就会变得不重要。学校没有强调思维能力的教学（Ross, Maynes, 1982: 2），他们强调的通常只能解决线性问题，而不是更全面整体的方法。

提倡直觉教学法的另一个原因是杰罗姆·辛格（Jerome Singer）的研究（1976: 32），该研究表明，想象力不发达容易导致"犯罪、暴力、暴饮暴食和使用危险药物"等危险行为。根据辛格的研究，这种倾向很早就出现在那些冲动的、过度依赖的、内心生活贫乏的儿童身上。能够发挥想象力的儿童往往在行为上更加放松和独立，这种趋势一直持续到青少年时期。另一项研究显示，在一家儿童指导诊所，富有想象力的儿童不太可能有暴力倾向。像诊所里的其他儿童一样，他们也有情绪上的困扰，但他们表现出的困难比没有想象力的同龄人要少一些。这些研究表明，那些内心生活不发达的人似乎更容易受到外部刺激。因此，发达且丰富的内心生活与直觉和想象力相关联，可以成为自主性的来源。辛格（2006，2015）继续这项研究，证实了这些早期的发现。

安德鲁·威尔（1972）也做了支持辛格的研究，并提出了一个更激进的假设，他认为直觉意识，或者他所说的非线性意识，是"一种先天的、正常的驱动力，类似于饥饿或性欲"。根据韦尔的观点，如果没有机会表达我们的非线性意识，我们可以诉诸药物和酒精滥用。他建议，需要在生命早期就开始探索非线性意识：年幼的孩子经常喜欢"把自己旋入眩晕的昏迷中"。孩子们还会过度换气，让其他孩子把他们挤来挤去，直到他们几乎晕倒，他们甚至可能会互相掐住对方的脖子以失去知觉。随着年龄的增长，儿童会对梦境和清醒与睡眠之间的空间感兴趣，他们还可以开始通过化学手段探索非理性的意识状态，这可能涉及闻胶水和清洁液。一次手术，加上对麻醉的介绍，也可以引发对非线性意识的兴趣，并成为儿童早期最生动的记忆之一。当儿童感觉到文化不接受他们对非线性意识的兴趣时，他们可能会把这种兴趣转入地下。对内心生活的探索成为一种私人体验，只与他们最亲密的朋友分享。

一、课堂上的直觉

我们可以通过几种方式将直觉纳入我们的教学法，在本章的其余部分，我将讨论两种方法：可视化意象，隐喻和诗歌。

1. 可视化意象

可视化意象以有指导或非指导的方式使用一组图像，有时被称为指导性想象。人们可以使用心灵的眼睛跟随一组特定的图像，例如，个人可以想象自己爬上一座山，爬山往往象征着心理和精神的成长。在非指导性的可视化中，人可以从一些一般的准则开始，等待图像的出现。非指导性的视觉化想象可用于解决问题。

研究表明可视化具有积极作用，例如，迈克尔·墨菲（1992：372）声称："研究表明，意象练习可以帮助缓解各种痛苦，包括抑郁症、焦虑症、失眠、肥胖、性问题、慢性疼痛、恐惧症、癌症和其他疾病。"西蒙顿夫妇（Simonton, Matthews-Simonton, 1978）的研究表明，可视化意象对癌症患者有帮助。他们的研究表明，可视化意象能提高生活质量，延长预期寿命，在一小部分病例中，可能有助于疾病的缓解。其他研究（Samuels, Nancy, 1975）表明，可视化意象能帮助克服压力的影响。系统脱敏法是一种采用视觉化的技术，帮助人们克服恐惧症，该人将想象自己处于紧张的情况下（如在牙医办公室），但以更轻松的方式处理压力。

可视化意象在体育运动中得到了大量的应用，研究表明它对提高成绩有帮助。理查德森（1969）进行了一项研究，显示了可视化对篮球运动员自由投掷的影响。研究中有三组人，没有一个人以前练习过视觉化意象，第一组人在20天内每天都练习自由投篮。第二组只在第一和第二十天进行自由投篮，中间没有练习，第三组只在第一天和第二十天进行自由投篮，但每天花20分钟想象沉入篮筐。结果是有趣的：第一组，即实际练习的一组，在这期间成绩提高了24%；第二组，即没有练习的那组，没有任何改善；然而，第三组，即主要进行视觉练习的一组，在此期间成绩提高了23%。理查德森发现，对视觉者来说，控制图像很重要。例如，一个难以想象弹球的受试者没有像其他受试者那样提高。朱迪思·贝克（Judith Beck，2005）、维多利亚·孟西斯（Victoria Menzies）、安·吉尔·泰勒（Ann Gill Taylor，2005）和谢丽尔·布吉尼翁（Cheryl Bourguignon，2006）最近的研究显示了使用心理想象和视觉化想象的积极效果。

如前所述，非指导性的想象在创作过程中是有帮助的。在沃拉斯模型中，明悟经常通过意象发生。安斯沃斯·兰德（Ainsworth-Land，1982）以一种渐进的方式描述了意象和创造力之间的关系。他将一阶想象描述为与感觉有关的，并产生于身体需要，这一层次的创造性产品通常是现实的和具体的。二阶想象是更可预测的，通常涉及对现有想法或艺术产品的改进，分析和评估往往是二阶想象过程中的主要内容。此类意象目标也很明确，可能涉及治愈癌症、戒烟或克服压力等。综合性通常出现在三阶创意想象中，这里的产品不止是像二阶创造力那样的修订或修改，而是涉及一些新的东西，因此，这个层次有一个突破性的新的思维水平。创造力和想象力的第四阶涉及"关联性的最终形式"。安斯沃斯·兰德指出："一个人的整个存在都在发挥作用，有意识和无意识的头脑、理性和直觉、内在和外在，都归入一种元意识。"诗人威廉·布莱克称这种秩序为"四重视野"，因为人有时会感觉到他或她正被一种比自己更强大的力量所引导。表6.1显示了想象力和创造力的四个层次。

表 6.1 想象力和创造力的渐进融合

	想象力	创造力	
阶段	自我参与	产品	过程
第一阶：自发的，基于感觉的、具体的、直接表现	无自我意识，出于需要而创造，生存动机，"自我创造"	现实的、具体的表现，发现学习，记忆建构，发明	感知、探索、自发行动
第二阶：舒适的，可预测的，意识到自己有能力操纵和控制，类比，比较的	归属感，自我延伸，目标引导，自我目标建立和明确，有自我意识	改进和修改，印象，强化，类比	归类、梳理、分析、评价
第三阶：抽象的，象征性的，叠加的，比喻性的，控制的，自发的	分享差异，"自我"的实现和重新整合，放弃僵硬的控制，"心流"状态	创新，旧的和新的整体融合，抽象，符号	抽象化、综合化、比喻性、思考、直觉
第四阶：放弃控制，混乱，迷幻的，觉悟的，接收到无意识的材料	自我是更大现实的一部分，"元意识"，瓦解障碍，意识—无意识	发明新秩序，新的范式，哲学的转变，新模式的形成，"灵感"创造	解体、屈服、投降、接受、开放、建立新的感知的秩序

可视化可以用来促进放松,帮助激发学生对主题的兴趣,促进创造性写作,并提高创造力。下面我举出这些方面的例子。

在课堂上做可视化时,你应该让学生知道,他们可以控制自己的图像。可视化没有"正确"的图像,因为每个人的图像都会不同。如果学生觉得难以想象,他们就应该放松,听从可视化的安排。如果出现的图像使学生感到害怕或紧张,他们可以直接睁开眼睛。

(1) 放松。

这里有一个练习。

先躺在地上,闭上你的眼睛,专注于呼吸几秒钟,每次呼气时感到放松。然后我们开始放松身体的每个部分,我们从绷紧身体的肌肉开始,以这个过程来放松它们。首先从脚开始:绷紧脚上的肌肉,保持紧张几秒钟,然后放开。现在用脚踝和小腿的肌肉重复这个动作:收紧,保持,然后放开。做这个动作时,感觉身体变得放松。现在集中于大腿肌肉,收紧,保持,然后放开。移到臀部,收紧,保持,然后放开。

现在集中在腹部,收紧,保持,然后放开。现在移到胸部肌肉,收紧,保持,然后放开。重点放在肩膀上,收紧,保持,然后放开。感受身体的放松,现在收紧手臂,保持并放开。移到脖子上,收紧,保持,然后放开。现在收紧面部肌肉,保持,然后放开。最后,收紧整个身体,保持,然后放开。

现在把自己想象在一部正在下降的电梯上,随着电梯的下降,感觉自己变得平静和放松。我将从五倒数到一,随着我的倒数,看到自己在电梯里,正在下降和放松。五、四、三、二、一,现在你从电梯里走出来,你走进一个开放的空间,天气温暖,阳光明媚。你走了一会儿,然后决定躺在柔软、新鲜的草地上。

当你躺在那里时,想象你的心脏周围有一道纯白色的光,这道光充满了温暖和能量。现在看到这道光逐渐扩展到你的全身,随着它的扩展,你感到放松和精力充沛……要知道,任何时候你都可以与这道光和能量相联系。现在睁开眼睛,感觉神清气爽,精力充沛。

(2) 动机/主题。

贝弗利-克莱恩·加尔叶恩(Beverly-Colleene Galyean,1983)写了一本书,书中充满了针对不同主题的可视化意象活动。她声称有研究表明,可视化对于学生,有以下好处:

① 更加专心致志;
② 更加享受学习经历;
③ 做更多原创性和创造性的工作;
④ 与同学们相处得更好;
⑤ 感到更加自信;
⑥ 更加放松;
⑦ 考试成绩更好。

在科学教育中,使用可视化意象是一种有效的教学方法。例如,老师可以让学生想象变压器周围的磁场。学生可以把自己看成是线圈中的电子,体验感受快速变化的力场所产生的运动。然后,学生可以把自己想象成电子,在线圈周围的两个磁场相互作用和接近时,感受越来越快的运动。

在我的课堂上,我使用了一个关于水循环的视觉化意象活动。我的一个学生,安娜·内维斯(Ana Neves,2009),在她的小学班级里使用了这个方法,她的硕士论文中写到了这一点。

在学习了水循环之后,我引导学生学习杰克·赛奎斯特(Jack Sequist)的可视化作品"水循环"(Miller,2000)。引导想象的活动让学生将抽象的主题与他们自己的内心体验联系起来。我在三年级和四年级的学生中使用了这种可视化的方法,当时我们结合科技课程学习水循环,发现这有助于许多学生理解物质的不同状态,以及蒸发和凝结的过程。约翰·米勒说,视觉化意象使"抽象的主题"成为"学生内心生活的一部分"。水循环的视觉化意象帮助我的学生理解科学中一些相当抽象的概念,如物质和物质状态的变化。使用这种视觉化或引导性的想象将他们置于自然界中,让他们成为一个平静的大湖的水,体验水蒸发后被云层吸收,在天空中移动,最终绕了一圈回到它开始的地方,加入湖中。这种想象式教学补充了科学课程,使其更容易被我的年轻学生接受。在整体教育中,这是一个关键原则:让学习者参与到学习中去,使他们成为学习的对象。通过可视化等沉思练习,可以鼓励儿童成为他们所研究的对象。

也可以让学生在语言和社会学习中使用意象。在社会学习中,学生可以把自己想象成一个面临特定选择的历史人物,并想象出伴随着这个决定的思想和情感。学生们还可以把自己想象成一个来到加拿大的保皇党人,并想象保皇党人在新国家开始生活时的想法和感受。

其他成功使用视觉化的科目包括数学(Arcavi,2003;Wheatley,1998)、地理(Chatterjea,1999)和阅读教学(Eisenwine,Fowler,McKenzie,2000)。

(3) 创意写作。

课堂上可视化意象的最佳应用之一是与创意写作结合使用,因为它可以成为丰富的思想来源。下面是威廉姆斯(1983)的一个例子。

选择一首能唤起你强烈印象的音乐,在进行放松练习和适当的介绍之后,为全班播放,全班一起聆听音乐,让音乐暗示他们的形象、情绪、感受和感觉。告诉他们,当音乐响起时,要接受他们所想到的一切,之后,请他们以散文或诗歌的形式谈论或写下这一经历。你可以从散文开始，选择最强烈的想象情境作为诗歌的基础，或者以一两个强烈的意象情境作为长篇散文的基础。这个幻想也可以激发艺术项目的创作灵感。如果你用它来进行视觉和语言表达，你可以用一些课堂时间来讨论这些经验的不同之处，因为每个学生的个人风格不同，有些学生喜欢写作，有些喜欢绘画。

可视化意象能力是需要通过练习来提高的。一般来说，学生使用得越多，他们的想法就越多，会越来越适应这个过程并感到舒服。莫琳·默多克（Maureen Murdock）的《向内旋转》（1987）是小学生可视化练习的一个很好的资源。下面是一个可用于创意写作的练习。

闭上你的眼睛，把注意力集中在你的呼吸上，轻轻地吸气，然后呼气。当你安静地呼吸时，你的身体变得越来越放松。现在想象一下，你正坐在一个美丽、温暖、阳光明媚的户外草地上，周围开满了新鲜的春花，你可以享受它们的颜色和芬芳。突然，你看到一个小人在你面前，爬上了一朵可爱的白色雏菊的茎。这个人只有你的中指一般大小，它转过身来，向你示意，让你跟上。你意识到你自己已经变得很小了，你赶紧跟着你的新朋友。你现在有 3 分钟的时间，这就是你与这位花仙子冒险的所有时间。现在（3 分钟后），是时候和你的朋友说再见了，带着你冒险的回忆回到这里。我将数到 10，当我数到 6 时，请慢慢睁开你的眼睛，感受当下焕然一新和清醒的状态。

本·波特（Ben Porter）是我 2018 年教育与心灵这门课的学生，他教五年级的学生，他发现可视化对学生的写作有帮助，他在期末论文中写到了这一点。

我从米勒教授的课程中得到启发，利用可视化意象来帮助发展学生的内心世界和想象力。我发现对我的很多学生来说，写作是一个很棘手的领域。我有几个学生公开告诉我,他们讨厌写作,觉得写作是一件可怕的苦差事。通过采用《教育与心灵》(Miller,2000)中的一些指导性练习,我带领我的学生进行可视化意象练习,以激发他们的想象力,让他们写出对他们有意义的故事。这个过程非常成功,我的学生告诉我,他们喜欢这个过程的宁静,他们的作品变得更加深刻和个性化。我的一些学生能够捕捉到的细节之广是令人惊讶的,以前,他们的叙事故事大多是一个又一个情节转折的竞赛,而现在他们放慢速度,详细描述他们所看到的一切。可视化意象帮助他们在自己的想象中变得更加真实。

(4) 自我掌控。

珍妮弗·戴(1999)写了一本关于儿童创意可视化的书,包含各种练习。有些练习是专门针对自我控制的,这些练习可以帮助解决紧张、愤怒、冲动和恐惧等问题。其中有一个练习有助于处理因紧张而产生的痛苦。

请想象你面前现在有一个大杯子。现在这个杯子里正在倒入饮用水,直到它被装满。要知道在这杯水里有无数看不见的魔法水晶石,它们会带走你的_____疼痛。现在深吸一口气,然后再把所有的空气吐出来。现在看到自己把水杯放在唇边,喝下水。当水顺着你的喉咙流到你的胃里时,感觉到你的_____疼痛顺着你的身体流走,因为水中的魔法水晶会把它冲走。要知道,当你喝完水后,你的_____疼痛就会完全消失。(短暂的停顿)你的_____疼痛现在已经消失了,你感觉比以前好多了。

其他可视化练习可以在我的书《教育与心灵》(Miller,2000)和《整体教师》(Miller,1993)中找到。

埃伦·汉德·斯皮茨(Ellen Handle Spitz,2006)在她的书中写了很多关于儿童想象力的内容。她认为,当下对问责制的强调意味着教育一直在忽视儿童的内在生活。她写道:

当前教育界沉迷于测试儿童的认知能力，衡量他们的事实知识和量化他们的技能掌握程度，我则与之相反，我恳求把儿童的内在生活放在更高的优先地位。我要求我们维护他们与生俱来的权利，让他们好奇、质疑并创造自己的"超级英雄"。让他们进行实验，并在他们自己的条件下犯错，这样他们才会想要找到更好的答案（苏格拉底在《美诺》篇中就是这么做的）。

斯皮茨的书中还包含了如何在音乐、数学、写作和艺术方面培养孩子的想象力的例子。

2. 隐喻和诗歌

伊恩·麦基尔克利斯特（2009：179）认为，隐喻是产生于右半脑的一种思维方式，"可以产生新的思想或理解……所有的理解都依赖于选择正确的隐喻"。对麦基尔克利斯特来说，隐喻或神话与灵性有很深的联系，"给了我们一些物质价值以外的东西来生活"。艺术和音乐是隐喻性思维的例子，能够引导我们更接近精神世界。

隐喻思维的核心是在两个通常没有关系但又有一些共同点的词或想法之间建立联系。例如，人类的肾脏就像一个燃油过滤器，两者都能筛除某些分子。当然，燃油过滤器和肾脏之间有很大的区别，但对相似性和差异性的讨论可以使我们对两者有更全面的了解。隐喻的其他例子包括："革命可以比作火山（压力向爆炸方向发展），叙述性写作可以比喻以过渡为纽带的链条，主题和变化可以比喻为感恩节火鸡和准备其剩菜的无尽方法，电力可以比喻为通过管道流动的水。"（Williams，1983：56）

隐喻式教学要求学生探索联系，并在建立这些联系时进行直觉上的飞跃。戈登（Gordon，1966）描述了在隐喻性思维中可能发生的不同层次的角色转换。在第一个层次，人们只是通过引出两个物体或想法之间明显的相似性来描述一个物体。在下一个层次，这个人描述了因识别相似性而产生的情感。在第三个层次，学生对一个生命体进行移情认同。戈登（1966）举了一个例子：一个学生把自己想象成一只螃蟹。第四个层次涉及对非生命体的移情认同。

我是一只提琴蟹，我周围都有盔甲——我坚硬的外壳。你会认为我可以轻松一点，但我不能。还有我的那只大爪子！大有来头！它看起来是一个伟大的武器，但它是一个讨厌的东西。我挥舞着它来吓唬大家，但我几乎拿不动它。为什么我不能像其他螃蟹一样又大又快又正常？别开玩笑了！那只爪子根本就吓不到人！

使用隐喻有几个好处。从整体的角度来看，最明显的是，它鼓励学生在思想和主题之间建立联系。威廉姆斯的隐喻图（图 6.1）与图 1.4 中给出的转化式立场是一致的。在这里，她将传统的方法与隐喻的方法进行了对比，前者可以比作传递的立场，后者则类似于转化或整体的立场。在传统方法中，种子和鸡蛋被看作是不相关的，而在整体方法中，相交的圆圈代表我们可以建立联系的点。

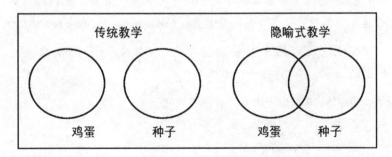

图 6.1　隐喻式教学

隐喻鼓励学生不仅要建立联系，还要看到规律。在比较革命和火山时，学生必须研究两者共同的规律和原则，然后在两者之间建立联系。一个隐喻的组成部分之间最有力的联系不是相似的细节，而是相似的原理，就像在肾脏和燃油过滤器的例子中，学生必须了解每个物体的基本功能，才能看到其中的联系。

隐喻的另一个优点是它是开放性的，能引发探究。隐喻的本质是鼓励提问，因为在隐喻探究中很少有现成的答案。例如，在比较 X 和 Y 时，我们首先要探究两者的性质，然后再进行比较。

隐喻有时可以运用于一堂课的开始阶段，以激发对教材的兴趣。一位教师在讲授法国大革命时，首先研究了学校的权力结构（Williams，1983）。一旦学生看到权力在他们自己的机构中是如何运作的，他们就会对 18 世纪法国的权力斗争更感兴趣。威廉姆斯（1983）指出："学生们并没有记住三个庄园和每个庄园所扮演的角色，而是在学校里寻找类似物，探索群体之间的权力关系，并把它们与法国的情况联系起来。"

隐喻也可以用在测试中。同样，测试中隐喻问题的答案不会用简单的检查表来衡量，而是要求教师评估学生的推理和他或她所得出的联系。下面是一个例子。

① 列出导致法国大革命的主要事件并解释其重要性。

② 为何说法国大革命时期像雷雨的积聚？请务必在你的隐喻描述中提到导致大革命的主要事件。（Williams，1983：71）

隐喻也可以用来激发创造性的写作，以下问题来自戈登（1968：8-9）的"连接学"方法。

① 什么机器像一个进入你手指的滑轮？
② 嚼着木头的海狸怎么会像打字机？
③ 什么动物像鹦鹉？
④ 厨房里的什么东西像海狸？

隐喻也可以与想象相结合，以鼓励创造性思维。例如，威廉姆斯建议开展以下活动：教师首先带领学生进行引导性幻想，让他们置身于玫瑰园中，学生们想象着看到、触摸到、闻到红玫瑰。当他们还闭着眼睛时，老师就读罗伯特·伯恩斯的"红红的玫瑰"。读完后，学生们讨论这种体验，以及体验换一种花或甚至换一种颜色的玫瑰会有什么不同。

最后，隐喻可以被用于科学教学中。罗素·斯坦纳德（Russell Stannard，2001）写过《埃尔伯特叔叔的时间和空间》和《埃尔伯特叔叔和量子探索》等书，他认为故事是帮助解释物理学中复杂想法的好方法。在这些故事中，他用梦境来探索现代物理学的中心思想。他还提到了加莫（1965）的工作，即写了关于汤普金斯先生的书来解释物理学概念。

诗歌是一种美丽的隐喻形式。布斯（Booth）、摩尔（Moore，2003）和卡尔·莱格（Carl Leggo，1997）已经写了关于在课堂上使用诗歌的各种方式。布斯和摩尔在小学工作，莱格在中学工作。像隐喻一样，布斯和摩尔（2003）写道，诗歌"让我们以不同的方式看待问题，发展新的洞察力和理解我们世界的新方法。它能吸引人的思想和感觉，有能力唤起读者丰富的感官形象和深刻的情感反应"。他们还对什么是诗歌进行了广泛的描述，包括一些散文。他们引用了艾米莉·迪金森的话，她写道："如果我读了一本书，它让我全身冰冷，没有火能温暖我，我知道那就是诗。如果我在生理上感到我的头仿佛被摘下，我知道那就是诗。这些是我知道它的唯一方式，还有别的方法吗？"有些教师可能对诗歌感到不舒服。布斯和摩尔提供了一长串关于如何引入诗歌以克服这种不适感的想法。以下是他们介绍诗歌方法时的一些想法。

- 通过教授我们自己喜欢的诗歌。
- 用活力、激情和喜悦的状态为孩子们大声朗读诗歌。

- 与孩子们围成一个圈坐在一起,拍手,品读文字,感受诗歌。
- 鼓励孩子们以诗的方式写作,使用诗人使用的所有工具,从范式、形状和节奏到想法和概念。
- 邀请诗人在艺术家进校园计划中与孩子们分享他们的诗歌。
- 不要求对某首诗有单一的反应,而是观察和倾听儿童的反应,并在此基础上加以发展。
- 从广告、故事、小说、歌曲或杂志中收集诗意的语言与儿童分享——让儿童从活生生的语言中了解文字的力量。

他们的书中有很多关于教师如何使用诗歌的想法,包括让孩子们自己写诗。

卡尔·莱格(1997)写过关于如何在中学阶段介绍诗歌的文章。莱格和学生一起探讨了"什么是诗"这个问题,他探讨了一些在中学阶段教授诗歌的方法。他还提倡我们要有诗意的生活,意指与我们的身体和感情接触。他写道:"作为一个诗人,我知道我有意识地、不断地生活在我的情感中。我正在寻求诗意地生活,这意味着动荡正与我的情感一起生活。"

莱格对诗意地生活的设想是美好的,可以被看作是整体教育的最终目标。

二、批判性思维

一些整体教育者,如凯瑟琳·凯森(Kathleen Kesson,1993),认为可视化意象等工具可以多元化使用,可视化意象等技术是中性的,可以"致力于解放意识,维持现状,或者让我们面对更微妙的统治形式"。凯森认为,整体教育必须注入更多的批判性视角,让学生审视社会机构,特别是那些分离和压迫人的资本主义。

我同意凯森的观点,但也同意斯坦纳的立场,即这种分析最好在青春期进行,此时人的自然批判和分析能力开始萌生。纽约的中央公园东区中学课程是一个很好的例子。该课程聚焦核心主题和问题,以便进行整合和批判性思维。例如,在七年级和八年级,学生研究当代政治问题,重点是美国历史。下面是一份推动学生探究的基本问题清单。

① 什么是政治权力?
② 谁拥有政治权力?
③ 他们是如何得到它的?
④ 权力是如何转手的?
⑤ 是什么赋予了法律以权力?
⑥ 人们如何应对被剥夺权力的情况?(Wood,1992:180)

学生和教师也可以添加自己的问题,例如,当学生研究美国1988年的选举时,他们添加了以下问题。

你的投票算数吗?如何去获得一个国家大多数人的同意?投票集团真的是集团吗?媒体是如何影响选举的?一个人如何实现政治权力?这是选择领导人的最佳方式吗?(Wood,1992:180)

文学作品被用来探讨权力和无权的核心问题,以补充历史调查。例如,斯坦贝克的小说《人鼠之间》被用来探讨无权问题。

除了研究权力问题,中央公园东区中学的人文和社会科学课程还考察了世界各地的不同政治制度。学生们从美国政府和其他国家的政府系统如何处理这些问题的角度来研究诸如"正义、公平、解决冲突"等概念。基本问题包括"权力是如何被证明的?谁拥有它?如何解决冲突?"该课程还研究了亚洲、中美洲和非洲某些国家的非欧洲传统。该课程的重点是"非西方社会和西方社会及思想之间的冲突"(Wood,1992:169),其核心要义是帮助整合课程和解决基本问题。

在华德福教育中，学生在八年级时研究不同国家的革命，就像他们开始质疑自己生活中的权威一样。然而，这是在注重融合儿童（7~11/12岁）社会情感生活课程之后进行的，神话和故事被用来辅助这个过程。随着儿童发展出健康的自我意识，他们就准备好质疑和分析他们周围的世界。

三、苏格拉底圈

马特·科普兰（2005）在堪萨斯州托皮卡的沃什伯恩农村中学任教，他提倡在初中和高中使用苏格拉底圈的教学方法。在这些圈子里，内圈的人讨论一个文本或问题，而周围的人观察讨论情况。在讨论过程中，外圈的人只是听着，直到讨论结束。一旦内圈完成了讨论，外圈就会给内圈反馈。在反馈之后，外圈的人移到内圈的人那里，这个过程重复进行。科普兰认为，苏格拉底圈可以发展以下技能。

- 批判性思维和反思，因为学生能更仔细地检查语言和思想。
- 写作的创造性。
- 想读更多的书，因为圈子激发了学生对一个主题的兴趣，从而导致进一步的阅读。
- 说话更有信心。
- 倾听，因为这项技能是整个过程的基础，在内圈和外圈都要倾听，这样反馈才会有帮助。
- 团队建设技能，因为学生们学会了尊重他人的观点。
- 解决冲突的技能。

总之，苏格拉底圈似乎提供了一个论坛，它整合了批判性和创造性思维以及重要的人际交往技能。

第三节 均点学校的直觉关联

均点学校的员工手册描述了学校建立直觉关联的方法。

直觉关联

均点学校关注基于探究的学习方法。教育者提出有意的、开放式的问题，鼓励学生对答案产生好奇心并进行探究。这形成了探究的基础，发展了直觉和独立思考，激发了好奇心，发展了想象力，并鼓励深入思考。学生们经常在合作分组中工作，学习如何与他人沟通，倾听和尊重其他观点，并进行谈判。在户外教育项目中，教师和领导制定了一种名为"提问的艺术"（Coyote Guide: Art of Mentoring）的方法，向学生提出基于探索的问题。

基于探究的方法有助于连接智力和直觉，学生们被鼓励依靠他们自己的知识。这个发现的过程有助于学生掌握自己的学习，并相信自己的内在认知。当学生熟悉这个过程后，他们会利用自己的直觉来解决问题。学校里练习的许多正念活动都有助于发展直觉。(Equinox Holistic Alternative School, 2018: 6)

这种方法的例子是知识构建圈。老师坐在圈外介绍了一个问题，如"我们应该去动物园吗？"然后学生们提出其他问题，教师做记录，学生们负责和控制这个过程。在小学阶段，探究的主题是孩子们感到好奇的水、空气和火等因素。孩子们提出自己的问题，并将问题和答案写在自己的书上，学生们的书中记录了自己探究过程。

一位在读高中的毕业生对均点学校直觉或探究式方法的影响发表了看法："他们找到了有趣的方法来教我们，这真的可以让信

息进入大脑，停留在那里，而不是在两天内忘记它。我喜欢关注艺术。"(Miller，2016：294)

参考文献

AINSWORTH-LAND V. Imaging and Creativity：An Integrating Perspective[J]. The Journal of Creative Behavior，1982,16：5-28.

ARCRAVI A. The Role of Visual Representations in the Learning of Mathematics[J]. Educational Studies in Mathematics，2003,52：215-41.

BECK J S. Cognitive Therapy for Challenging Problems：What to Do When the Basics Don't Work[M]. New York：Guilford,2011.

BEYER B K. Teaching Thinking Skills：A Handbook for Secondary School Teachers[M]. Boston：Allyn & Bacon,1991.

BOHM D. Insight,Knowledge,Science,and Human Values[M]// SLOAN D. Toward the Recovery of Wholeness. New York：Teachers College Press,1984.

BOOTH D,BILL M. Poems Please：Sharing Poetry with Children[M]. Markham ON：Pembroke,2003.

BUGENTAL J. The Search for Existential Identity[M]. San Francisco：Josey Bass,1976.

CALVIN M. Dialogue：Your Most Exciting Moment in Research? [J]. LBL Newsmagazine，1976,(Fall)：2.

CHATTERJEA K. Use of Visual Images in the Teaching of Geography[J]. Geographical Education，1999,12：49-55.

COPELAND M. Socratic Circles：Fostering Critical and Creative Thinking in Middle and High Schools[M]. Portsmouth NH：Stenhouse, 2005.

DAY J. Creative Visualization for Children：A Practical Guide[M]. Rockport MA：Element Books，1999.

EISENWINE M J,ELAINE DF,GARY R M. Visual Memory and Context Cues in Reading Instruction[J]. Journal of Curriculum and Supervision 2000,15(Winter)：170-174.

Equinox Holistic Alternative School. Equinox Holistic Alternative School Staff Handbook(2018-19)[R]. Available from the School,151 Hiawatha Rd., Toronto,Ontario,2018.

GALYEAN B C. Mind Sight:Learning through Imaging[M]. Berkeley CA: Center for Integrative Learning,1983.

GAMOW G. Mr Tompkins in Paperback[M]. Cambridge:Cambridge University Press,1965.

GORDON W J J. The Metaphorical Way of Knowing[M]. Cambridge MA: Porpoise Books,1966.

GORDON W J J. Making It Strange[M]. New York:Harper & Row,1968.

JUDKINS R. The Art of Creative Thinking[M]. London:Sceptre,2015.

KESSON K. Critical Theory and Holistic Education:Carrying on the Conversation[M]// MILLER R. The Renewal of Meaning in Education. Brandon VT:Holistic Education Press, 1993.

LEGGO C. Teaching to Wonder:Responding to Poetry in the Secondary Classroom[M]. Vancouver:Pacific Educational Press,1997.

LEGGO C. Living Poetry:Five Ruminations[J]. Language and Literacy, 2004,6(2):14.

LUCAS B,ELLEN S. Teaching Creative Thinking:Developing Learners Who Generate Ideas and Can Think Critically[M]. Bancyfelin Carmarthen UK: Crown House Publishing,2017.

MCGILCHRIST I. The Master and His Emissary:The Divided Brain and the Making of the Western World[M]. New Haven CT:Yale University Press,2009.

MENZIES V,ANN G T,CHERYL B. Effects of Guided Imagery on Outcomes of Pain[J]. The Journal of Alternative and Complementary Medicine 2006,12(1):23-30.

MILLER J P. The Holistic Teacher[M]. Toronto:OISE Press,1993.

MILLER J P. Education and the Soul:Toward a Spiritual Curriculum[M]. Albany NY:SUNY Press,2000.

MILLER J P. Equinox:Portrait of a Holistic School[J]. International Journal of Children's Spirituality, 2016,21(3-4):283-301.

MOORE T. Care of the Soul: A Guide for Cultivating Depth and Sacredness in Everyday Life[M]. New York: Walker, 1992.

MULLER-MARKUS S. The Structure of Creativity in Physics[M]//LASZLO E, SELLON E B. Vistas in Physical Reality. New York: Selon Press, 1976.

MURDOCK M. Spinning Inward: Using Guided Imagery with Children[M]. Boston: Shambhala, 1987.

MURPHY M. The Future of the Body: Explorations into the Further Evolution of Human Nature[M]. New York: Jeremy Tarcher, 1992.

NEVES A. A Holistic Approach to the Ontario Curriculum: Moving to a More Coherent Curriculum[D]. Toronto: University of Toronto, 2009.

NODDINGS N, PAUL J S. Awakening the Inner Eye: Intuition in Education [M]. New York: Teachers College Press, 1984.

RICHARDSON A. Mental Imagery[M]. New York: Springer Publishing, 1969.

ROSS J A, FLORENCE J M. Teaching Problem Solving[M]. Toronto: OISE Press, 1982.

SAMUELS M, NANCY S. Seeing with the Mind's Eye: The History, Techniques, and Uses of Visualization[M]. New York: Random House, 1975.

SIMONTON O C, STEPHANIE M S. Getting Well Again: A Step-by-Step Guide to Overcoming Cancer of Patients and Their Families[M]. Los Angeles: Tarcher, 1978.

SINGER J. Fantasy, the Foundation of Serenity[J]. Psychology Today, 1976, 7: 32-37.

SINGER J. Imagery in Psychotherapy[M]. Washington DC: American Psychological Association, 2006.

SINGER J. Daydreaming and Fantasy[M]. New York: Routledge, 2015.

SPITZ E H. The Brightening Glance: Imagination and Childhood[M]. New York: Pantheon, 2006.

STANNARD R. Communicating Physics through Story[J]. Physics Education, 2001, 36: 30-34.

TART C. The Physical Universe, the Spiritual Universe, and the Paranormal [M]//TART C. Transpersonal Psychologies. New York: Harper & Row, 1975.

TAYLOR J B. My Stroke of Insight: A Brain Scientist's Personal Journey [M]. New York: Penguin, 2008.

TEIHARD C P. The Phenomenon of Man[M]. New York: Harper Torch Books, 1965.

VAUGHN F. Awakening Intuition[M]. Garden City NY: Anchor Books, 1979.

WALLAS G. The Art of Thought[M]. London: Watts, 1926.

WEIL A. The Natural Mind[M]. Boston: Houghton Mifflin, 1972.

WHEATLEY G H. Imagery and Mathematics Learning[J]. Focus on Learning Problems in Mathematics, 1998, 20(2-3): 65-77.

WILLIAMS L V. Teaching for the Two-Sided Mind[M]. Englewood Cliffs NJ: Prentice Hall, 1983.

WOOD G H. Schools That Work: America's Most Innovative Public Education Programs[M]. New York: Plume, 1992.

第七章 身心关联

加拿大神经外科医生和大脑研究者怀尔德·彭菲尔德（Wilder Penfield）发现，我们的意识（心智）并不位于大脑的任何特定部分，但事实上，它引导着大脑。根据彭菲尔德（1975：75-76）的说法，我们的思想"似乎在集中注意力，心灵能意识到正在发生的事情。心智/心灵进行推理并做出新的决定，它能够理解，它的行为仿佛被赋予了自己的能量。它可以做出决定，并通过调用各种大脑机制将其付诸实施"。然而，大脑也有可能在没有意识到的情况下以"自动驾驶"的方式运行。当这种情况发生时，身体和心灵的关联就会被打破。

詹姆斯·林奇（1985）研究了身心之间的关系，他发现许多患有高血压的人不知道自己的身体信息。例如，当他们的心脏在高速跳动时，他们自己不会意识到。林奇还发现，患有偏头痛的人在偏头痛发作之前往往会出现血压下降和手冷的情况，但是，患者会对身体的变化（如手冷）毫无察觉。高血压患者的大脑无法听到身体发出的信息（如肌肉紧张、心脏高速跳动）。

高血压患者也很难正常倾听，因为他们一心想着自己接下来要说什么，因此，血压不会像正常人在倾听时下降。林奇发现人类对话的特点是说话时心率和血压升高，倾听时心率和血压降低。这与两种心智模式相吻合：一种是积极的、以社会型自我为基础的心智，一种是倾听的、以心灵自我为基础的心智模式。在交谈中，我们常常试图说服、操纵和使对方与自我的观点保持一致。

在倾听时，我们不太可能计划和操纵，而仅仅只是与世界的本原关联起来。

在总结这项研究时，林奇（1985）认为身心疾病患者将自己与他人封闭起来，或者他称之为"社会膜"。对林奇来说，真正的讲话意味着说者邀请听者进入他或她的意识，"也就是说，进入他或她的身体，并进入他或她的心灵"。对于精神病患者来说，这种邀请变成了一种威胁，因为"他们的讲话变成了一种供给或隐藏的行为，而不是一种邀请"。

基于现代的高血压问题，林奇（1985）认为有两个主要原因造成人的感情和身体被分割。一个是17世纪由笛卡尔领导的运动，该运动倾向于将人视为被困在机器中的灵魂。

笛卡尔将希腊的逻各斯思想从鲜活的肉体中剥离出来，并将其限定为仅限于人类思维的灵魂。通过将灵魂与身体分离，笛卡尔在本质上为人类创造了两个现实：一个是机械化的身体；另一个是思想或灵魂，它既与机械化的身体互动，也与其他人类互动。因此，人类只有通过他们的头脑才能在对话中相互联系。

林奇指出，重要的是，笛卡尔的基本声明是"我思故我在"，而不是"我感故我在"。如果我们只通过思想来联系彼此，那么人类的对话就变成了严格的理性对话。根据林奇（1985）的说法："在这种新观点中，爱的感觉只是一种不精确的思想，孤独与身体健康无关……笛卡尔认为人体与人类交流完全无关。"

大卫·阿布拉姆（David Abram, 1996）也指出，笛卡尔的工作促成了我们与身体的疏离。他认为这导致了我们与环境的脱节，因为身体和地球是紧密相连的。土著人已经建立了这种联系。阿布拉姆描述了澳大利亚的原住民如何在他们祖先发现的路线上行走，在这个过程中，身体和土地将成为一体。阿布拉姆指出："他实际上成为旅行中的祖先，因此，有故事的大地重新诞生了。"

阿布拉姆（1996）提到法国哲学家梅洛·庞蒂是能看到我们的身体和土地之间的联系的人。在提到梅洛·庞蒂的语言概念时，他写道：

> 我们所称的"语言"是基于非语言沟通的一种复杂交流，植根于我们自己的肉体和世界的肉体之间……从经验上考虑，语言不仅是人类有机体的特殊属性，更是承载着孕育我们生命的大地的声音。

导致心理和身体分割的另一个原因是我们的教育系统。林奇（1985）认为，学校系统强调需要大量训练的微积分和物理，而感觉、情感则被认为是理所当然的。"没有训练，没有锻炼，没有体验——除了对这些人类感情的理性讨论。"林奇总结道：

> 对许多学生来说，学校系统可能成为一个训练场，在那里他们被教导要控制他们的感觉、情绪，而不是理解。对于那些原本就对自己的感觉不敏感和那些在生活中受到严重身心创伤的人来说，学校的这个经历会使他们的问题变得更为严重。感情被视为一种非理性的力量，是人类本性的黑暗面，必须加以控制。在学术层面上，通常被教导的是，如果你不能控制你的感觉，那么至少你应该隐藏它们。由于这些态度和信念与父母的类似处置方式相吻合，并将其放大，因此那些有心理障碍的人往往在学校表现良好。一个人要在客观测试中取得好成绩就必须强迫性地遵循结构和规则，而不是去感受。它允许一个人花无休止的时间从文本中学习微小的细节，同时掩盖自己因不得不花这么多时间与同学竞争而产生的焦虑和愤怒。

威尔弗雷德·巴洛（Wilfred Barlow, 1975）所做的研究表明，大多数儿童都有一些身体缺陷，并且随着年龄的增长而增加。巴洛在英国的中学和大学进行了研究，得出了以下结论：

70%的学生都表现出相当明显的肌肉和姿势缺陷。大多数情况下,这些缺陷表现为学习效率低下和学习困难,它们在情绪化的情况下变得更加突出,并且它们预示着一个不安的青春期,在这个青春期里,童年的缺点被夸张地宣称为完全的缺陷。到18岁时,只有5%的人没有缺陷,15%的人有轻微的缺陷,65%的人有严重的缺陷,15%的人有非常严重的缺陷。这些数字是基于我发表的对中学男女生以及体育训练、音乐和戏剧学院学生的调查,其中一些学生被期望理应具有比其他人更高的身体标准。

我们没有理由相信这些数字在北美会有什么不同。即使是以发展身体为目的的体育课程也会导致缺乏整体性发展。今天,手机成瘾肯定会造成林奇和巴洛所指出的问题,使用手机的人往往身体前倾,造成不良姿势。

思安·比洛克(Sian Beilock, 2015)在她的书《身体如何认识心灵》中总结了许多关于身体如何影响心灵的最新研究。她还写到了身体如何影响学习。

移动你的脚和理解踢这个词都是由运动皮层中控制腿部的一个区域支配的。很难将阅读思维和行动思维分开,将单词与它们所指的对象和行动割裂开来进行教学,并不能反映大脑的组织方式。因为我们的身体和思想是紧密相连的,所以身体是学习过程中的一个重要部分。

比洛克(2015)描述了一个名为"数学之舞"的项目,它是一系列全身性的数学活动。这个项目"旨在让人们对一个抽象的概念有身体上的体验"。她还提到了玛利娅·蒙台梭利,她写道:"心理发展必须与运动相联系,并依赖于运动"。比洛克认为,今天的学校忽视了身体对学习的影响,并举了许多例子说明如何将运动纳入学习过程。

理查德·戴维森（2012）对身心关系做了广泛的研究。他发现身心之间存在双向关系，因此"心灵的状态影响身体，身体的状态也影响心灵"。他认为，身体"可以成为转化情绪的盟友，这意味着应该加强身体的练习，如哈达瑜伽，有可能调节情绪"。他主要从事行为医学或健康心理学领域工作，并指出"情绪状态本身预示着健康问题"。

第一节 正　念

戴维森（Davidson，2012）对正念进行了研究，发现正念可以减少焦虑。他认为正念是一种"心理训练的形式，在这种训练中，你会逐一练习观察你的思想、感觉和感受，并且不做任何评判。将它们简单地视为它们是什么：思想、感受、感觉，不多也不少"。

戴维森还对乔恩·卡巴特-津恩（Jon Kabat-Zinn）开发的基于正念的减压进行了研究。作为一名分子生物学家，卡巴特-津恩在伍斯特的马萨诸塞大学医学中心工作，他看到了正念练习对该中心患者的潜力。他为患者开发了减压计划，并在中心的地下室实施该计划。该计划包括为期一天的课程和八周内进行的两小时课程。1990年，津恩的书《完全灾难性的生活》出版，书中报道了他的计划和一些早期研究，显示了该计划的积极影响。三年后，比尔·莫耶斯（Bill Moyers）在他的节目《治愈心灵》中采访了卡巴特-津恩，这时他的工作得到了广泛认可。巴里·博伊斯（Barry Boyce，2011：xiii）写道："这是我们现在可以称为'正念革命'的开始。"

正念项目现在已经遍布世界各地，并应用于不同情境。博伊斯写道，这些情境包括"以正念为基础的分娩和育儿，以正念为基础的认知疗法。基于正念的饮食意识训练，以及针对癌症患者的基于正念的艺术训练"。其他基于正念的项目基地包括加州大学洛杉矶分校的正念意识研究中心（MARC）、加州大学洛杉矶分校（UCLA）。在那里工作的苏珊·斯马利（Susan Smalley）和戴安娜·温斯顿（Diana Winston）写了一本关于正念的优秀著作《完全呈现》（2010）。

另一位重要人物是越南一行禅师（Thich Nhat Hanh），他的书《正念的奇迹》于1976年出版，将正念练习引入北美。下面是该书中的一个练习，展示了正念如何应用到日常生活中。

泡茶时的心态

准备一壶茶来招待客人或自己喝。缓慢地做每一个动作，在心里默念，不要让你的动作中的任何一个细节消失而不注意它。知道你的手举起壶的把手，知道你正在将芳香的温茶倒入杯中，用心关注每一个步骤。轻轻地、比平时更深地呼吸，如果你的思想偏离了，就调整你的呼吸。（Hanh，1976：85）

一、教育中的正念

正念也被使用在各种不同的教育环境中。2000年，我在芬多恩参加了一个关于教育和灵性的会议，遇到了琳达·兰蒂埃里，她在纽约市的学校工作多年，致力于解决冲突与进行和平教育。第二年的"9·11"事件正发生在她纽约的办公室附近，在那之后，她开发了"内在复原力计划"项目。这个项目将正念冥想与社会情感学习相结合，以帮助儿童和青少年应对生活中的压力，并提高他们在学校的注意力和学习能力。应国会议员蒂姆·瑞安的邀请，她将该计划带到俄亥俄州的扬斯敦和沃伦学区。

已经有几项研究表明该计划具有积极影响，其中一项研究涉及纽约市教室（三至五年级）的57名教师和855名学生。琳达的网站报告了以下结果。组间分析表明,参与该计划的教师在健康方面表现出几个有趣和值得注意的结果,如降低压力水平(由一个量表衡量),提高注意力和正念水平,以及增强教师之间的信任感。此外,三年级治疗教师发现,在学年结束时,学生在班级中的自主权和影响力明显高于学年初期。对学生健康状况的分析表明,该项目对降低三、四年级学生的抗挫折水平有明显的积极影响(见 www.lindalan-tieri.org/links_irp.htm)。

诺亚·莱文(Noah Levine)在加利福尼亚州奥克兰开发的心身意识项目主要针对城市内拉帮结派的青少年。该项目的主任克里斯·麦肯纳(Chris McKenna)通过武术电影和歌曲引入心智活动,吸引年轻人。麦肯纳说:"我试过用许多不同的方法来与处于这种极端环境中的人合作,而正念是迄今为止我所接触过的最有力的干预措施。"(博伊斯,2011:257)

另一个在北美应用的计划是由戈尔迪·霍恩基金会开发的心力提升计划。该网站描述了该计划的内容:"心力提升计划是一个由社会、情绪和注意力自我调节策略和技能组成的系列计划,旨在培养学生的幸福感和平衡情绪。学生将学习各种心力提升技能,如集中注意力和非反应性地监测每时每刻的经验,这些技能对大脑功能和社会及情绪行为具有长期潜在的影响。"(见 www.thehawnfoundation.org/mindup)

研究表明,学生使用该计划后,出现以下一些自我报告的变化:同理心增强,乐观主义显著上升,情绪控制能力增强,注意力更加集中,与同学的合作更加密切(见 www.thehawnfoundation.org/mindup-studies)。

除了心力提升计划,他们还为学校开发了其他几个项目。

1. 小学课程

内心的孩子(https://www.susankaisergreen-land.com/inner-kids-model)。

现代学校心智训练(https://modmind.org)。

正念学校(https://mindfulschools.org)。

安静的地方(http://www.stillquietplace.com)。

2. 中学课程

正念无国界(https://mindfulnesswithoutbor-ders.org)。

每日正念(http://mindfulnesseveryday.com)。

将正念带入学校(https://mindfulnessin-schools.org)。

二、快乐教师

越南一行禅师为世界各地的教师举办了名为"快乐教师改变世界"的静修会。我很幸运地被邀请参加2013年在安大略省圣凯瑟琳市布鲁克大学举行的静修会的小组讨论。该小组主要讨论教学中的正念问题（该小组会议可在 https://www.youtube.com/watch?v=vJ6arS3OlF0&feature=c4overview&list=UUcv7KJIAsiddB2YRegvrF7g 查看）。

一行禅师还与人合著了一本名为《静修会》的书（Hanh, Weare, 2017），对于希望将正念练习引入教学的教师来说，这本书是最佳指南之一。这本书帮助教师发展自己的实践。其中有关于坐姿冥想、行走冥想、正念饮食和照顾情绪的章节。还有一章是关于向学生介绍正念的。书中提出了如何将正念活动与艺术、科学和体育等不同学科相结合的想法。他建议孩子们可以做10个正念动作——举臂、伸展手臂、张开手臂、绕臂、绕腰、深蹲、通过下蹲伸展身体（像青蛙一样）、伸展腿、绕腿和侧身手臂拉伸的慢跑。以下是关于深蹲的说明。

开始时，双手放在臀部，脚跟并拢，双脚呈V字形。

吸气，起身，脚尖着地，脚跟仍然并拢。

呼气,停留在脚趾上,并弯曲膝盖下来,背部挺直。

重复两到三次。

米娜·斯里尼瓦桑(Meena Srinivasan,2014)也是上述小组的成员,她写了一本名为《教,呼吸,学:课堂内外的正念》的书,其中也包含了许多教师可以使用的有益方法。

三、我教学中的正念

1988年以来,我要求学生在我的两门课程中进行冥想,因此已经向 2000 多名教师介绍了冥想和正念的做法。我曾在《沉思的实践者——教育和工作场所的冥想》(Miller,2014)中描述了这项工作。我想引用两个学生的例子,他们将正念融入了教学和生活。

我班上有几个穆斯林学生,他们发现正念练习很有帮助。以下是一位来自科威特的学生纳迪娅(Nadia,化名)的经历。自从她来到加拿大后,她为社区里的人教第二语言课程。现在她正专注于学习弹钢琴和音乐理论。她使用步行冥想和呼吸冥想,试图将正念带入日常生活中。她的大部分练习都集中在正念上,她发现这对练习钢琴很有帮助。纳迪娅评论说:

正念真的很有帮助,因为它很简单,可以成为我所做的任何事情的一个组成部分,甚至在做饭的时候。我在切菜时,专注于蔬菜的香味,这给我带来了快乐,甚至当我洗碗时,当我专注时,也会让我更快乐。当然,我也会分心,但随后我会把自己拉回来。(Miller, Nozawa, 2002:47)

在她的个人生活中,她指出,她的家庭也受到了她冥想实践的影响,因为她和她的丈夫一起学习了正念。她说:"我丈夫被我学到的许多东西所启迪,我把这些东西传给了他。他以他自己的方式帮助我很多……我们一起学习正念,他很容易就把它纳入他的日常活动中。"(Miller, Nozawa, 2002: 47)她的丈夫说,她与过去相比变化很大,因为他通过一段时间观察到了这些变化。她过去经常忧虑,现在她正努力专注于当下,而不是心不在焉和焦虑。当她回到科威特时,她的几个家人注意到她似乎更轻松、更快乐。她很惊讶,想知道自己和以前有什么不同。

正念在许多方面从内部改变了我的生活。我知道我不那么焦虑和担心了,每当我思考我的未来或过去的工作经历时,我会感到不安和沮丧,然后我必须把自己拉回来。现在当我想到过去或未来,它们依然同样痛苦,但我可以很容易地通过几次呼吸使自己的意识回到当下,深呼吸,然后专注于当下的情境,只是去做,不让思想分散我的注意力,这对我很有帮助。(Miller, Nozawa, 2002: 47)

纳迪娅现在更加有意识感了,并且发现更容易做到关注当下。每当她的思想偏离时,她就提醒自己回到现在。她越是用心,就越是容易将正念纳入她的日常活动中。她认为活在当下是我们的天性,因为人们天生就有心智,随着年龄的增长,他们会因为许多因素而改变,比如试图满足他人的期望。她解释说练习的要素是简单化的,我们不能通过使用大量的文字来使其复杂化。接下来的评论提到最重要的收获在于经验本身。

我甚至不需要描述它,这就是好的部分。我们理解它,我们就去做。静下心来,其实是非常重要的。但我不认为我们必须这样做,这不是"必须",因为这就是当初给我带来麻烦的原因。必须"或"我应该做这个或那个……如果有任何想法出现,你不要强迫它出来,你让它顺利地出去。这并不是一件不得不做或强迫的事情。(Miller, Nozawa, 2002: 47)

纳迪娅还谈到了接纳自己:"没关系……这是我开始告诉自己的事情之一。这对我来说也是非常有利的事情。当我犯错时,我会对自己非常挑剔,这就是我在这个过程中正在改变的东西,我在告诉自己,是可以犯错的。"(Miller, Nozawa, 2002: 48)冥想似乎有助于让我们学会接受不完美的自己。最后,纳迪娅评论了她的信仰和正念练习之间的关系。

在伊斯兰教中,有很多指令是鼓励穆斯林去做的。例如,当我们想进入一个房间时,鼓励我们先用右脚进入,并做一种简短的祈祷……我相信这些小的祈祷和行为是保持正念的一种方式,是对我们正在做的事情的注意。所以,我认为正念是任何宗教的一个组成部分。(Miller, Nozawa, 2002: 48)

对纳迪娅来说,她的冥想和正念支持了她的宗教实践。许多学生发现,在练习过程中会产生深深的感激之情。以下是一位女士在她的个人日记中写到的评论。

今天有更多的感激之情。尽管从睡梦中醒来时还不太满意,而且想到今天会很忙,但我还是带着对这个机会的渴望和感激之情来进行冥想,期待着它能提供的清晰感和踏实感。体验的特点是光线和从窗户飘进来的暖风。我非常清楚地意识到我的身体和我的呼吸是如何形成的,我的呼吸节奏,我的身体和心灵感到非常满足和自在,以这种方式参与和联系,他们似乎很平静,很感激,我自己也很感激。

当纳迪娅专注于正念如何影响她的个人生活时,阿斯特里德写了她如何将正念带入她的教学。我在其他作品中引用了她的叙述(Miller, 2006, 2007, 2014),我在这里再次引用,因为这是一个美丽的例子,体现了正念如何在一天中带来深刻的感激之情。

我每天都在感叹生命的奇迹,感叹入睡后醒来看到一个奇妙的世界。带着这样的想法,我开始了我的晨练仪式。当我洗脸、洗澡、吃早餐、走路(或开车)去上班时,将我的日常工作视为仪式，实际上能帮助我达到了一个更有意识的状态。进入学校后，我决定先去我的教室。之前我一直去办公室签到，说早上好，等等，但这使我在"正念"训练中所需要的一体感消失了。我把所有的任务都仪式化了——走上楼梯，把钥匙放进教室的门里，挂上我的外套，等等。实际上，令人惊讶的是，对这些简单任务的关注使我能够以一种平静、清晰、不那么杂乱的方式开始我的一天。有多少次我来到这个房间，把大衣、帽子和手套扔在椅子上，跑到复印室又跑回来，又花了半个小时去找我放在某个地方的复印件，更不用说当我要出去值班时疯狂地寻找手套了。相反，我开始意识到我在教室里的早晨变得平静和专注。

在这个学前仪式中，我最喜欢的部分是在黑板上写时间表。去年6月，我的团队老师曾试图说服我不要这样做（她把每天的日程表写在图表纸上，并把它们贴在上面）。当时，我向她解释说，在黑板上写时间表对我有许多不同的目的，最重要的是，它使我能够在课堂上以自己为中心。我现在回过头来看我的直觉，我感到很惊讶。铭记这个特殊的仪式，使我在忙碌的一天中充分意识到"这里"。我站在教室前面，感受手中粉笔的光滑质地。我思考我在哪里，观察我周围的环境——植物、书本、课桌、孩子们的拖鞋——那天我再次对生命的奇迹感到惊讶。

新的一天开始了，我站在教室外面，充分注意到每个人进入教室时的情况。我与他们互动，打招呼，这种感觉很好。对我来说这是全新的体验，我之前总是太忙了，所以从来没有在孩子们进门的时候走到门口。我试图保持这种意识——意识到我的感受（身体和情感）以及我对"当下"正在发生的事情的反应。当然，教室里一天的疯狂也开始了，随着时间的推移，越来越难以保持这种意识。然而，现在我不再在课间休息时工作，而是抽出时间在教职工活动室与同事们进行交流。如果可以的话，我在午餐时到海滩上散步，眺望湖面，注意我周围美丽的世界。当一天结束时,我重新找回这种心境,并与我的学生们一起充分参与这一天结束的仪式中。孩子们离开后,我扫地,时刻注意自己的动作和扫帚的声音。我常常一开始就想,我是在扫除一天的事情,我专注于"当下"——扫地的实际行动。"存在于当下"的快乐,以及能够充分完全参与、感受其中,再次让我感受到生命的奇迹。(Miller,2006:79-80)

第二节 瑜 伽

《整体课程》前几版出版以来,最大的变化之一是瑜伽被越来越多的学校所采用,这反映了瑜伽在北美文化中日益普及。也有几本向儿童和青少年介绍瑜伽的书已经出版(Kiss,2003;Lark,2003;Luby,2000;Schwartz,2003)。对于幼儿园和小学的孩子,我仍然推荐雷切尔·卡尔(Rachel Carr,1973)的《做一只青蛙,一只鸟,或一棵树》,是关于儿童的创造性瑜伽练习。雷切尔·卡尔指出,瑜伽练习始于印度,当时人们试图模仿动物和昆虫的动作,以增加自己身体的力量和灵活性。卡尔开始在自己的家里教孩子们练习瑜伽,渐渐地越来越多的孩子加入,她的工作促成了她的书。她发现她的方法也刺激了孩子们的想象力。

当他们学会以青蛙姿势保持平衡时,他们觉得需要继续运动,于是组织了青蛙比赛,一边跳一边呱呱叫,动作协调得很迅速,这导致了进一步的想象力游戏。更加灵活的孩子把自己的背拱得高高的,以便其他人可以从他们下面爬过去。

卡尔(1973)还发现,孩子们可以互相帮助,学习姿势。她还与有各种身体残疾的儿童一起工作,并描述了一个孩子如何帮助另一个孩子的事件。

当小组中的一个男孩发现要模仿树的形状姿势太困难时,眼泪夺眶而出,他生硬、不协调的动作让他感到沮丧。赶来帮助他的是一个体态轻盈的年轻人,他的听力和语言能力都很差,只能用手语交流。他轻轻地把他的朋友引到墙边作为支撑,然后帮助男孩把颤抖的四肢摆成类似树枝的姿势。这一胜利赢得了整个团体的自发掌声。

使用动物的图像有助于孩子们长期记住这些姿势。卡尔喜欢用一个圆圈来教这些姿势,让中间的孩子向圆圈中的其他人示范这个姿势。她还提出了做练习的基本准则,如不要在饭后立即做练习,要穿宽松灵活的衣服。

我的一个学生,南希·齐格罗维奇(2005),在安大略省奥克维尔的一所中学任教,对她的学生同时使用冥想和瑜伽。她描述了她在10年级的一个非大学预科班的教学经验。

我还有幸与一个10年级的加拿大应用历史学科班合作,该班有20名学生,其中14名是男生。这些学生大多在传统课题教育中被定义为学习困难者,他们很难集中注意力和专心听讲,而且经常被老师判定为有"行为问题"。然而,从我们第一次一起尝试冥想和瑜伽开始,我发现他们很容易接受并对新的方法持开放态度。在我们的冥想中,我们从呼吸和专注的简短练习开始。他们起初似乎不愿意在同龄人面前闭上眼睛,我解释说他们可以简单地向下注视他们的前方。当他们看到我在教室里感觉很舒服,并且闭上了眼睛,所有的人都开始按照我的模式来做。甚至在我们的第一次汇报中,他们也谈到了他们喜欢静止片刻的感觉。

在我对历史班的后续访问中,我们尝试了一个更有形的哈达瑜伽,将我们已经学到的关于呼吸和集中注意力的知识融入其中。班上的一个男孩最初的反应是:"我觉得这个瑜伽很好,如果我们再做久一点,可能会更好。一旦我们过了笑的阶段,就会很好。"

我们确实努力将练习维持更长的时间,学生们对各种姿势以及为安静创造空间变得更加自如。然而,最重要的是,他们开始相互信任,以前课堂上经常出现的那些伤害性评论也变得越来越少。在他们最近的反思中,没有一个学生对做瑜伽表示担忧或希望不参加练习。我一直在与这个班的学生见面,在过去的两个月里,我每周与这个班级会面两次,他们的一些评论包括:"起初我们在做的时候,我不认为它真的有用,但做完这些练习后,我觉得真的很放松,很好。我最喜欢的是合十礼(Namaste)。它真的让我舒展开来,缓解了压力。谢谢你和我们一起做。"

另一个学生写道:"我喜欢瑜伽,因为它帮助我更好地集中注意力,因为通常我不能很好地集中注意力。它还帮助我冷静下来,让我专注于我正在做的事情。"

而这个学生总结了瑜伽与精神的联系:"这不是我第一次做瑜伽了,我们在参加曲棍球冠军赛之前也要求做瑜伽,我们教练的妻子曾经是一名瑜伽教练。我们最终赢得了冠军赛,因为我们的瑜伽课程能帮助我们恢复活力,我对瑜伽的看法是它能舒缓精神。"(Zigrovic,2005:9-10)

安娜·内维斯(Ana Neves,2009)在小学教学工作中应用了瑜伽。在她的论文中,她写到了瑜伽对学生自我意识的影响:"通过练习瑜伽,学生可以获得更多的自我意识,这可以导致个人成长,这种自我意识的提高也将帮助他们建立自我评估技能,这对有效学习和学术成长至关重要。"

第三节 运动和舞蹈

另一个连接身心的工具是运动和舞蹈。运动教育在20世纪60年代末和20世纪70年代变得更加流行,特别是在小学阶段。

杰尔拉丁·迪蒙斯坦（Geraldine Dimondstein，1971）为小学课堂开发了一种整体性的舞蹈方法。她方法的重点是发展动觉意识，动觉意识是指儿童控制自己的动作并同时感受动作的能力。通过手势，他们学会通过外显的动作形状或形式来表达自己的内心想法。因此，舞蹈不仅仅是表演，而且是赋予动作所表达的视觉形象以内心感受。例如，在探索恐惧的概念时，孩子们找到一些动作来表达他们对恐惧的概念。学生们可以首先从非结构化的视觉化开始，让恐惧的图像进入他们的头脑，然后他们可以阐述这些图像或画出它们，最后他们可以通过运动来表达他们心中的恐惧形象。

迪蒙斯坦描述了运动和舞蹈的三个阶段。在第一阶段，学生探索各种动作，因为他们用基本的运动模式探索身体的自我。

第二阶段是即兴创作，学生开始将内心感受与动作联系起来。在这个阶段，他们开始把动作作为自我表达的形式，尽管学生通常还没有达到舞蹈阶段，舞蹈要求达到一些特定明确的动作形式。

第三阶段是舞蹈，儿童通过身体活动赋予内在感受以形状，从而加深他们对内在感受的感知。有的舞蹈模式是想表达一个特定的思想或主题，然而，对迪蒙斯坦（1971：13）来说，舞蹈不是讲故事，相反，它侧重于"象征力量或物体的隐喻性"，身体是这个象征过程的中心。通过舞蹈，儿童发展了"肌肉感"或身体运动的动觉感知。在舞蹈中，他们获得了一种流动和节奏感，因为运动不是孤立的，而是一个整体的一部分。在跳舞时，孩子们发展出一种流畅的感觉，因为他们的身体变得更加集中。随着孩子们获得这种"肌肉感"，他们学会了表达自己的感受，他们也学会了哪些动作是合适的。因此，舞蹈成为表达儿童内心生活的载体。

特蕾莎·本茨维（Teresa Benzwie，1987）的书《一次运动体验：为热爱儿童的人和内在的儿童而舞》中可以找到有关运动/舞蹈的经验。该书主要关注小学年龄段的孩子，建议从以下维度开展活动：范围、空间、节奏、名称游戏、语言、交流、运动游戏和热身、雕刻、艺术和运动、音乐和运动、幻想和道具。

艾伦·斯皮茨（Ellen Spitz，2006）描述了幼儿的动作如何反映他们所处的环境。她描述了一个六岁女孩阿拉在古根海姆博物馆的动作，她刚刚和她的母亲完成了博物馆顶部的游览。

小阿拉现在开始做一些相当令人惊讶的事情。她的身体尽量贴近栏杆，开始一圈一圈地旋转，慢慢地走下坡道。她为什么要这样做？她在想什么呢？她的母亲不解地看着她，没过一会儿就意识到，随着女孩身体的运动，这个小女孩现在正在重现弗兰克·劳埃德·赖特在博物馆内部创造的整个建筑空间的体感体验。她转了一圈又一圈，直到她的母亲温柔地要求她小心，以免头晕目眩而摔倒。

斯皮茨认为母亲对孩子的动作做出安静的反应是恰当的，而不是对她女儿的动作做出解释。

第四节 达尔克罗兹音乐教学法

本节由莎朗·达顿（2015）撰写，她的博士论文是关于达尔克罗兹教学法的。

埃米尔·雅克·达尔克罗兹是瑞士的一位音乐家、作曲家和音乐教育家，19世纪末和20世纪初在日内瓦音乐学院教授音乐理论。他的音乐教育方法是独特的，因为他教他的学生有节奏地运动，充分意识到他们的运动是对音乐刺激的身体反应，并教他们提升对其他学生的运动感知以及使用空间、时间和能量来传达音乐意义的敏感性。他设计了一些练习，让他的学生学会使用自己的身体动作并通过身体意识来理解音乐的概念，如和谐、音高和节奏。

雅克·达尔克罗兹认为节奏是音乐——实际上是所有生命——的能量源泉，并努力让他的学生有机会以尽可能多的形式和体态实现来体验节奏。随着他的教学方法的发展，他意识到他的练习对学生的整体健康有积极的影响。当达尔克罗兹的学生专注于具身化他们听到的音乐时，他们也在认知、社会和精神上参与其中（Dutton，2015）。

在历史上和地理上不同的文化和社会中，音乐和运动有着深刻而悠久的联系，并且被证明与自然和神经系统也有联系。当学生通过运动体验音乐概念时，他们会变得更加集中，发展内在潜力和直觉认知，这是他们可能成为音乐艺术家的潜能，同时形成他们对艺术表达的性质和意义，以及艺术在个人、社区和全球不同层面的见解。

感觉自己全身心地投入一种情境或状态中：思想集中，身体展示，内心充满洞察力和敏锐性，与美妙的音乐同步释放。这是一种"存在"的状态，这种状态对所有人来说都是可以实现的，这种状态也可以转移到其他工作中去，并在人的一生中得到延续（Schnebly-Black，Moore，1997：84）。

伴随有目的的具身化音乐体验，把动感音乐的微妙融入表演中的可能性是无限的，此时具身化音乐意识日益加深，音乐表演将变得更加有感情。

与传统公共音乐教室中普遍存在的理性—事实—流程的音乐教育风格相比，通过身体体验和具身意识来发现音乐概念，能吸引学生深度参与其中。达尔克罗兹教学法是基于"经验先于认知"的前提。然而，目前西方社会是如此地注重"在脑子里"，以至于刚接触达尔克罗兹教学法的成年人常常会感到困惑，因为他们试图运用理性思维来判断他们应该做什么，或者他们希望有更清晰的方向可以遵循。但要从事具身教学法，他们首先要学会放下他们赖以学习的逻辑分析处理技能。由于成人对认知加工技能的依赖，儿童班往往会比成人班更容易上手。

达尔克罗兹的课程通常很有趣，老师设计了"快速反应"的游戏，或者让学生挑战一次完成多个节奏动作。我们需要注意一个或多个提示才能成功完成任务。这些课程具有社会性，要求学生迅速结交伙伴或组成小组。我们的动作变得与音乐同步，我们开始在彼此之间移动并相互协调，在物理层面，为听觉赋予了刺激，一种游戏和社会互动的感觉自发地生成。当我们在互动的身体中变得更加舒适时，抑制就会消散，同时自我意识和个人对身体、心灵和音乐的掌控被点燃。同时，老师通过音乐提示她/他的学生做动作，而反过来，学生的动作激励并告知老师他们的音乐和想法。理想情况下，学生进入一种心流的状态，当他们展现音乐时，他们就变成了音乐。在做这些练习时，学生和老师都能清楚地感受到个人的联系，就像他们在任何其他音乐合奏中的直观感受一样，每个人都融合成一台运转良好的音乐机器，形成一个节奏、和声不断变化的万花筒。

我们通过节奏运动所做的和所经历的一切都在音乐表演中得到了再现。当我们进入音乐世界中时，我们进入了一个艺术现实，在那里，整体在本质上不同于其部分的总和。在这些时刻，我们本身就是音乐。

第五节 教育中的戏剧（多萝西·希思科特）

英国教育家多萝西·希思科特（Dorothy Heathcote）开发了一种变革性的戏剧方法。这种方法被称为教育中的戏剧或过程戏剧。她的方法着重于解决问题或度过一段艰难的生活，而不是故事或人物的发展。学生利用戏剧来"探索小说中的世界，理解历史事件，体验不同文化群体之间的冲突，了解其他行业的感受"（Wagner，1999：1）。希思科特在从小学到大学课堂的各种环境中使用她的方法。她还与各种职业群体合作，如护士或警察，她还教导正在经历困难的个人。瓦格纳（Wagner，1999）总结了她的教育方法：

> 希思科特并不利用儿童来制作戏剧，相反，她用戏剧来扩展他们的意识，使他们能够通过幻想来观察现实，看到行动表面之下的意义……她不是通过戏剧向他们提供更多的信息，而是让他们运用他们已经知道的东西。

希思科特重在帮助教师对采用正确的方法感兴趣，而不是拓展戏剧专业技能。她的方法被比作心理排练的过程，在这个过程中，我们需要处理困难的问题或应对新环境给我们带来的焦虑，它也可以用来接受一个令人不安或创伤的经历。

瓦格纳（1999）举了一个采用希思科特方法的例子，当时她和伊利诺伊州埃文斯顿的一群十二三岁的孩子一起工作，他们在西北大学的一群成年人面前表演。学生们决定创作一部关于1610年海上船只的戏剧，他们把这艘船命名为"梦想家"。希思科特把一把椅子放在远离人群的地方，让一个孩子坐在那里。她要求学生把他想象成船头的人物，并说："仔细看看他，他是梦想家，他此刻应该在木头里，站在那里，直到你知道他是在木头里。"她接着说，船现在正被小船拉到海上，并要求学生想象自己作为船员在出海时看着梦想家的感觉。在思考了一会儿之后，她要求学生走到成年人的观众席上，分享他们的想法，并由成年人写下来，然后将这些想法读给孩子们听，而不去辨别谁说了什么。其中一些想法包括：

> 我担心我永远也下不了这艘船了。
>
> 看着上面的船头很奇怪，因为他似乎代表着全体船员。
>
> 我非常害怕，我不知道我是否还能再见到这个小镇。再次看到这个小镇，这非常令人兴奋，但……但……我很害怕。

有一种神秘的感觉,想知道这次航行将导致什么。

我们都有一个梦想,我们自己的梦想。它可能是危险的,我们可能在水面上遇到危险的东西。我们很害怕,但我们也梦想着通过发现获得财富和荣耀。

然后希思科特转向担任船长的学生,说:"这就是你的船员。"这是一个反思的时刻,瓦格纳认为不需要总结,因为学生们已经捕捉到了离开的普遍经验并踏上了未知的旅程。希思科特依靠非语言意识来处理沉默的时刻,在那里,学生只有体验。瓦格纳(1999:163)评论说:"非语言方法的最大优势是它停留在理解的普遍水平上,它把一个班级引入了没有语言打破的人类整体性的体验。"希思科特喜欢在语言和非语言之间来回切换,而不是厚此薄彼。

第六节　均点学校的身心关联

以下是均点学校员工手册中关于这种联系的声明。

心灵与身体的联系

具身学习是整体教育的核心内容之一,运动、身体意识和动觉智能是学习的组成部分。越来越多的研究揭示了正念教育的好处,以及在儿童身上发展身心联系的重要性。整体课程强调了身体和心灵之间的自然联系,我们鼓励学生探索他们身体和情绪之间的联系,并发展他们对自己身体的理解。在均点学校,许多老师实践并教授广泛的身心方法,其中包括正念冥想、创造性的视觉化意象、戏剧、角色扮演、舞蹈、瑜伽、气功、专注和大脑训练。像整体课程的其他方面一样,身心活动形式每年都有不同增长和变化。我们的目标是让孩子们通过心灵和身体之间的联系来

体验他们生活中的平衡。（Equinox Holistic Alternative School，2018：6）

在清晨，学生们经常围坐成一个圈做瑜伽或练习气功。在我所做的研究中，几乎每个老师都有进行某种形式的冥想或正念活动。一位老师让学生带领大家冥想，每天都做。老师介绍了冥想的想法，然后由学生带头进行。例如，他建议专注于呼吸或声音。在我进行的一次采访中，他说：

学生期待着它，当从外面进来时，这是进入平静和集中注意力的好机会。在晨间活动中，我们把它和许多其他事情一起做：太极拳、瑜伽、一些戏剧。我们做瑜伽的游戏，如下犬式，他们必须保持这个姿势，他们得到了想象力，并可以把他们的学习融入游戏中。（Miller，2016：294）

另一位老师多年来一直在做正念练习，这是他教学中不可或缺的。

我们从冥想开始，在外面做正念运动。我们尽可能保持沉默。午餐后进来，我们做一分钟。我还将其纳入健康课程。我也注意到有时学生在课堂会分心和有压力，如圣诞节和万圣节前，我们会在那时做引导性的冥想，我们会躺在地上大约 10 分钟。我也用它来集中精神，用心倾听。（Miller，2016：295）

这位老师班上的一个学生患有强迫症。他和他的父母评论说，正念对他很有帮助，降低了他的压力水平。这位父亲说："这很好，他的强迫症改善了很多。"

总而言之，通过探索正念、瑜伽、舞蹈、达尔克罗兹、戏剧，我们可以帮助学生连接心灵和身体。通过连接心灵和身体，我们可以促进人类的整体性，这种整体性在詹姆斯·林奇（1985）的方式中显而易见，与心理学不同，他倾听同胞的声音。

有时，我发现自己在与病人对视时感到颤抖——他们看着我，在寻找，认真地希望发现他或她第一次血压升高、心率加快或双手冰冷的情感含义。在这样的时刻，我感受到了薛定谔的现实——深深地感受到了——因为他们的眼睛比光学传感器具备多重功能，光学传感器的功能之一就是检测光量子。而我当时之所以颤抖，正是因为我瞥见了那双眼睛背后的无限宇宙，以及在对话中把我们团结在一起的普遍的逻各斯的现实。正是在这样的时刻，在对话中静静地分享理性和感受，我感到自己是最有生命力的人。

参考文献

ABRAM D. The Spell of the Sensuous[M]. New York:Vintage,1996.

BARLOW W. The Alexander Principle[M]. London:Arrow Books,1975.

BEILOCK S. How the Body Knows Its Mind:The Surprising Power of the Physical Environment to Influence How You Think and Feel[M]. New York:Atria,2015.

BENZWIE T. A Moving Experience:Dance for Lovers of Children and the Child within[M]. Chicago:Chicago Review Press,1987.

BOYCE B. Creating a Mindful Society[M]// BOYCE B. The Mindfulness Revolution. Boston:Shambhala,2011:252-264.

CARR R. Be a Frog,a Bird,or a Tree:Creative Yoga Exercises for Children [M]. New York:Harper,1973.

DAVIDSON R J,SHARON B. The Emotional Life of Your Brain[M]. New York:Hudson Street Press,2012.

DIMONDSTEIN G. Children Dance in the Classroom[M]. New York:Macmillan,1971.

DUTTON S E. Education in Rhythm and by Rhythm:Exploring Holistic Experiences in Dalcroze Pedagogy[D]. Toronto:University of Toronto,2015.

Equinox Holistic Alternative School. Equinox Holistic Alternative School

Staff Handbook(2018-19)[R]. Available from the school:151 Hiawatha Rd. Toronto,Ontario,2018.

HANH T H. The Miracle of Mindfulness:A Manual on Meditation[M]. Boston:Beacon Press,1976.

HANH T H, KATHERINE W. Happy Teachers Change the World:A Guide for Cultivating Mindfulness in Education[M]. Berkeley CA:Parallax, 2017.

KABAT-ZINN J. Full Catastrophe Living[M]. New York:Bantam,1990.

KISS M. Yoga for Young People[M]. New York:Sterling,2003.

LARK L. Yoga:Essential Poses to Help Young People Get Fit,Flexible, Supple,and Healthy[M]. New York:Sterling,2003.

LUBY T. Yoga for Teens[M]. Santa Fe NM:Clear Light Publishers,2000.

LYNCH J J. The Language of the Heart:The Human Body in Dialogue [M]. New York:Basic,1985.

MILLER J P. Educating for Wisdom and Compassion:Creating Conditions for Timeless Learning[M]. Thousand Oaks CA:Corwin,2006.

MILLER J P. The Holistic Curriculum[M]. Toronto:University of Toronto Press,2007.

MILLER J P. The Contemplative Practitioner:Meditation in Education and the Workplace[M]. Toronto:University of Toronto Press,2014.

MILLER J P. Equinox:Portrait of a Holistic School[J]. International Journal of Children's Spirituality, 2016,21(3-4):283-301.

Miller J P, NOZAWA A. Meditating Teachers:A Qualitative Study[J]. Journal of In-Service Education, 2002,28(1):179-92.

NEVES A. A Holistic Approach to the Ontario Curriculum:Moving to a More Coherent Curriculum[D]. Toronto:University of Toronto,2009.

PENFIELD W. The Mystery of the Mind:A Critical Study of Consciousness and the Human Brain[M]. Princeton NJ:Princeton University Press,1975.

SCHNEBLY-BLACK J, MOORE S T. The Rhythm Inside:Connecting Body,Mind,and Spirit through Music[M]. New York:Alfred Publishing,1997.

SCHWARTZ E. I Love Yoga:A Guide for Kids and Teens[M]. Toronto: Tundra Books,2003.

SMALLEY S,DIANA W. Fully Present:The Science,Art,and Practice of Mindfulness[M]. Cambridge MA:DeCapo,2010.

SPITZ E H. The Brightening Glance:Imagination and Childhood[M]. New York:Pantheon,2006.

SRINIVASAN M. Teach,Breathe,Learn[M]. Berkeley CA:Parallax,2014.

WAGNER B J,DOROTHY H:Drama as Learning Medium[M]. Portland ME:Calender Islands,1999.

ZIGROVIC N. Journey Towards Spirituality[Z]. Unpublished Manuscript, 2005.

第八章 学科关联

学科知识一直处于传统学校教育的中心。在传递式课程中，学科成为中心，学科知识以一种可能与学生需求和兴趣无关的教学方式传递。在整体课程中，我们试图与学科建立一些关联，尤其是在自我和学科之间的关联。如果我们能将学科与儿童的内在生活联系起来，学科就会变得不那么抽象，更具有意义。探索学科之间的关联也很重要，各种综合课程方法以及整体思维模式可以促进实现学科关联。最后，学科可以将自我与社会联系起来。在本章中，我们将探讨所有这些关联。

第一节 自我和学科

在第六章中，当我们研究可视化意象时，已经触及了自我和学科的问题。一些引导性的想象练习可以激发学生的兴趣，也可以培养学生的理解力。也许其中连接自我和学科的最好例子来自西尔维娅·阿什顿-华纳（Sylvia Ashton Warner, 1964）在《教师》一书中所描述的工作。阿什顿-华纳承认她的方法并不新鲜，因为她引用了托尔斯泰和海伦·凯勒的老师安妮·沙利文（Anne Sullivan）的作品。对阿什顿-华纳来说，有机阅读是"从已知到未知的桥梁，从本土文化到新的文化，从普遍意义上说，是从人的内心出发"。

阿什顿-华纳（1964）将儿童描述为有两个愿景，一个是内在的，一个是外在的，她认为内在的更有力量，如果要学习，就必须达到内在的愿景。阿什顿-华纳通过她所说的"关键词汇"来达到这种内在的愿景。这些是对儿童有强烈意义的词汇，"已经是动态生活的一部分"。与她一起工作的毛利族儿童的关键词汇有"妈妈""爸爸""吻""害怕"和"鬼"等，阿什顿-华纳把这些词汇写在每个孩子的卡片上，然后形成每个学生自己的一套关键词，阿什顿-华纳让学生将卡片读给她听。孩子们还会成对地将他们的关键词读给其他学生听，通过这样做，学生们将迅速发展基本的阅读技能。

在学生掌握了大约 40 个关键词汇后，阿什顿-华纳转向了有机写作。她说："关键词汇是对内心世界的单字说明，而创意写作则是一个句子长度或故事长度的说明。"这些句子和故事通常是自传性的，对阿什顿-华纳（1964）来说，写作、拼写和作文是整体出现的。她说："拼写和作文不再是要教的独立科目，而是作为另一种媒介自然出现的。"绘画与故事相结合，形成了阿什顿-华纳所说的"我在书页上看到的最戏剧性的、最可怜的、最丰富多彩的东西"。

故事的创意总是来自学生，因为她没有强加给学生一些东西来写。

我从不教孩子一些东西，然后让他们写这些东西，这是一种强加的方式。孩子的写作是他们自己的事情，是一种整合的练习，可以使作品更好。写作对孩子的意义越大，对他们就越有价值，而且对他们来说意味着一切。写作是孩子的一部分，而安排好的主题永远不会是他们的一部分。写作不是你经常看到的那一页写满固定词语的句子，导致不连贯的事实的混乱，写作是我们在自己的写作和谈话中精心培养的不间断的思想路线。（Ashton-Warner，1964：49-50）

阿什顿-华纳（1964）以同样的有机方式教毛利族儿童数学。对她来说，自然和数字是密切相关的，所以她会把孩子们带到外面。她教他们"黄金分割"，这是自然界的理想比例，是"以这样的方式划分距离，即短的部分对长的部分就像长的部分对整体一样"。阿什顿-华纳指出，蕨类植物的叶子是幼儿数数的好东西，黄金分割变得与写作、阅读、绘画和谈话密不可分。我们喜欢三只展翅的鸭子，而不是数字卡上的三只鸭子，旁边还有一个静态的三。

阿什顿-华纳处理学科的方法是，从儿童的内在视觉开始，并在此基础上进行创作。内心的愿景成为关键的词汇，而这又构成了写作和阅读的基础，因此，她的教学法扎根于人的内心，并与自然相联系。她尽可能地避免人为地强加给儿童内在的视野。

阿什顿-华纳（1964）在题为"有机写作"一章的开头引用了比贝（C. E. Beeby）的话，这句话值得在此引用作为本节的结论，因为它很好地概括了她的整体方法："生活作为一个整体太复杂了，不能教给孩子，但它一被切开，他们就能理解，但你在切开它的时候很可能会杀死它。"

第二节　学科间的关联

基于不同学科的课程也被称为综合课程，综合课程具有不同的层次之分（见表 8.1）。第一个层次是多学科的。这里的课程保留了独立的学科，但在独立学科之间建立了联系。例如，历史老师可能会参考某个特定历史时期的文学和艺术，并探讨艺术如何代表那个时期。在交叉学科层面，两个或三个科目围绕一个主题或问题进行整合。例如，在研究城市交通和城市规划的相关问题时，经济学、政治学、设计技术和数学等学科可以被汇集和整合。

在跨学科层面，几个学科围绕一个更广泛的主题进行整合。社会中的贫困和暴力等问题适合这种广泛的综合方法，在每一个层次上，学科和概念之间的联系变得更多和更复杂。

表 8.1 融合/整体课程

多学科	交叉学科	跨学科/全学科/超学科
学科是分开的，学科之间有一些内容链接	基于某个问题，2~3个学科的交叉融合，针对某些问题或主题	围绕广泛的事物或主题，几乎所有的学科融合在一起
传递	互动	转换

一、交叉学科：整体性思维

在这一层面，各学科通过问题进行整合。比如第六章中描述的沃拉斯模型可以当作使用跨学科课程解决问题的方法。我对沃拉斯方法做了一些修改，包括以下步骤。

① 不确定性/模糊性。
② 澄清问题。
③ 准备/建立框架。
④ 孵化。
⑤ 替代方案的调查。
⑥ 替代方案的选择/启发。
⑦ 验证。

1. 不确定性/模糊性

大多数问题的解决都是由一个未解决的情况推动的。例如，在写这本书时，对整体教育的不明确是鼓励我更深入地探索这一领域的一个因素。在我教授的一门名为"整体课程"的课程中，我已经做了一些探索，但在我的脑海中，对于整体课程的背景和实践仍然有很大的模糊性。从某种意义上说，这本书是一个以更完整方式探索整体教育的机会。

2. 澄清问题

在这个步骤中，个人或团体试图对问题进行某种处理。这可能是通过写出一个问题陈述来完成的。与逻辑、数学问题的解决不同，问题陈述不是技术意义上的假设，相反，它试图从问题的根源入手。在这个阶段，可以利用想象和直觉来帮助梳理问题，通过内心的思考，核心问题可能会浮现出来。在写这本书时，问题的澄清涉及确定第一章中提出的定义，这个定义是我在与学生的讨论中已经使用了两年的定义，尽管我为这本书又重新修改了它。这个定义为本书提供了一个初步框架，在本书的修订版中，我对这个定义稍做修改，使用了心灵而不是自我这个词。

3. 准备/建立框架

在这里，人们试图为问题制定一个更完整的框架，以便从更广泛的角度看待问题。对于这本书来说，主要涉及以章节标题的形式制定一个大纲。

这一步往往涉及更多的线性思维，因为框架的每一个方面都被探索，然而，想象力和直觉仍然可以在这里发挥作用。例如，人们有可能对框架的一部分有一个印象，或者对整个方法有一个设想。

4. 孵化

孵化可以发生在整个问题的解决过程中。事实上，尽管这些步骤是以线性顺序呈现的,但我所描述的方法实际上更加流畅,并不是一个按部就班的过程。

孵化涉及退后一步,跳出问题,让各种元素在潜意识层面上自行运作。如果我们过于急迫地去解决问题,那么它的成效就会大打折扣。在写这本书以及我写其他书时,我经常发现在冥想、散步、开车或洗澡时脑子里突然出现一些想法。

5. 替代方案的调查

这通常涉及更有意识地寻找替代方案,以及对替代方案的审查。首先探索和制定替代行动方案,然后根据标准进行判断。这些标准可以有意识地制定,可以包括一些因素,或者只包括一些比较直观的感受。最终,这些标准通常与框架有关,对替代方案的考察也有可能会改变原来的框架。同样,这整个解决问题的过程往往是反反复复的,而不是一个逻辑顺序。例如,我在开始写这本书的后半部分时,重新修改了整体教育的原始定义。

通过这本书,我也试图将每一章的想法与整体教育的整体概念联系起来。关于隐喻,我不得不考虑这个话题是否与整体概念相一致,是否也能激发教师的兴趣。课堂上的隐喻例子是否足够,或者我是否应该寻找其他例子?在这一版中,我想到了包括诗歌的想法。

6. 替代方案的选择/启发

在这里,人们决定了一个行动方案,这可能涉及根据标准对替代方案进行理性评估,也可能涉及新的图景的出现,如第六章所述。如果图像或直觉洞察力确实出现了,也可以根据标准进行评估,但我们必须小心,我们的标准和心态不要变得太僵硬,如果标准太过僵硬,创造力就会被扼杀。如果新的图景是一个强大的愿景,那么标准本身可能就必须重新修订。

7. 验证

现在必须对解决方案进行测试，简而言之，就是测试它是否有效，或者你必须寻找其他解决方案？关于这本书，它必须被审查，审稿人可能会提出替代方案，范围包括重写小部分文字，以及重新组织和重写大量材料。审稿人审查是验证该书重要的第一步，而验证的第二步由该书所发展的读者类型负责。

这种模式也可以应用于学生在不同科目中所面临的问题和项目，例如，我们来研究一个国家是否应该成为一个更大的贸易集团的一部分的问题。在我写这一版书的时候，刚好涉及这个问题，美国、加拿大和墨西哥正试图通过拟定一个新的北美自由贸易区协议进行谈判。

（1）不确定性/模糊性。这里的不确定性主要是指加入一个贸易集团会涉及哪些问题，问题通常涉及对某些行业的国家控制权（如关税）与潜在的经济收益。然而，问题并不仅仅局限于经济，文化也牵连其中，因此，学生也可以研究对艺术的可能影响以及经济影响。

（2）澄清问题。我的国家应该成为一个大型贸易集团（如北美自由贸易区）的一部分吗？

（3）准备/建立框架。在这一步骤中，学生试图看到影响成为大型贸易集团一部分的决定性根本问题。有些人看到了两个群体之间的冲突：商业利益和环境团体。商业和大公司认为自由贸易将发展经济，创造更多的就业机会。从另一个角度看，人们担心大型贸易集团凌驾于地方利益之上，其中还包括环境问题。因此，科学可以被纳入本单元，以研究相关的环境问题。

（4）孵化。让学生们从问题中抽出一段时间，他们可以讨论所涉及的问题，主要是为了让事情沉静下来，可能需要花费几天，这对他们处理这些问题和他们对什么是最重要的利益的看法会有帮助。

（5）替代方案调查。在这里，学生们更有意识地处理问题，因为他们更清楚地发展了自己的愿景，并研究了每种立场的后果。学生们通过写出他们的立场并列出加入自由贸易集团的优势和劣势来系统地分析这个问题。他们的愿景成为评估是否加入北美自由贸易区的标准。

（6）替代方案的选择/启发。学生们决定他们成为贸易集团的一部分是积极的还是消极的。在更为系统的替代方案调研之后，学生们可以再次退后一步，对决定做更多的思考。经过内心的反思，很有可能，决定将不是一个抽象的决定，而是一个与整个人更相关的决定。然后，学生可以写下他们的决定和决定的理由。

（7）验证。在这最后一步，学生可以与其他学生和老师分享他们的答案，他们还可以与其他学生的回答进行比较。

在这个过程中，学生们研究了经济、艺术和科学，当然也可以包括其他学科。

这些解决问题的过程可供教师使用以帮助实现学科关联，通过在不同学科中采用这些模式，我们可以探索学科之间的联系。我提出上述方法的目的是探索解决问题的方法，这些方法不是线性的，而是直觉、孵化和想象。

二、跨学科课程

1. 华德福教育/主课

在华德福学校，早上的教学从主课开始。在华德福教育中，同一个老师从一年级到八年级都和孩子们在一起，他们每天的主要职责之一就是上主课。

主课将英语、数学、地理、历史和科学结合起来，整合的主要载体是教师的教学艺术。这堂课通常从唱歌开始或从学生们吟诵正在学习的诗歌开始。华德福教育的创始人鲁道夫·斯坦纳（Rudolf Steiner）认识到幼儿喜欢仪式感，并将其纳入课程的许多方面。唱歌之后可能会有教师对主题进行介绍。

每节主课的核心是艺术，因为正是艺术感整合了主课。每个学生都有一个无线笔记本，他们在上面用颜色画出他们所学的内容。根据理查德（Richards，1980）的说法：

每堂主课都会调动并运用儿童的听觉、身体运动、思考和感觉的能力。艺术活动尤其与意志有关，它是一种做、制造的体验。艺术作品还能激发孩子的表现欲，并鼓励他们对如何完成事情进行直觉思考。在低年级，有些老师允许孩子们在黑板上临摹所画的东西，这样他们就可以学会用他们不知道的方式来画画，其他时候，孩子们则会自由地画画。根据教师和年级的不同，存在着各种不同的情况。

蜡笔和彩色铅笔以及水彩画都可以使用。鼓励学生在作画时感受颜色，这样艺术体验就不会是抽象的。在低年级，可以在讲故事的时候涂色，这样语言就和艺术联系起来了。学生可以混合原色，如将黄色和蓝色混合成绿色。同样，在混合颜色之前，通常会讲一个故事，所以这个经验与孩子的想象力有关。低年级时通常不混合黑和白，因为它们更抽象，对年幼的孩子来说没有活力。同样，孩子们不画轮廓形状，而是用颜色填充形状。形状往往来自颜色，而不是来自硬的边界。艺术与数学也有联系，因为绘画、建模、设计和弦乐构造都被使用（Richards，1980）。

讲故事可以用于科学教学，例如，威尔金森（Wilkinson，1975）建议，可以用下面的故事来教幼儿认识四元素。

很久以前，有一颗棕色的大种子，有白色的边缘和白色的条纹，它躺在地上。住在花园里的侏儒们知道这是一颗种子，他们应该照顾它，所以他们悄悄地把它埋了起来。然后他们把这件事告诉了水仙子，水仙子在雨中下来给它喝水。不久，生活在阳光下的火仙子来拜访，种子开始感到奇怪，好像发生了一些变化，它似乎变大了，很快它的外套就破了。一根嫩芽往下钻进土里，另一根嫩芽从地里冒了出来。下去的小芽长成了根，整个春天，土地精灵都在忙着照顾它和它周围的土壤。雨仙子和火仙子一直在拜访这株生长中的植物，空气仙子也来了，围绕着它跳舞。几个月来，它一直在生长，比你还高，和我一样高，然后，在茎的顶端，发生了非常奇妙的事情。一朵巨大的黄花出现了，它的脸朝着太阳。一些孩子过来看，他们说："好大的一张脸啊，就像一个人一样，多么闪亮的脸啊，就像太阳一样，我们就叫它向日葵。"

五年级时，一位老师在植物学、音乐和诗歌之间建立了以下关联。

作为我们对植物王国研究的介绍，我引导孩子们从种子苏醒的戏剧性故事到他们自己运用创造性的方式来表达这种生命力的诞生。每个孩子都发现了一种和谐的音乐，然后我们用我们的手作为种子。随着旋律的响起，我们的手跟着种子张开、根部开始延展，被包住的嫩芽正在上升，闯入阳光和温暖的空气中，嫩芽逐渐舒展，茎部逐步向上生长，然后第一片嫩叶诞生。所有这些都是由几个音符形成的，一首诗般的表达便随之形成。（Richards，1980，114）

学生们写了一首曲子，然后用木笛演奏，又写了一首诗。理查兹（Richards, 1980）认为，通过艺术，华德福教育试图发展一种在我们的文化中缺失的直觉观察。

这是一种直观的观察，它是通过想象，充分地、全身心地锻炼和体验自己的身体感官而产生。这就是为什么艺术实践在所有的学习和教育中是如此重要。这就是为什么每个人都忽视艺术的社会，是如此的贫困。如果没有这种精神感官，没有看到这种物理过程中的形成性力量，我们就会盲目，被表象所欺骗。

斯坦纳鼓励教师在教学方法上要有创造性和灵活性。根据理查兹（1980：28）的说法，他们"画画、唱歌、弹琴、朗诵、讲故事、做饭、和孩子们一起玩"。斯坦纳希望教师能够激发儿童的兴趣，并在课堂上使用幽默和惊喜，他希望教师能以热情而不是僵硬的时间表来教学。斯坦纳（1976）在第一所华德福学校开学前对教师说：

教师必须是一个积极主动的人，无论他做什么，无论大小事……
教师应该是一个对整个世界和人类的存在感兴趣的人……
教师必须是一个永远不会在他的内心思想与不真实的东西之间妥协的人……
教师决不能变质或变味……
在这两个星期里，如果你们允许它跟随你的心灵发挥正确作用，那么我所讲的就是可以直接进入你们实际教学实践的内容，我亲爱的朋友们，在我们的华德福学校，这将取决于你们自己的行为，以及你们是否真的允许让我们所考虑的事情在你们的灵魂中变得有效……
我不想把你们变成教学机器，而是想把你们变成自由独立的教师……
让我们保持这种想法，它将真正满足我们的心灵和思想。与今天的精神运动联系在一起的是指导宇宙的精神力量。如果我们相信这些良好的精神力量，那么它们将成为我们生活的灵感来源，我们将能做到真正的教学。

2. 詹姆斯·比恩（James Beane）

詹姆斯·比恩（1997）是跨学科综合课程的倡导者。比恩认为，课程应该摆脱碎片化的方法，即把知识保持在不同学科的界限内。在比恩看来，综合课程的核心特征包括以下四点。

第一，课程是围绕着具有个人和社会意义的问题和议题组织的。第二，在以组织为中心的背景下，对组织中心导向的学习经验进行设计以便整合相关的知识。第三，知识的发展和使用应对目前正在研究的组织中心，而不是为以后的考试或年级做准备。第四，应注重实质性项目和其他涉及知识的实际应用的活动。

比恩方法的最后一个关键特征是学生参与课程规划。他建议学生通过确定与个人问题有关的问题和那些面向社会和文化的问题来参与。前者可以包括诸如"当我成为成年人时，我将有什么样的工作？"和"我将结婚吗？"这样的问题。面向社会的问题可能包括"为什么人们互相憎恨？"和"种族主义会不会结束？"。在所有的问题都被贴在黑板或图表纸上后，教师根据问题与学生商讨主题或组织中心。这些主题通常很广泛，包括"冲突和暴力""生活在未来"和"金钱"。比恩建议使用一个概念网，将中心主题放在中间，并在主题周围有一些副主题。学生们研究主题和次主题，然后可以通过某种活动或表演来展示他们的结论。例如，一个以环境为主题的班级分成五个小组，在教室里创造五个大型生物群落。另一个以"生活在未来"为主题的班级制定了一个愿景，即他们的城市在2030年将会变成什么样子。

3. 苏珊·德雷克（Susan Drake）

苏珊·德雷克写过几本关于融合课程的书（Drake, Reid, Kolohon, 2014; Drake, 1998, 2012; Drake, et al, 1992）。她和

她的同事约翰·里德（2018）开发了一个 KDB（knowing, doing and being）模型，专注于认知、行动和存在。理想状况下，认知涉及一些跨学科的"大概念"和"宏观、深刻思想"的内容和概念。涉及可持续性、冲突、模式和系统等方面议题都属于大概念宏观思想的范畴。这些大概念内容通常作为连接的桥梁可应用于多个学科领域。一个深刻的有持久影响的见解也是具有普遍意义和跨学科的。例如，"个人的消费选择会影响到世界各地的人们，以及全球环境"。

行动指的是技能和能力。亚洲协会（2013）提出了三种广泛的行动能力。

① 认知能力。学术技能、批判性思维、创造力。

② 人际交往能力。沟通和协作、领导力、全球意识。

③ 个人内部能力。成长心态，学会如何学习，有内在动机及勇气。

存在是指"有助于个人内在发展（与内在自我的联系、幸福感、心理健康、社会情感学习、元认知、自我实现和道德行为）和学习如何在社区生活（协作、包容、尊重地球）的属性"（Drake, Reid, 2018: 122）。

KDB 模式确保了用一个整体的方法来整合课程。德雷克和里德列举了几个包含这三个维度的整合课程的例子，包括瑞吉欧·艾米利亚、国际学士学位课程和土著教育。他们还引用了他们自己工作中的例子，并提供了一个从跨学科角度开发综合课程的步骤程序。

4. 故事模式

德雷克和几位同事还开发了一个跨学科的模型，他们称之为故事模型。它侧重于全球、文化和个人变革，并使用故事的概念作为框架。它包括以下几种假设。

我们所知道的世界正在经历变革。

我们通过故事产生意义。

知识是相互联系的。

知识充满了文化价值、信念和假设。

这些价值、信念和假设大多存在于无意识的层面。

我们的行动是由这些信念驱动的。

为了改变行动，我们必须意识到我们的文化价值、信念和假设。

我们可以有意识地创造"新的故事"来生活。（Drake，1998：100）

这个模型承认，故事是有层次的，包括个人、文化和全球。个人故事是我们如何使我们自己的生活有意义。文化故事侧重于我们所处的文化或亚文化的历史。同样，重要的是要认识到并不是只有一个文化故事，而是有很多不同版本的故事，这取决于讲故事的人的框架。最后，还有一个全球故事，它连接了个人和文化故事，并把它们放在一个更大的背景中（见图8.1）。

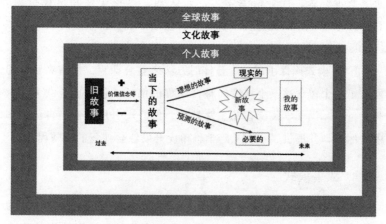

图 8.1　故事模型

学生可以从确定现在的故事开始。通常情况下，这个故事集中在一个大的主题上，如家庭、教育或经济。学生们确定他们所理解的当前故事的主要内容，例如，如果学生关注的是教育，那么这个故事就可以关注这样的问题，如对教育问责制、融合学校以及学校改革和结构调整的关注。从现在的故事中，学生们开始追溯过去的教育故事，这往往也是教育中传统和进步力量之间的冲突。

这个过程中占主导地位的是传递式学习，即把信息传递给学生，并通过纸笔测试收集反馈。学生们列出了过去和现在故事的特点。

在研究了过去和现在的故事后，学生们准备展望一个新的故事。他们通过创建一个理想的故事和一个预测的故事来发展一个新的故事。理想是他们希望看到发生的事情的愿景，尽管它受到现实主义的约束，例如，这可能包括一个整体教育的愿景。然而，他们也对作为当前故事一部分的对立趋势进行了展望，例如，对问责制的关注可能会导致以考试为导向的课程，这种课程过于僵化，无法考虑个人或群体的差异。在发展出理想的故事和预测的故事之后，学生们开始塑造一个新的故事，这是两者的综合体。从新的故事中，他们还试图制定自己的行动和与新故事有关的个人故事。因此，这个新的故事可能是问责制与更全面的、整体的教育方法之间的某种平衡。

在这个初步概述之后，学生可以围绕相关问题（如教育）提出一系列的调查问题。这些问题应该是开放式的，允许反思和审议。在明确问题后，学生们对每个问题进行研究。学生们可以分组工作，一旦他们专注于这些问题，他们可以围绕这些问题和他们所专注的问题进行某种展示或展览，披露关于这种方法的更多细节（Drake，1992）。

第三节　学科与社区

学科可以提供通往社区的桥梁。这方面的一个例子是利用社区作为资源，让学生收集和撰写关于他们学校以前的学生和老师的故事。他们可以采访以前的老师和学生，然后把故事整理成册，创造学校的口述历史。学生艺术家可以为参与者画画或拍照。这不仅为社区提供了一座桥梁，也有助于建立一个学校的神话①（Miller，2000）。

在印第安纳州斯宾塞的欧文谷高中采用了一种整体的方法来整合其学术和职业课程。学生写关于当地历史的故事，这涉及创意写作、公民学、儿童发展、英语、计算机应用、西班牙语、戏剧和数学等课程的合作，然后这些故事以书的形式出版（Kinzer，1997）。

这个话题将在第十章中探讨，因为环境教育可以提供一个载体，将学校学科与周围社区联系起来。其中详细讨论的一个例子是日本的一位校长如何利用在学校土地上种植小森林的项目，将学校活动与周围社区联系起来。

第四节　融合教育

在本章的最后，我想简单讨论一下融合教育，它发展了一些策略来促进自我—学科、学科—学科和学科—社区之间的联系。

---

① 译者注：这里的神话（mythology）既可以指一群人的神话，也可以指他们为解释自然、历史和习俗而讲述的故事的集合体，也可以指对这些神话的研究。神话作为一些故事的集合体，是每一种文化的重要特征。一种文化的集体神话有助于传达归属感、共享宗教经验、行为模式以及道德和实践教训。

关于整体教育历史的第五章提到，融合教育始于20世纪60年代，由乔治·布朗领导，最初专注于连接认知和情感领域，是整体教育的一个重要先驱。

下面是一些融合教育探索各种学科间联系的例子。

1. 自我与学科

简·施莱弗（Jean Schleifer，1975）的这个例子着重于学生如何与他们的阅读建立联系，特别是对学生很重要的人物。

闭上你的眼睛，进入你自己的私人空间。现在从你读过的书中，试着看到对你最有意义的人。把这个人放在某个地方，或者放在书中所说的他自然会出现的地方，或者放在你能想象到他存在的地方。试着去看这个人的每一个部分，头发是什么样子的？什么颜色？长度？卷曲的？直的？被风吹过？整齐吗？什么样的耳朵？什么样的鼻子？皮肤是什么样的？清澈的？长满疙瘩的？晒黑的？嘴巴呢？饱满？下垂？咬紧牙关？这个人的手在做什么？这个人是如何站立的？如何走路？什么样的衣服？它们的颜色、样式等。

当你准备好后，睁开眼睛，写下你看到的这个人的外表描述。

从你所写的内容中选择一个词用来描述这个人的特质，把它写下来。

现在写下一个相反的词。

告诉大家你写下的词语，展开讨论它们。

把你的纸翻过来，用线条或颜色画出你看到的那个人的样子，不要试图画一张照片，通过形状、颜色和线条来展示这个人，并与他人讨论。

这个练习也建议学生在从事艺术（绘画）创作时采用，所以它也能帮助建立学科之间的联系。

2. 学科与学科

以下活动来自格洛丽亚·卡斯蒂略（Gloria Castillo, 1978）的《左手教学：情感教育课》，它将科学、语言、戏剧和运动联系在一起。

第14课 太阳系的对话

成为太阳，就像你是太阳一样说话。例如，"我是太阳，我是一个非常大的恒星，我有大量的热量，我的热量为地球提供能量"。

现在，成为地球，就像你是地球一样说话。例如，"我是地球，我有空气、水、植物和动物"。

一个人做太阳，另一个人做地球，创造一个太阳和地球之间的对话。你们有什么话要对彼此说？它可以是一个即兴戏剧的活动，也是一个科学的活动。如果学生们提出不正确的说法，不要纠正他们。在"表演"之后，你可以澄清观点，提供额外的信息，或指定进一步的阅读。使用这个活动可以评估学生对太阳和地球的了解和不了解。

对于高年级学生，可以在"游戏"中加入我们太阳系的其他行星。

在周围跳舞，就像你是地球一样。在房间里转一圈，代表一天。选择一个伙伴，一个是地球，另一个是月亮。地球和月亮一起跳舞，互相配合。现在加入两个伙伴，两个人扮演太阳。你们所有人一起跳舞，就好像你们是太阳、月亮和地球一起跳舞。根据全班同学的能力，继续增加学生来代表其他太阳系星体。

3. 学科和社区

桑德拉·纽比（Sandra Newby, 1975）为她的九年级英语课设计制定了一个包括社区内容的项目式学习。她鼓励她的学生组织出版一份报纸，记录采访，并根据与校外人士的接触制作采访录像带。

第五节 均点学校的学科关联

教师手册上有关于学科关联的声明。

学科关联

均点学校采用整体性的探究方法努力将各学科自然地融合在一起，各个科目围绕广泛的主题交织在一起。这创造了更丰富的学习机会和强大的认知关联，例如，艺术——讲故事、戏剧、视觉艺术、音乐和舞蹈——在可能的情况下被整合到所有的语言艺术课程中，以便孩子们以有趣和创造性的方式学习课程材料。（Equinox Holistic Alternative School，2018：5）

他们对鲑鱼进行了为期一年的研究，这可以作为如何整合学科的一个例子。在低年级教室里有一个鲑鱼孵化室，学生们可以看到鲑鱼的生长过程，围绕鲑鱼开展了数学和科学探究活动。一位家长说，这个项目把所有的学科都结合起来了，她说："他们正在学习不同的科目，且他们意识到他们正在学习。这是很神奇的，我看到了批判性思维的发展，探究和对学习的热爱。"（Miller，2016：294）他们围绕鲑鱼创作了一幅大型壁画，另一位家长评论说："他们围绕鲑鱼做艺术，他们学到了很多关于鲑鱼的知识。它是如此综合——他们写、他们想、他们测量。这是一件多么美好、全面的事情。这是令人难以置信的一年，孩子们在年末跳起了大马哈鱼舞。"在春天，大马哈鱼被放进河里，所有学生都参加了放生活动，他们放映了一部关于大马哈鱼洄游的电影纪录片，在这个活动过程中，学生们也会体验静默、行走冥想。老师评论说，学生在他们对整个项目的书面反馈中提到了静默、行走冥想带给他们力量。

参考文献

ASHTON-WARNER S. Teacher[M]. New York:Bantam,1964.

Asia Society. Measuring 21st Century Competencies:Guidance for Teachers[R/OL]. 2013. https://asiasociety.org/files/gcen-measuring21cskills.pdf

BEANE J. Curriculum Integration:Designing the Core of Democratic Education[M]. New York:Teachers College Press,1997.

CASTILLO G. Left-Handed Teaching:Lessons in Affective Education[M]. New York:Holt Rinehart & Winston,1978.

DRAKE S M. Creating Integrated Curriculum:Proven Ways to Increase Student Learning[M]. Thousand Oaks CA:Corwin,1998.

DRAKE S M. Creating Standards-Based Integrated Curriculum:The Core State Standards[M]. Thousand Oaks CA:Corwin, 2012.

DRAKE S M,JOHN B,LAKSMAN S,et al. Developing an Integrated Curriculum Using the Story Model[M]. Toronto:OISE Press,1992.

DRAKE S M, JOANNE L R, WENDY K. Interweaving Curriculum and Classroom Assessment:Engaging the 21st-Century Learner[M]. Don Mills ON:Oxford University Press, 2014.

DRAKE S M,JOANNE R. Integrated Curriculum in the 21st Century[M]//MILLER J P, NIGH K, BINDER M J, et al. International Handbook of Holistic Education. New York:Routledge,2018.

KINZER T. Spinning a Yarn[J]. Techniques:Making Education and Career Connections, 1997,72(8):18-20.

Miller J P. Education and the Soul:Toward a Spiritual Curriculum[M]. Albany NY:SUNY Press,2000.

Miller J P. Equinox:Portrait of a Holistic School[J]. International Journal of Children's Spirituality,2016,21(3-4):283-301.

NEWBY S. Getting at Responsibility in a Ninth-Grade English Class[M]// BROWN G I. The Live Classroom:Innovation through Confluent Education and Gestalt. New York:Viking,1975.

RICHARDS M C. Toward Wholeness:Rudolf Steiner Education in America [M]. Middletown CN:Wesleyan University Press,1980.

SCHLEIFER J. Listening to the Book[M]// BROWN G I. The Live Classroom:Innovation through Confluent Education and Gestalt. New York:Viking, 1975.

STEINER R. Practical Advice for Teachers[M]. London:Rudolf Steiner Press,1976.

WILKINSON R. Common Sense Schooling[M]. Hastings:Henry Goulden, 1975.

第九章 社区关联

整体课程应促进学生与社区之间的关联。与学生关联最直接的社区是课堂，合作教育强调学习团队建设，并试图培养教室内的课堂社区。按照兰斯·赛克雷当（Lance Secretan，1996）的说法，在理想情况下，整个学校应该是一个社区或庇护所。本章主要介绍整个学校内创建社区关联的一些方法。学校将自身扩展关联到周围社区很重要，可以让学生在参与社区服务活动的一些项目时进行。最后，全球教育试图将学生与全球社区联系起来。

第一节 在课堂上建立社区

对教师而言，在课堂上创建社区的关键之一是创造一个心理安全的环境。在本书最后一章，我讨论了一些对这个过程很重要的技能，也许最重要的因素就是教师要全身心地关怀学生（见本书第七章）。

一、合作学习

合作学习是一种非常有用的教学/学习策略。合作学习可采用小组形式，让学生学会相互信任并一起工作，也可以采取多种其他形式。罗杰（Roger）和大卫·约翰逊（David Johnson，1994）提倡以合作学习鼓励学生对他人的学习和自己的学习负责。例如，在拼写课上，学生分成小组互相帮助学习单词。约翰逊认为，合作学习包括以下要素。

① 清楚地感知到积极的相互依存。
② 相当大的促进性（面对面）互动。
③ 清楚地认识到实现团队目标的个人责任。
④ 经常使用相关的人际交往和小组技巧。
⑤ 经常和定期处理当前的运作问题以提高团队未来的效率。

积极的相互依存指的是学生相信他们"一起沉没或游泳"而不是"每个人都为了自己"。这意味着学生要学习材料或技能，并确保小组的所有成员也学习材料。积极相互依存的要素与相互关联的概念有关，而相互关联是综合教学和整体学习的基础。约翰逊夫妇建议，可以通过不同的方式促进这种相互依存关系。一种方法是通过积极的目标相互依赖，让学生专注于一个共同的目标，另一种方法是通过积极奖励来庆祝并纪念这种相互依存，例如，如果每个人都满足测试或作业的基本标准，则该小组可能会获得加分。还有一种促进相互依存的方法是鼓励小组成员共享资源。最后，可以通过为小组成员分配不同的角色来促进相互依存。格拉瑟（Glasser，1986）为小组成员确定了四种角色。

① 鼓励参与。以友好的方式鼓励小组的所有成员参与讨论，分享他们的想法和感受。
② 赞美。对完成指定工作并为小组学习做出贡献的小组成员进行称赞。
③ 总结者。在适当的时候重申讨论中表达的想法和感受。
④ 检查员。确保每个人都阅读并编辑过两篇作文，并且每个人都了解撰写论文的一般原则。

面对面的促进性互动是合作学习的一个基本要素，因为学生们通过相互鼓励、分享想法和资源、相互提供反馈、质疑彼此的结论或假设以达成最佳结论和决定，同时表达对一起工作的他人的关心。

个人责任是积极相互依存的第三个要素。这意味着不应由一个或两个成员携带整个团队让其他人搭顺风车。应该尽量保持较小的小组规模、随机召集一名小组成员报告小组的表现、观察小组行为和个人在小组中的参与程度，以及指定一名成员担任检查员的角色，可以促进个人问责制。

人际关系和小组技能是合作学习的第四个要素。重要的是，学生学会有效地沟通和倾听，在冲突出现时解决冲突，并且通常能够支持其他人和整个小组的进程。

小组处理是合作学习的最后一个组成部分。该要素侧重于检查团队合作的情况。在小组处理任务期间，成员可能会退一步思考并反思他们作为一个小组做得如何，以及在小组任务结束时进行一些总结性评估。小组成员可以简单地问："哪些方面运作良好？哪些地方需要改进？"教师还可以就他们观察到的内容向小组提供反馈。

约翰逊夫妇参考了870余项已经完成的研究，这些研究证明了合作学习对学生成长和成就的积极影响。合作学习还促进了更高层次的推理、产生了更多创新的想法以及更好地进行学习迁移和学习转换。

二、学习圈

另一种创建社区的方式是让学生形成一个完整的圆圈。这个圆圈植根于土著文化。例如，一些原住民围成一个圆圈并传递谈话棒，让每个人都有机会分享他们的想法和感受。布莱克·埃尔克（Black Elk）是这样评价圆圈的：

世界之力所做的一切都是在一个循环中完成的。

天是圆的，我听说地球是圆的，星星也是。风以其最大的力量旋转，鸟儿在圈子里筑巢，因为他们的宗教信仰与我们的宗教信仰相同……人的一生是从童年到童年的一个循环，它存在于权力流动的一切事物中。(Baldwin，1994：80)

这也可以在课堂上使用，让每个学生都有机会发言。该圈子可以围绕特定的某个主题或围绕开放性的议程开展。

专注于解决问题的圆圈（Glasser，1969）可以遵循特定的步骤过程。格拉瑟（Glasser，1969）建议6个步骤：① 创造一种参与气氛；② 揭露问题；③ 做出个人价值判断；④ 确定备选行动方案；⑤ 做出承诺；⑥ 行为跟进。

我在所有课程中都使用圆圈，更多的是将其作为分享故事的工具，而不是解决问题的工具。我发现这是一种非常有效的方式，让学生在课堂上分享某些重要的经历。例如，在我的灵性教育课上，我要求学生分享他们自己生活中的灵性体验。当我们课上使用圆圈分享时，我总是被学生们讲述的故事所感动，包括他们的自然体验、家庭成员的疾病经历以及艺术体验。

鲍德温（Baldwin，1994）相信圆圈可以成为社会变革的推动者，她描述了成年人参与她称之为同行精神圈（PeerSpirit Circle）的过程。她参考了珍妮·吉布斯（Jeanne Gibbs，1987）的作品，吉布斯开发了用于课堂的部落概念。部落是一个由五六个孩子组成的班级小组，他们在整个学年一起学习。吉布斯还利用大课堂圈让学生分享他们生活中的事件。鲍德温（1994）总结吉布斯的工作时说：

部落中的学生在整个过程中都会分享他们的贡献和感受；他们感到安全，他们感到忠诚，他们感到爱和被爱。部落社区正在数以千计的教室里培养儿童成为圈内的成年公民。

加德纳（Gardner，2016）描述了几种可用于小学课堂的不同类型的圆圈。

① 签到圈通常在一天开始时进行，老师将分享当天的议程并询问学生的感受。

② 分享圈是每个学生贡献一些东西的地方，通常是回答老师提出的问题。有时轮到学生发言时，老师会发给他们一张"谈话片"。有时这可能是一个"风险"圈，其中提出了一个更具挑战性的问题，涉及更多的脆弱性。

③ 社区建设圈子通常涉及某种类型的活动以帮助建立社区。

④ 处理/汇报圈可涉及处理已发生且需要全班讨论的事件，允许表达对事件的感受。

⑤ 问责圈侧重于解决某些学生的行为问题。

三、恢复性司法

圆圈是恢复性司法的核心。恢复性司法是一种基于社区的方法，用于处理课堂和学校中可能出现的问题。根据萨福克大学恢复性司法中心的说法，它"让那些受到伤害的人、犯罪者及其受影响的社区寻求促进修复、和解和重建关系的解决方案"（Gardner，2016：2）。社区意识是在学校实施恢复性司法的基础，如果学生和教师感觉不到自己是社区的一部分，它就不会起作用。这种正义形式源于土著实践（McCaslin，2005：7）。

1. 恢复性司法原则

特雷弗·加德纳（Trevor Gardner，2016）写道，社区是恢复性司法所必需的首要原则。这涉及学校的共同使命感和价值观，人们对他人的福祉负有责任感。

第二个原则是恢复性司法寻求改变行为，而不仅仅是解决个别事件。加德纳（2016）写道："做出错误或有害选择的学生应该通过反思、沟通和采取行动纠正他们造成的伤害,而不是通过惩罚来对他们的行为负责。"

第三个原则是对个人的伤害就是对社区的伤害。有害行为被视为超越个人的范围,而且可能损害整个社区。

第四个原则是参与恢复性司法程序是一种选择。学生不应该感到被迫进入这个过程,否则不会有很好的效果。这可能意味着在某些情况下,如果学生不想参加,他们可能会以更传统的方式受到制裁。然而,若社区意识比较强烈和充分信任这个司法过程,那么学生通常会选择参与。

第五个原则是转移学校的权力动态。纪律不再是自上而下的过程,而是包括学生的声音。学生可以讲述他们的故事,甚至可以参与确定他们行为的后果。

第六个原则是,恢复性司法旨在找出问题的根源。这可能涉及寻找行为的根本原因,其范围可能从"学术挫折到学生因亲人去世而遭受创伤"(Gardner,2016:9)。

第七个原则是恢复性司法寻求公平的结果,但可能涉及对学生的不同反应行为。它寻求"了解学生的复杂性以及他们做出选择和采取行动的原因——并做出相应的反应"。(Gardner,2016,10)

第八个原则是所有学生都希望并且应该有学习的机会。归根结底,恢复性司法是一个机会,可以更多地了解一个人的行为以及一个人如何在社区中负责任地行事。

2. 恢复性司法实践

核心价值观。社区达成共识的核心价值观是恢复性司法实践过程的核心。东湾宪章学院确定了这些价值观。

① 自律。我们自己约束自己,这样就不需要别人约束了。
② 生长。我们致力于终身学习和个人成长。

③ 社区。我们努力工作并有责任支持我们社区所有成员的成功。

④ 正义。我们是社会正义和公平的变革推动者。

⑤ 尊重。我们希望看到彼此最好的一面,并以有尊严的方式对待彼此。我们给予尊重是为了获得尊重。(Gardner, 2016: 13)

⑥ 学生司法委员会。这也称为学生法庭,让学生参与处理学生行为问题。

⑦ 圆圈。在中学层面,圆圈有时会涉及 15 人之多,包括家庭成员,或一小部分人(如受害者、肇事者和老师)。在初级阶段,加德纳描述了几种类型的圆圈,这些圆圈在上面关于学习圈的部分中有概述。

⑧ 会议。这是一个较小的群体,通常包括那些直接参与的人,有时还有调解人。虽然圆圈通常需要更长的时间,但会议的时间通常更短,目标是达成最终裁定。荣(Ron)和克拉森(Roxanne Claassen, 2008)开发了不同的会议方法,他们将其称为"四个选项模型"。

⑨ 同伴调解。一些学生可以接受培训成为调解员,这允许学生在教师不干涉的情况下解决事件。

⑩ 公开道歉。根据问题的不同,在教室或整个学校里道歉。它应该承认学生违反了核心价值观,对他或她的行为负责,并说明任何人都应对自己的行为承担责任。道歉不应是羞耻的事,而应该是允许个人和学校改进的机会。

⑪ 学生支持小组。这允许适当的后续行动,以帮助学生满足他或她履行承诺后的期望。

⑫ 成人反思。这个过程可能涉及对教师所犯问题行为的反思,或者只是为教师提供一个机会来讨论恢复性司法在学校的运作方式以及是否有必要进行任何调整。为此,加利福尼亚州奥克兰的一所学校每月安排一次三小时的会议。

第二节 学校社区

恢复性司法能否执行取决于在学校是否建立了理想、健全的社区。兰斯·赛克雷当（Lance Secretan，1996）确定了三种类型的组织，其中有一种能够帮助建立真正的社区。他描述的第一个是机械学校，那里的角色被严格规定，人们感觉不到归属感。第二个是混乱的组织，人有更多的个体自由。最后一个是庇护所，人们在那里感到被肯定。对于赛克雷当来说，庇护所"不是部分的集合，而是心灵的综合系统——与其说是一个地方，不如说是一种精神状态，他们可以在其中蓬勃发展"。在庇护所里，人们的感受得到承认，他们的想法也得到承认。老师和学生都期待来到学校，因为他们觉得那里的环境滋养了他们的心灵。这是一种让人感到尊重、关怀甚至崇敬的环境。人们觉得自己是人，可以发自内心地说出真实的话，爱胜过恐惧。最重要的是，在这里有一种深刻的社区意识。事实上，在庇护所里，人们不止是交流或交换想法，他们还体验到彼此之间的交流。交流是灵魂接触灵魂的地方。这里和混乱的组织一样，也包含自发性和乐趣，它能够支持整体学习，整合人的身、心、情、灵，培养创造力。

尽管没有具体的操作指南或捷径去发展一个学校庇护所，但是我们可以开始创造条件，允许发展一种深刻的社区意识。学校工作人员可以从以下方面着手努力。

① 认识到非语言的重要性。当我们专注于非语言或沉默的空间时，我们会意识到我们如何感受自己，如何通过眼神、声音与他人接触。我们意识到，我们的存在/临在的质量对学生发展的影响不亚于我们所说的一切。当我们意识到非语言的时候，就可以在谈话和沉默之间形成一种平衡。在所有层面上，教育都集中在

头脑和语言的交流上,我们已经忘记了我们身体的其他部分,以及我们如何在沉默中交流。对孩子的一个温暖的微笑可以传递出支持和爱的信息。

② 注意学校和教室的审美环境。我们可以通过使物质环境更加美丽来帮助学校变成庇护所。例如,植物可以成为学校大厅和教室装饰的一部分,墙壁可以被涂成柔和、温暖的颜色,艺术品,包括学生作品和专业作品,都可以放在墙上。然而,在放在墙上的艺术品和周围空间之间需要有一个平衡。有时,学校的教室被完全覆盖,所以我们无法真正注意到那里有什么。所以不要过度陈列,要在摆放的艺术品周围留出足够的空间。在华德福学校低年级孩子的教室里,有时会有圣母和孩子的照片,因为他们觉得这幅画的温暖可以对孩子们产生治疗作用。我们可以尽可能地软化学校的环境,有些教室有沙发,学生可以坐在那里阅读。

③ 讲述关于学校的故事。每个学校都有一个故事,或者更准确地说,有一组故事。教师和学生可以收集这些故事,把它们放在一个小册子里,或者在学校的特殊场合讲述。如果故事被长期分享,教师和学生可以看到他们学校的连续性和独特性。当学生采访以前的学生或周围社区的成员时,这个收集故事的过程会很有帮助。这个故事的草图可以由以前的教师和学生构建(包括书面和视觉)。这一系列的故事最终可以为学校创造一个神话,这个神话是对学校的意义和价值的共同认识。通过讲述关于学校的故事,反复出现的主题将形成学校神话的核心。例如,这些故事是否倾向于关注学术成就、体育或社区服务,或三者的某种组合?私立学校经常采用这种讲述故事和创造共同意义的做法,但我认为这也应该发生在公立学校,因为它也有自己独特的历史。这些故事可以强化恢复性司法的核心价值。

④ 有庆祝活动和仪式。仪式有助于让人们产生一种与社区的

联系感。学校里最常见的仪式和庆祝活动是毕业典礼，毕业典礼是一个很好的分享学校故事的机会。我们也可以多设置一些仪式活动，比如可以开展庆祝活动来纪念季节的变化，这些庆祝活动可以包括演奏音乐、阅读诗歌和讲故事。仪式可以成为学校日常生活的一部分，上面讨论的教室里的圆圈的使用也可以成为一种仪式。均点学校有全年使用的固定仪式，这些仪式在本章的末尾有描述。

⑤ 真相和真实性。赛克雷当认为，讲真话是在工作场所培养灵魂的一个重要方面。当我们生活在一个人们不说真话的氛围中，诚信和社区就会瓦解。我们应该认识到，我们是不完美的人，但也应该认识到，我们的诚信来自我们过真实生活的能力。关于这个过程，我们有某些陈词滥调，其中最常被引用的是"他（她）们言行一致"。有助于建立真实性的行为之一是遵守承诺，当我们信守承诺时，其他人可以学会依赖我们的承诺。在学校里，有时我们所倡导的和我们所做的事之间会产生差距，例如，一个校长可能会谈论集体决策的重要性，然后自己做出所有重要的决定。当校长所说的和所做的之间出现差距时，就会引致冷嘲热讽。另一方面，当我们与一个我们认为值得信赖和真实的人一起工作时，我们会感到有力量。在信任的地方似乎会产生能量，而在不信任的氛围中这种能量则会消散。这种能量可以使他人有能力承担风险和发挥创造力。

⑥ 滋润的声音。学校社区的成员应该能够毫无顾忌地分享他们所关切的事物，我想引用大卫·怀特（David Whyte，1994）的话：

> 正如许多北美原住民传统所说的那样，用声音来栖息完整的身体、长长的身体，可能是成人生活的巨大灵魂挑战之一。如果声音起源于说话者和听众的身体并在身体中走完旅程，那么我们

的身体其实在很小的时候就有很多部分已失聪或失语。我们每天早晨走进组织大门时，看起来像是成熟的成年人，但我们的许多部分仍在和孩童一样学习如何表达情感，追逐情感。

怀特（1994）建议，我们可以重新获得我们声音的方法之一是学会说"不"。通过说"不"，我们逐渐学会对我们重视且对我们的心灵很重要的东西说"是"。我们学校的领导必须能自如地培养一个能听到声音的环境，当然，校长也需要意识到他或她的声音。每个人都需要问自己："我从哪里说话？我是主要从我的头脑中说话，还是从我的内心深处说话？"

二战后由意大利教育家罗里斯·马拉古兹（Loris Malaguzzi）开发形成的瑞吉欧·艾米利亚教育法[①]将社区作为学习环境的核心特征。父母和社区被期望参与并支持他们孩子的教育。瑞吉欧·艾米利亚专注于学前教育和小学阶段。家长经常在学校做志愿者，并被鼓励参与教师的课程讨论，也鼓励家长在家里使用学习方法。

瑞吉欧·艾米利亚的方法是全面的，鼓励学生使用"100种语言"，这意味着儿童可以用各种方式表达自己，如频繁使用艺术。孩子们不被看作是被动的接受者，而是主动地、创造性地学习，他们经常参与教师和家长共同开发的长期项目中。老师是孩子们的共同学习者，老师的主要责任之一是观察和记录正在发生的学习（Wharton, Kinney, 2015）。

---

① 瑞吉欧·艾米利亚方法是一种专注于学前教育和初等教育的教育理念和教学法。这种方法是一种以学生为中心的建构主义自导课程，基于尊重、责任和社区的原则，通过探索、发现和玩耍，在关系驱动的环境中使用自我导向的体验式学习。

第三节 学生与社区的联系

一、服务学习

服务学习让学生参与社区活动,同时也与学校的学术工作相联系。珍妮特·伊勒(Janet Eyler)和德怀特·贾尔斯(Dwight Giles, 1999: 4)对服务学习进行了广泛的研究,并将其定义为"社区服务和学术学习之间的平衡"。社区服务和学术学习之间的平衡具有"通过社区经验在学习过程中进行反思"的核心作用。他们对中学高年级的研究中,发现服务学习"使我们学生的心和头脑都参与进来",并且"创造了联系——感情和思想之间,学习和生活之间,自我和他人之间以及大学和社区之间的联系"。他们说,这是一种"涉及价值观和思想的整体方法"。在对服务学习的研究中,伊勒和贾尔斯发现了许多积极的好处,包括看到别人与自己的相似处或减少对"他人"的感觉,增加个人效能感,提高领导技能。他们还得出结论:"参与服务学习会带来价值观、知识、技能、效能和承诺,这些都是有效公民身份的基础。"

二、基于社区的工作

卢尔德·阿吉莱斯(Lourdes Arguelles)在加利福尼亚的克莱蒙特研究生院任教,她在那里从事的工作可以作为服务学习的典型范例。她的学生年龄从20多岁到50多岁,作为课程的一部分,她让他们进入"基层社区",这些社区往往在经济上或社会上被边缘化。首先,她让她的学生在非正式的情况下与这些社区的人在一起,如"一起吃饭和随意交谈,以及做体力劳动"(Arguelles,

2002：294）。其次，她鼓励"缓慢的、非慎重的、非正式的和零星的认识方式"，她称之为"慢心"。对于一些学生来说，向慢心态的转变是一个挑战。正如一位学生所说：

> 当我第一次见到我的老师时，我还没有准备好与她进行持续和正式的互动，就像我现在这样，我的思想太活跃了。我在一个低收入住房项目中与人交谈和相处的时间使我安定下来。我与其他学生和老师形成了一种纽带，此外，我还与社区里的人形成了纽带。我也开始意识到我在课堂上和生活中所做的一些事情是如何对这些人的生活产生负面影响的，这使我的生活和教学有了真正的改变。（Arguelles，2002：295）

卢尔德提供的课程以许多不同的方式挑战她的学生，通过这些挑战，他们找到了与自己和他人更深入关联的方法。

虽然约翰·唐纳利（John Donnelly）已故，但他的工作是中学阶段服务学习的一个优秀范例。参与式服务是他用来描述他对高危青少年所做工作的术语，这项工作的目标是培养学生的同情心，或看到他人的痛苦与我们并非无关的能力。拉姆·达斯的理论对唐纳利产生了强烈的影响，他引用了拉姆·达斯对同情心的定义。

> 行动中的同情心是矛盾的、神秘的。它是绝对的，但又是不断变化的。它接受一切都在按部就班地发生，并全心全意地致力于改变。它设定目标，但知道过程就是一切。它在苦难中是快乐的，在面对压倒性的困难时是充满希望的。它在一个复杂和混乱的世界中是简单的。它是为他人而做的，但也培养了自我。（Donnelly，2002：3-5）

那么，参与式服务是一个试图治愈他人和自己痛苦的过程。唐纳利喜欢利用自然和户外旅行来吸引他的学生，然而，这些旅行不仅仅是为了观察自然，它们还涉及学生之间的相互帮助。唐纳利（2002）描述了他的学生参与的其中一项活动。

在第一次旅行中,我的十个学生帮助一个坐着轮椅的学生,在一个没有为有特殊身体需求的儿童改造过的山地营地里活动。他们帮助他下车,折叠他的轮椅,在餐桌上摆放他的餐具,并分成三个不同的小组,帮助他在一些艰难的路段完成徒步旅行。他们结束了一整天的这些活动,帮助他安顿好并上床睡觉……我感觉这些学生表现出莫大的爱或关心。

这个项目中的许多学生都经历过一些艰难的往事,如一个学生在洛杉矶的街头被枪杀。然而,唐纳利(2002)凭借这种爱和承诺,能够给他的许多学生带来希望。他仍然希望我们能够提供一种真正肯定生命的教育。他写道:"看着孩子们,他们会给我们指明方向。问他们需要什么,不要向他们解释他们想要什么,问他们如何能够帮助他人,而不是告诉他们需要什么,让今天的主题变成改善生活。"

三、全球社区

全球教育帮助学生把自己看作是全球社会的一部分。全球教育与整体教育有着相同的原则,特别是在相互依赖的概念方面。大卫·塞尔比(2001)认为,整体教育和全球教育是建立在激进的相互联系的原则之上的,一切都在不断变化之中。他提到了大卫·博姆(David Bohm,1983)的整体运动概念,认为这是一种看待生活和世界的方式,即从过程的角度来看待生活和世界,而不是从静态的事物或自我。塞尔比认为,整体教育和全球教育之间的联系是需要承认内在旅程的重要性,而这个旅程与外部世界密切相关。他认为,全球/整体性课程应该包括以下几种策略:

合作性、互动性学习;以儿童(而不是孩子)为中心;混合节奏的学习;同理心、体现性的学习;精神的学习;缓慢的学习。(Selby,2001:14)

另一位重要的全球教育家是罗伯特·穆勒，他提出了"世界核心课程"的概念（见 http://robertmuller.org/rm/R1/World_Core_Curriculum.html），这个课程有四个主要组成部分。

① 我们的地球家园和我们在宇宙中的位置。
② 我们在时间中的位置。
③ 人类的家庭。
④ 个人生命的奇迹。

有一些学校已经实施了穆勒的课程，第一所学校于1979年在得克萨斯州的阿灵顿成立，现在也作为世界核心课程工作的中心。

第四节 均点学校的社区关联

社区关联是均点学校的核心，以下是员工手册中的描述。

个人和社区的关联

均点学校在建立有凝聚力的学校社区方面付出了巨大的努力。员工、家长和学生都在学校的日常运作中发挥着不可或缺的作用。均点学校为自己的社区性、爱心和包容性而自豪，它建立了庆祝和仪式以滋养和加强社区联系。（Equinox Holistic Alternative School, 2018: 6）

当我采访员工、家长和学生时，有几个关于社区力量的评论。

一位父亲说："学校有一种特殊的社区感。当其中一个孩子的父亲去世时，它使社区更加紧密地联系在一起。"一位母亲谈到了参与学校活动如何改变了她的生活："我们互相照顾，帮助孩子们，在学校接他们，做一顿晚餐，等等。学校让我们对生活有了更大的认识，我们不只为生存而工作，而且是为一个更好的世界而工作。"

社区是通过仪式、"教师连续带班制"和圆圈活动来发展的，学校通过一年的时间举行多个仪式和典礼来建立社区。

① 橡子仪式。本学年的第一个仪式是八年级学生用橡子欢迎幼儿园的新生。新生们从彩虹桥下走过，坐在特殊的椅子上，这有助于给仪式带来一种传承性的感觉。仪式在外面举行，有很多家长参加，其中一位家长还讲了一个故事。这个仪式也被用来欢迎新教师加入学校。

② 亡灵之日。学生回家后采访他们的父母，然后写下过去家庭成员的传记。在亡灵节这天，他们会带来其中一些人的照片，桌子和祭坛被摆放好，并配有墨西哥音乐和食物。一位老师评论说："当我们纪念这里的一位工作人员的父亲时，真是太美了。"午餐后，学生们进入他们的班级，围坐一圈，阅读他们的传记。一个学生带来了一首与他祖父有关的歌曲。一位老师评论说："他们也可以选择一位公众人物，一个学生选择了当年去世的罗宾·威廉姆斯，他的描述非常深刻和美丽。"学生们还纪念了一只已经去世的宠物。

③ 万圣节。学生们围绕他们的服装开发短剧。一位老师评论说，糖果是不允许出现的，这很受家长欢迎。

④ 冬至。有一个包括整个社区的灯笼步行活动和一场音乐会。

⑤ 冬季集市。这是由创始人之一的家长组织的，圣诞节前在体育馆举行，有特别的装饰，有孩子们的表演和唱歌。同样，它将整个社区聚集在一起，一位家长说，冬季集市是"神奇的，美丽的"。

⑥ 游戏日。这是一个将均点学校和其姐妹学校罗登公立学校聚集在一起的活动，由两所学校的七年级和八年级的孩子们负责，在一月或二月举行。

⑦ 地球日。这是另一个包括整个社区的大型活动，在阿什布里奇公园的海滩上举行。学生们被分成几个小组或部落，每个部落都做一些特别的事情，如装扮成一种动物，高年级学生先走，在沙地上建一个迷宫。这一年，学校在课程中关注蜜蜂，许多学生便一起工作，建造了一个巨大的蜜蜂雕塑。这个活动经过了很多思考和计划，因为全天都有活动和游戏，通常以唱歌结束这一天。

⑧ 毕业典礼。八年级毕业的学生对他们最后一次一起旅行发表了看法，这次旅行涉及两天的户外活动，住在帐篷里，有一个晚上是自己一个人过的。一位家长评论说，旅行结束后，学生们被问及他们学到了什么，他们说，事情并不总是按照你想象的那样发展，这是一个重要的人生经验。一位现在正在上高中的学生说，这次经历"太神奇了"。

这里实行教师连续带班制，学生通常会连续一年以上与同一位教师学习。一位学生与一位老师共处数年，这位学生的母亲评论说："老师能够与每个学生一起工作，发挥他们的长处，真正使他们成为社区的一部分。"一位与学生共处超过一年的老师可以见证学生的真正成长。

最后，学校灵活采用不同形式的圆圈活动。每天早上，各班在户外操场围成圈，一起做冥想、瑜伽、气功和其他活动。圈子也被用来处理行为问题。一位老师说："当学生出现问题时，我就和他们在一个圈子里见面，我们作为教师也这样做。人们在这里真正地实践了他们所宣扬的东西，这真是太好了。"学校还使用恢复性做法来处理行为问题，以下是员工手册中关于恢复性做法的声明。

恢复性司法实践

在面对人际关系的挑战时，我们依靠恢复性司法的智慧和方法来发展一个健康的学校环境。在努力运营一个社区的过程中，学生对学习和社会人际关系拥有权力和责任，而教师则采取与学生合作的方法，这样有利于带来技能发展、创造性的满足和个人成长。通过这个过程，我们都学会了以有意义的、直接的方式对自己的行为负责。（Equinox Holistic Alternative School，2018：11）

总结而言，显然，社区有许多层次，然而至关重要的是，学生在课堂上要有社区感。如果缺乏这一点，那么学生就不会在日常的基础上体会到社区的存在感。当学生在课堂中感受到共同体时，他们就会与其他学生、老师和学习过程形成联系。

参考文献

ARGUELLES L. How We Live, Learn, and Die: How a Teacher and Some of Her Students Meditated and Walked on an Engaged Buddhist Path[M]// MILLER J P, NAKAGAWA Y. Nurturing Our Wholeness: Perspectives on Spirituality in Education. Brandon VT: Foundation for Educational Renewal, 2002.

BALDWIN C. Calling the Circle: The First and Future Culture[M]. Newberg OR: Swan & Raven, 1994.

BOHM D. Wholeness and the Implicate Order[M]. New York: Ark, 1983.

CLAASSEN R, ROXANNE C. Discipline That Restores: Strategies to Create Respect, Cooperation, and Responsibility in the Classroom[M]. Charleston SC: BookSurge Publishing, 2008.

DONNELLY J. Educating for a Deeper Sense of Self[M]// MILLER J P, NAKAGAWA Y. Nurturing Our Wholeness: Perspectives on Spirituality in Education. Brandon VT: Foundation for Educational Renewal, 2002.

Equinox Holistic Alternative School. Equinox Holistic Alternative School Staff Handbook(2018/2019)[R]. Available from the school: 151 Hiawatha Rd., Toronto, Ontario, 2018.

EYLER J, DWIGHT E G Jr. Where's the Learning in Service-Learning?[M]. San Francisco: Jossey-Bass, 1999.

GARDNER T W. Discipline over Punishment:Successes and Struggles with Restorative Justice in Schools[M]. Lanham MD:Little and Rowenfi eld,2016.

GIBBS J. Tribes:A Process for Social Development and Cooperative Learning[M]. Santa Rosa CA:Center Source Publications,1987.

GLASSER W. Schools without Failure[M]. New York:Harper & Row,1969.

GLASSER W. 1986. Control Theory in the Classroom[M]. New York:Harper & Row,1986.

JOHNSON R T,DAVID W J. An Overview of Cooperative Learning[M]//THOUSAND J S,VILLA R A,NEVIN A I. Creativity and Collaborative Learning. Baltimore MD:Brookes Press,1994.

MCCASLIN W D. Justice as Healing-Indigenous Ways:Writings on Community Peacemaking and Restorative Justice from the Native Law Centre[M]. St Paul MN:Living Justice Press, 2005.

SECRETAN L H. Reclaiming Higher Ground:Creating Organizations That Inspire Soul[M]. Toronto:MacMillan, 1996.

SELBY D. The Signature of the Whole:Radical Interconnectedness and Its Implications for Global and Environmental Education[J]. Encounter, 2001,14:5-16.

WHARTON P,LINDA K. Reggio Emilia Encounters:Children and Adults in Collaboration[M]. London:David Fulton,2015.

WHYTE D. The Heart Aroused:Poetry and the Preservation of the Soul in Corporate America[M]. New York:Doubleday,1994.

第十章 地球关联

如今,海洋的酸度日益增加,每天都在变得更加酸化,极地的冰正在融化,干旱、洪水、地震和野火等自然灾害发生得越来越频繁。蜜蜂正在消失,产卵地的鲑鱼也在减少。

——理查德·瓦格梅斯(Richard Wagamese, 2011: 13)

自本书上一版出版以来,气候变化已成为主要的环境问题,经济和地球之间存在着严重的脱节。奥尔(Orr, 1994)对这种情况进行了总结。

这些东西就像一整块布上面的线。我认为,当我们把它们看作是互不相干的事件,或者根本就没有看到它们时,这绝对是一个相当大的失败,而我们还没有认识到这是教育的失败。在教导人们广泛思考,培养感知系统和模式,并作为完整的人生活这方面教育是失败的。

因此,教育在地球的毁灭中扮演了一个关系密切的角色。埃利·维瑟尔(Elie Wiesel)于1990年在莫斯科的全球论坛上发言时,提到了德国在20世纪初的教育方式:"它强调理论而不是价值,强调概念而不是人,强调抽象而不是意识,强调答案而不是问题,强调意识形态和效率而不是良知。"(Orr, 1994: 8)

我们的教育系统,一直关注如何使公民具有全球竞争力,这也犯了同样的错误。在我们的教育工作中,我们仍然强调聪明而不是智慧。智慧,或者奥尔所说的"真正的智能",是指将信息与更广阔的画面联系起来。詹姆斯·莫菲特（James Moffett, 1994）认为，教育应该真正具有包容性，将一切都置于最大的背景中，也就是宇宙。通过不断地将教育置于一个狭窄的经济参考框架内，我们剥夺了教育的最终目的和意义。与此密切相关的是我们所说的职业教育，人们围绕经济因素选择职业，职业选择被简化沦为某种经济模式，因此，我们有许多人对自己的工作感到疏远，迫不及待地等到退休。托马斯·默顿（Thomas Merton, 1985：11）曾称这整个过程为"这样大量生产出来的人除了参加一个精心设计的、完全人为的游戏之外，简直不适合做任何事情"。

托马斯·贝里认为，我们正在进入一个新的时代，他称之为生态时代，他称目前的工业时代为新生代。在广告和消费主义的驱动下，人们被邀请加入他和合著者托马斯·克拉克（1991）所说的"奇妙世界"，在这里，即使我们有能力消费这些商品，但我们感觉自己生活在"废物世界"。由于工业化、竞争力和消费主义，我们不再能够感受或感知我们周围的世界。贝里（Berry）和克拉克（Clark, 1991）有如下评论。

我们甚至没有看到我们正在看的东西，我们甚至没有闻到我们周围的气味，我们的感官正在变得死气沉沉。我们感官的这种衰退扼杀了我们的宗教敏感度，削弱了我们的理解力，它使我们的想象力变得迟钝。我有时会说："不要去睡觉，要保持清醒，保持清醒！"

1837年，拉尔夫·瓦尔多·爱默生在他的第一本书《自然》的开头，表达了一个我们今天共识的担忧。他觉得人们无法看到他们周围的世界，他说："为什么我们不应该享受与宇宙的原始关系？今天的太阳也照耀着，田地里有更多的羊毛和亚麻。"（Emerson, 1966：27）如果爱默生觉得他的同胞们已经失去了与宇宙的原始关系，那么他对消费主义、社交媒体、技术和工业化已经扼杀了我们与自然界的关系的世界会怎么想？

因此，与地球的关联可以唤醒我们对生命的自然过程的认识。风、太阳、树和草可以帮助我们活过来，把我们从自己的跑步机上唤醒。

第一节　环 境 教 育

环境教育已经成为学校课程的一部分，不幸的是，在许多情况下，它侧重于研究解决环境问题的方法，即我们可以通过回收或其他技术解决方案来解决问题。现在需要的是一种环境教育，其核心是教育我们如何与地球、大自然关联互生，并让学生体验到这些过程。在本章的这一部分，我主要借鉴大卫·奥尔（David Orr，1992，1994）的思想，他提出了重新思考教育的六个原则。

第一个原则是"所有的教育都是环境教育"（Orr，1994：12）。这一论点与墨菲特（Moffett）的论点相似，即所有的教育都必须纳入最具包容性的背景中，我们需要把一切都与它的最终参考点联系起来，也就是宇宙本身，任何低于这一标准的都不是教育。

第二个原则是教育目标应该是掌握自己的人格，而不是掌握学科知识。在这个学习过程中，学习科目应被视为手段，而不是目的。

第三个原则是对知识的学习包含承担使用知识的责任。许多环境灾难，如切尔诺贝利和爱情运河事件，都是技术发展失控和责任丧失的结果。奥尔声称，我们的许多项目已经变得太大，或者说超出了人类的规模。

第四条原则是必须从一个非常包容的角度来看待知识，包括它如何影响社区。奥尔认为，我们的经济模式从未包括社会和经济成本,其结果使一个社会处于崩溃的边缘,有过度的暴力、恐怖爆炸、破碎的家庭,以及让人难以接受的失业和贫困水平。

第五条原则是需要真实的例子。奥尔(1994:14)建议,"迫切需要的是提供正直、关心和深思熟虑的榜样,如教师和管理人员,以及能够在所有运作过程中完全和彻底体现理想的机构。"

最后一条原则是我们的学习方式与我们的学习内容同样重要。例如,讲座课程会诱发被动性,太多的测试迫使学生成为信息的接受者,而不是自主学习的个人。

奥尔(1994)认为,我们应该进行生态教育,这意味着学生将能够看到环境中固有的联系。他们将研究生态学的基本规律,以及这些规律如何影响我们的日常生活。还包括研究我们如何使自己陷入目前的困境,这将涉及对历史的批判性审视,审视工业化和消费主义如何破坏地球。更重要的是,生态素养的重点是我们如何能够开始扭转这一进程,例如,这可能意味着研究能源核算和可持续经济(Daly, Cobb, 1990)。学生也可以看看可持续性生活的悠久传统,包括研究梭罗、约翰·缪尔、甘地、阿尔伯特·史怀哲、雷切尔·卡森、E.F. 舒马赫和温德尔·贝里等人。这个传统包括化繁为简、权力分散、民主程序、土地归属感和人口规模的策略。奥尔(1994:94-95)还指出,这是一个"致力于寻求所有年龄、种族、民族和世代的人之间以及人与自然界之间的统一关联模式的传统,这是一个以神圣的生命信念为基础的传统"。

第二节 在地化学习

在一个更实际的层面上,奥尔主张要有土地归属感,换句话说,学生应该了解他们生活的地方,这将意味着处理以下一些问题。

① 你站在什么类型的土壤上？
② 你所在的地区上一次着火是什么时候？
③ 说出你所在地区的几种本地可食用植物，以及它们的种植季节。
④ 你所在地区的冬季风暴一般从哪个方向来？
⑤ 你的垃圾去哪里了？
⑥ 你居住地的生长季节有多长？
⑦ 说出你所在地区的几种草，其中是否有本地的？
⑧ 说出你所在地区的几种候鸟和名字。
⑨ 哪些主要地质事件影响了你所居住的土地？
⑩ 你所在的地区有哪些物种已经灭绝了？
⑪ 你所在地区的主要植物协会是什么？（Co-Evolution Quarterly，1981：1）

上述问题与大卫·索贝尔（David Sobel，2004）所说的在地化学习是一致的，在地化学习包括以下一些基本原则。

① 学习在学校操场、当地社区和环境中现场进行。
② 学习的重点是当地本土的主题、系统和内容。
③ 学习经验有助于社区的活力和环境质量，并促进社区在全球环境质量方面发挥作用。
④ 学习受到当地组织、机构、企业和政府强有力的伙伴关系的支持。
⑤ 学习是基于对一个地方的热爱，并能促进发展这种对土地的爱。
⑥ 在地化学习是理解和适当参与区域和全球问题的基础（https：//promiseofplace.org/ what-is-pbe/principles-of-place-based-education）。
⑦ 在地化学习得受到相关研究的支持，这在 Richard Louv 的作品中也有讨论。

第三节 自然原则

理查德·卢夫（Richard Louv，2008）的书《森林里的最后一个孩子：拯救远离自然的孩子》提供了有力的证据表明，让孩子们接触大自然能产生奇迹作用。在最近的一本书《自然原则：在虚拟时代与生活重新联系》（2012）中，他进一步阐述了这一立场。"自然原则"认为，与自然界的重新联系是人类健康、幸福、精神和生存的根本。这一原则的核心要义是"心灵/身体/自然的关联"。

卢夫（2008）总结了显示这种自然关联和学习之间关系的研究。在密歇根大学的一项研究中，发现参与者在与大自然互动一小时后，其记忆表现和注意力就提高了 20%（Berman，Jonides，Kaplan，2008）。该研究发现，在温暖或寒冷的天气中行走并没有改变这一结果。在伊利诺伊大学人类环境研究实验室进行的另一项研究发现，当儿童参与体验自然界时，与注意力缺陷障碍有关的症状会明显减少（Taylor，Kuo，Sullivan，2001）。在加拿大进行的一项研究发现，在大自然中的体验不仅提高了儿童的学习成绩，而且还改善了教师作为教师的态度，因为纪律问题减少了（Raffan，2000）。美国研究机构进行的一项研究（2005）表明，高危学生在参加为期一周的住宿户外教育项目后，其合作和解决冲突的技能得到了提高，自尊心得到了增强，解决问题的行为得到了改善。

也有研究表明自然体验与创造力的关系。卢夫提到了"松散理论"，提出人们在结构松散的环境中更有创造力。"在一棵树、一片树林、一片田野、一座山、一条峡谷、一块空地上，松散留白的部分可以是无限的。那么，接触自然界松散的部分，有利于

鼓励人们对一切经验、物质和重要事物的内在模式产生更敏锐的感知。"(Louv, 2012: 34)

第四节 园艺种植

卢夫还建议,园艺种植是让学生参与自然的一种方式。环境教育最重要的方面是让学生对地球有实实在在的体验,园艺是环境学习的一个很好的例子。约瑟夫·基弗(Joseph Kiefer)和马丁·肯普(Martin Kemple, 1998)在他们的《深入挖掘》一书中描述了青少年花园如何与学校和社区相结合,他们在书的开头确定了他们的愿景。

与儿童一起种植花园是一个生动的例子,证明了如何恢复我们与地球本身的自然节奏的古老联系。正是在学习这一课程的过程中——一朵花又一朵花,一个孩子又一个孩子,一个季节又一个季节——我们将能够重新获得属于我们的遗产:作为自然世界中的具有人文关怀的守护者。

基弗和肯普(1998)认为,种植花园对儿童有几个好处。

① 看到自己亲手种植食物的成果。
② 与大自然的力量和谐共处。
③ 学习科学、数学、语言和社会研究方面的基本学术技能。
④ 学习与他人合作。

他们的书是"每个学校的花园运动"的一部分,该运动始于1995年,并已在整个北美地区推广。这个过程不仅涉及学校和儿童,还包括"分享经验、故事和实践智慧的长者,当地的历史学家、自然学家、农民、工匠和其他愿意贡献他们专业知识的专业人士"(Kiefer, Kemple, 1998: ⅩⅣ),以及家长和家庭。

为了开始这个项目，学校需要做一个需求调查，研究以下几个问题。

① 哪些地方可用于建造花园？
② 是否有资金来源？
③ 哪些组织可以协助？
④ 社区中是否已经有涉及园艺的年轻人项目？

这项调查可以通过调查表正式进行，也可以通过电话非正式进行。在需求调查之后，通常会有一个组织会议，基弗和肯普（1998）详细指导了如何组织这样的会议。他们的书中还介绍了每个阶段的案例研究，例如，他们描述了圣安东尼奥如何发展他们的项目，用他们的话说，成为"美国青年花园之都"。弗农·马伦斯（Vernon Mullens）是那里工作的领导者，他向年轻人介绍了不同类型的花园，如"大脑和谷物花园""减肥花园"和"熔炉花园"。

园地建设过程中的下一阶段是培养一个团队。应该有一个"全天候团队"作为核心小组进行基本规划和工作，以及一个跟进项目具体进度的"风雨无阻团队"。《深入挖掘》这本书提供了很多实用价值的信息，如花园中每个小时、每日以及每周的样本示例。他们建议可以每周采用一个融入花园日常工作中的主题，例如，一个样本主题是土壤，因为学生要研究土壤如何培育花园里的植物。费城的一个研究案例很好地体现了这一阶段，因为基弗和肯普（1998）描述了一个叫作"艺术和人文村"的项目是如何开垦城市中被遗弃的部分并建立八个社区公园和花园的。

第三阶段涉及花园设计，作者确定了几个可能的设计思路，其中包括社区几代人以来一直使用的营养园和遗产园的方法。

在下一个阶段，花园被赋予了生命。这个阶段包括确定合适的地点、翻耕土壤、布置花园和种植花园。作者还描述了如何建造一个堆肥器。这本书甚至涉及阶级和种族问题,因为一些非裔美国人家庭想知道为什么他们的孩子在做对他们的祖先来说往往是负担的工作。

我们知道如何评估文化差异和治愈创伤性伤口。尽管花园有许多负面的联想,既与过去的罪恶有关,也与当前的价值观有关,但它也有可能治愈其中的一些创伤……花园可以是一个增长自尊心的地方,在课堂上可能表现不佳的学生可以在不同的环境中获得新的机会。花园可以是一个没有人感到羞耻的天堂。每个人都可以慢下来。(Kiefer, Kemple, 1998:41)

作者建议在首次破土时举行开幕式。一旦这个过程开始,学生可以写一本花园日记,描述植物的生长情况,以及花园里杂草和昆虫的情况。在夏季,活动转移到浇水、除草和覆土等任务。到了秋天,当然会有收获。学生们可以为明年春天的种植保存种子,制作可食用的珠宝,并对蔬菜进行罐装、烹饪和冷冻。

最后,基弗和肯普(1998)并没有忽视评估过程。他们为项目的持续评估提出了广泛的程序,然后是更多的总结性评估,包括检查表和样本作品集。作品集中包括学生作品、学生情感调查、轶事观察和反思、参与图、社区剪影和热点活动调查等一些具体项目。

第五节 以环境为导向的学校

本节探讨了不同的学校是如何尝试环境教育的。我讨论了三个例子:第一个例子是我在日本访问的一所公立小学——大寺屋(Ojiya)学校,以及学校森林运动如何传播到韩国;第二个是加州的海德罗伊斯学校;最后一个是多伦多的均点学校。

一、大寺屋学校

大寺屋学校是一所大型小学，位于日本西部城市长冈附近。我参观过这所学校，但我对这所学校的大部分描述是基于手冢一辉（1994）的书。这是一所典型的日本小学，但它的与众不同之处在于它注重与自然世界的关系，当你参观这所学校时，你会立即被大量的动物所震撼。在北美，我们的学校可能有一个动物（如沙鼠）在教室里，相比之下，大寺屋就像一个小农场，有山羊、兔子、鸡和乌龟。大多数时候，动物们被喂养在一个叫作"友谊牧场"的地方。孩子们喜欢到牧场去摸一摸、抱一抱，和它们说话并照顾它们。孩子们喜欢抱着这些动物，特别是兔子。我在那里的时候，有3个孩子坐在长椅上，每个人的腿上都放着一只兔子。当然，他们也有责任为动物们打扫卫生，毕竟有这么多动物，所以打扫卫生是一项重要的责任义务。

对学校来说，同样重要的是位于学校地块后面的一片树林，被称为"亚索家园森林"。在种植森林之前，学生们对周围地区进行了调查，确定了该地区原生的96种树木和灌木。在确定了不同的类型后，学生们在老师和家长的帮助下，在大约120平方米的范围内种植了290棵树。

在种植树木时，学生们考虑了高大和矮小树木的分布以及树芽、花朵和果实的颜色。手冢（1994）评论说：

结果是美丽的，可以看到。春天是变化最大的季节，许多树木在同一时间绽放出花蕾和花朵。五月，绿色越来越深，红色的花朵在绿色的背景下显得格外耀眼，红色的杜鹃花尤其美丽。从初夏到秋天，各种树木相继开出白色、红色和紫色的花朵。秋天，树木在美味水果的负载下向大地弯腰。然后就是秋色满园的季节了。

孩子们喜欢看这些变化,他们还喜欢和树木交谈并写诗。下面是三年级的孩子们写的一些诗。

家乡森林里的树

作者:风间由加里

我看到地面上的树木。
它们在移动,仿佛在与雪共舞。
当它们的树枝上有雪的时候,
它们不觉得沉重吗?

大红芽

作者:长桥理惠

一棵小树上的大红芽。
它们看起来像烛光、红糖、樱桃、红宝石。
大的、红的、漂亮的花蕾。
美丽的花蕾。
它们似乎在说:"我很美"。

在大寺屋学校,学生们与动物和树木建立了联系,这样他们就会认为自己与环境是密切关联的而不是分开的。

课堂上的教与学也以环境为重点。手冢(1994)描述了四年级的科学课,学生们正在研究毛毛虫,课堂开始时,学生们变成了毛毛虫,在地毯上打滚。他们在地毯上滚来滚去,还唱着自己创作的"毛毛虫之歌",随着音乐摇摆和扭动。在这个活动之后,他们观察毛毛虫以及它们如何移动。他们还看到虫卵变成了幼虫,然后变成蚕蛹,最后变成了蝴蝶。最终,学生们制作了一个关于毛毛虫的剧本,一个学生写下了她的经历。

我成为毛毛虫的那一天

作者：金永友之

我们做了一个关于我们所学的毛毛虫的戏剧，而我将成为毛毛虫。在节日那天，我试图保持冷静，把我的思想变成一只毛毛虫。但我非常紧张，我想："我怎样才能克服这种紧张和不安的感觉？"然后我想起了我们老师说的话："真诚地想一想我们所学到的关于毛毛虫的知识。"然后，我突然开始看到眼前的绿色，我觉得自己仿佛置身于一个白菜花里。

大寺屋学校发生的许多事情都是基于山内吉一郎的工作发展而来的，他是大寺屋学校的前校长，现在已经退休了。他一直相信一种整体性的学习方法，用他自己的话说：

在我们目前的学校系统中，学习科目被分成了不同的小部分。例如，科学课可能包括对火烧和水稻的观察，但只是观察它们，没有很大的意义，也不是很有趣。因此，在综合活动中，我们将课程与养鲤鱼联系起来，我们说："让我们像你们的父亲一样养好鲤鱼！"然后，他们就会兴奋地渴望学习科学知识……作为教师，我们对儿童的学习做出的主要贡献就是让他们对某些东西感到兴奋和印象深刻。这种整体性的学习经验为理解科学、算术、语言等奠定了基础。（手冢，1994：44）

家长们也开始相信森林项目的价值，他们热心地为森林项目筹集资金。在山内担任校长的所有学校中，他都与家长和社区成员合作一起帮助建设学校。他的一所学校位于一个社区，当地的一个产业是养鲤鱼。他能够说服一个饲养昂贵鱼类的人捐赠一些鱼给学校，孩子们学会了如何照顾这些鱼，而且这些鱼的捐赠使社区对学校产生了极大的兴趣。山内的工作也是第八章中讨论的主体与社区关联的一个很好的例子。

我见过山内,也和他一起工作过,他是我见过的最有趣、最热情的教育家之一。虽然他现在已经退休了,但他仍然非常活跃,精力极为旺盛。他的工作获得了一个奖项,在 2004 年 6 月,学校为他举行了一个纪念日活动。我的妻子和我参加了这一天的活动,以前在那里就读的学生和家长对学校森林项目的影响发表了看法。一位家长站起来,谈到他女儿在学校的经历对他产生了深刻的影响。有一天,他和她一起去学校看她正在照顾的树,在树的底部有一个小藤蔓在生长,这位父亲开始清除它。他的女儿不高兴了,说:"不要这样做!藤蔓和树是朋友。"这位父亲说,他女儿的话像一把锤子砸在他身上,从那一刻起,他就以一种不同的方式看待自然界,使他在建筑行业的工作中对环境更加敏感。

手冢(1994)在总结她的书时,对山内的工作进行了评论:"像山内吉一郎这样的热心人的工作,使得令人惊奇的事情开始发生……在我们国家,正在发展一场以学生为中心的整体教育运动。"

二、韩国的学校森林运动

1999 年,韩国整体教育协会的成员前往日本,参观有森林的中小学,他们还会见了山内校长。这也促使了韩国第一所拥有森林的学校——神木小学的建立。从那时起,这一运动导致韩国建立了 762 所在校园里有小森林的学校。普永·金(Bokyoung Kim, 2018:189)写道:"学校森林运动强调通过在操场上种树,最大限度地发挥空间的潜力,进行环境教育,并拥抱整体视角。"一些社区机构,如生命森林组织和绿色学校项目,都参与并支持学校森林运动。

三、海德罗伊斯学校

迈克尔·斯通(2009)在他的《自然的智慧:可持续发展的

学校教育》一书中写道，美国有几所学校专注于环境教育。其中一所学校，位于加州奥克兰的海德罗伊斯学校，与生态扫盲中心合作开发了他们的项目。他们的项目开始于一个学生去找校长保罗·查普曼，询问将海德罗伊斯学校变成绿色学校的可能性。查普曼说服他的董事会通过了以下建设目标。

① 创造一个健康的环境。
② 以可持续的方式使用资源。
③ 制定一个教育计划。
④ 追求营养健康计划。

这个项目导致"由学生、教师、工作人员和管理人员开始发起绿色学校行动"。（Stone，2009：177）例如，安装了400块太阳能电池板，并将一座小山变成了"郁郁葱葱的本地植物、果树和其他食用植物的花园。树木和其他可食用的植物构成的丛林被作为户外教室使用"。在生态文学中心的协助下，学校开发了一个K-12课程。例如，二年级的学生研究当地的一条小溪，同时也了解另一个国家的小溪。他们从用途、外观和栖息地等方面对两条小溪进行比较。在四年级，他们追求的问题是："马萨诸塞州正在做什么来保护环境？"六年级的学生研究书（如斯坦贝克的《珍珠》）中呈现的自然神奇。在十年级的西班牙语课上，"学生们扮演秘鲁的土著部落和城市居民，扮演在马里奥·巴尔加斯·略萨的故事《叙事人》中为土地使用发生冲突"的情形。

《自然的智慧：可持续发展的学校教育》是一本非常有价值的书，它描述了学校如何将环境教育融入学校和课程中。

四、均点学校

均点学校成立于2009年，是多伦多地区教育局内的一所公立学校，采用整体课程和六种关联作为课程的框架，我将在本书最后一章中详细介绍这所学校。该学校把与地球的关联作为其主要优先事项之一,教师手册中对这种关联有如下的表述。

地球关联

均点学校认为孩子们对地球的理解和联系很重要。探索自然让孩子们在认识自然的过程中注入平静,收获敬畏,让孩子们伸展身体,并激发他们的探险精神。通过定期的亲近大自然的体验,学生们能发展出一种与地球的深刻连接。

户外教育项目是均点学校整体课程的一个基石。教授地球、环境现象以及自然界的过程和特征的最有效方式是在户外进行实际的教学和学习。幼儿园的课程主要是在户外进行,每周都有当地的自然远足活动。一至八年级的学生每天都有时间在户外活动。通过在广泛的领域内反复亲身体验,学生们发展了适应力和安全地与自然再连接的技能。从幼儿园开始,我们一年四季都有户外活动,风雨无阻,要求孩子们做出良好的选择并体验其结果。学生们有充分的机会来扩展他们的舒适区,通过在户外面对挑战,学生们挖掘到自身更多的内在潜能,去适应问题、解决问题、合作、探究并践行感恩。(Equinox Holistic Alternative Schol, 2018: 5)

在均点学校的一天,各班首先在外面围成一圈,做练习、冥想和一些分享活动。正如手册中提到的,幼儿园的学生一天的大部分时间都在外面度过。幸运的是,学校附近有很多地方可以让学生置身于大自然中——Ashbridges Estates,一个峡谷,以及其他公园。学生们参观的另一个地方是常青砖厂,它致力于创造和维持健康的城市环境。在这里,他们在春天做了一个池塘研究,家长们再次参与其中,并在那里设立了几个学习站。

一个站点侧重于植物,另一个侧重于鸟类,还有一个侧重于昆虫。最后,他们进行了一次寻宝游戏,其中还包括一个绘图练习,以巩固整个学习经验。一位家长说,她的孩子在以前的学校里对池塘研究的经验是去池塘边填写工作表,她说:"这与均点学校的池塘研究不同,他们在均点学校真的很投入。"(Miller, 2016:293)

在所有的户外体验中,学生都会写自然日记,学生们学习观察技能并记录他们的观察结果,也有很多学生自由去探究、绘画和测量。有时,学生们甚至根据他们的观察写歌。这些日记成了学生们在几个年级中保存的书籍,一位老师说:"他们的书让我感到真实,所以每件事都必然有意义,我们的校长把这些书给其他校长看。"

正如第一章中提到的,我对学校进行了定性研究(Miller, 2016),一位家长评论说了在外面如何让学生之间进行积极的互动:

> 我看到一个在以前的学校被称为恶霸的男孩和一个女孩一起工作,她是一个有艺术感、有创造力的人,在以前的学校里被欺负过。她正在教他打结,我看到所有障碍和标签都消失了。在典型的教室环境中,他们会如何互动?在外面他们感觉更加放松自在,没有被审视的压力。我还看到孩子们在一起合作开展项目。这似乎是有机地发生的。这很令人惊讶。

第六节 环境文学作品

当然,许多学校并不像上述学校那样有机会到户外活动,相反,他们可以专注于学校本身的环境,可以把植物和动物带到学校,让学生们去照顾。渐渐地,他们可以开始把学校本身看作是一个需要照顾的环境。将动物带入课堂的一个最有趣的例子是,一位老师在她的中级班级里养了一只狗好几年。伯纳黛特·尼科尔斯(Bernadette Nicholls, 2011)写了她的博士论文,讲述了在她的教室里养的一只英国弹簧狗古斯是如何改善学习环境的。通过采访她的学生,她发现古斯帮助创造了一个更加放松和平静的课堂,改善了学生之间的人际关系。她还发现,学生们因为古斯而期待上她的课,并在那里体验到更多的快乐。

唤醒我们对环境的敬畏的文学作品也可以放在地球教育中,比如土著民文学。我特别喜欢一本名为《触摸地球》(McLuhan, 1972)的书。比如下面这几段斯通尼印第安人的话语。

你知道的,山丘总是比石头建筑更美丽。生活在城市里是一种人为的存在,很多人几乎没有感受过他们脚下真正的土壤,除了在花盆里看到植物的生长,或者在路灯下追逐繁星夜空。当人们远离神灵创造的场景时,他们很容易忘记自然法则。

我们几乎在一切事物中都看到了伟大神灵的工作:太阳、月亮、树木、风和山脉。有时我们通过这些东西来接近他,这有那么糟糕吗?我认为我们对至高无上的存在有一种真正的信仰,比大多数称我们为异教徒的白人的信仰更坚定……生活在接近自然和自然统治者的印第安人并不是生活在黑暗中。

你知道树会说话吗?是的,它们会。它们互相交谈,如果你听,它们也会和你交谈。但我从树上学到了很多东西:有时关于天气,有时关于动物,有时关于大神。

另一本有用的书是《地球祈祷》(Roberts, Amidon, 1991),下面是一个奥吉布韦族的祈祷词。

祖父。
看看我们的破碎。

我们知道,在所有的创造物中
只有人类家族
已经偏离了神圣的道路。

我们知道，我们是那些
分裂的人
而我们
必须回到一起
走在神圣的道路上。

祖父。
圣洁的人。
教导我们爱、怜悯和尊重
让我们可以治愈地球
并治愈彼此。

理查德·瓦加梅斯（1955—2017年）是来自安大略省西北部瓦巴塞莫翁第一民族的奥吉布韦人，他的著作曾获奖。以下是《余烬：一个奥吉布韦人的沉思》中的几段节选（Wagamese, 2016）。

在我自己的国家里，我感受到土地的诱惑和拉扯，就像情人的手一样坚持不懈地抓住。这是诗歌诞生的地方，是故事在我体内孕育的地方，也正是在这里，在悬崖、石头、灌木和水面之间，我才是最完全的创造。我在这里站得很稳，我是驼鹿、熊和腌鱼，我是柽柳、松树和地衣。我是丰盈浓郁的褐色大地，我是永恒广袤的碗状天空。家，是我在地理环境中被阐述和定义的地方。

老妇人，你不需要像别人说的那样坚硬，坚硬的东西会破碎，软的东西永远不会。要像草一样，它被踩在脚下，被压扁，但一旦压力过去，它又会恢复形状。它是谦卑的、接受的、柔软的，这就是它的强大之处。

总结而言，在与地球连接的工作中，我们的目标是灌输施韦茨特所说的"对生命的敬畏"，我们逐渐觉醒到万物的神圣性，我们开始以一种新的快乐和喜悦的感觉来看待地球和它的居住者。对于年幼的孩子,我们只是培养和刺激他们对自然的惊奇感,对于年长的学生和我们自己,我们重新唤起我们在机械化的世界中已经趋于丧失的对自然的敬畏感。

参考文献

American Institutes for Research. Effects of Outdoor Education Programs for Children in California[R]. Palo Alto CA:American Institutes for Research,2005.

BERMAN M G,JOHN J,STEPHEN K. The Cognitive Benefits of Interacting with Nature[J]. Psychological Science,2008,19(12):1207-1212.

BERRY T,THOMAS C. Befriending the Earth:A Theology of Reconciliation between Humans and the Earth[M]. Mystic CN:Twenty-Third Publications,1991.

DALY H E,JOHN B C J. For the Common Good:Redirecting the Economy toward Community,the Environment,and a Sustainable Future[M]. Boston:Beacon Press,1990.

EMERSON R W. Emerson on Education:Selections[M]. New York:Teachers College Press,Columbia University,1966.

Equinox Holistic Alternative School. 2018. Equinox Holistic Alternative School Staff Handbook(2018-2019)[R]. Available from the school:151 Hiawatha Rd. Toronto,Ontario.

KIEFER J,MARTIN K. Digging Deeper:Integrating Youth Gardens into Schools and Communities[M]. Montpelier VT:Foodworks,1998.

KIM B. The School Forest Movement in Korea from a Holistic Perspective[M]// MILLER J P,NIGH K,BINDER M J,et al. International Handbook of Holistic Education. New York:Routledge,2018.

LOUV R. Last Child in the Woods:Saving Our Children from Nature Deficit Disorder[M]. Chapel Hill NC:Algonquin Books,2008.

LOUV R. The Nature Principle:Reconnecting with Life in a Virtual Age[M]. Chapel Hill NC:Algonquin Books,2012.

MCLUHAN T C. Touch the Earth:A Self-Portrait of Indian Existence[M]. New York:Pocket Books,1972.

MERTON T. Love and Living[M]. New York:Harcourt Brace Jovanovich,1985.

MILLER J P. Equinox:A Portrait of a Holistic School[J]. International Journal of Children's Spirituality, 2016,21(3-4):283-301.

MOFFETT J. The Universal Schoolhouse:Spiritual Awakening through Education[M]. San Francisco:Jossey-Bass,1994.

NICHOLLS B. What's a Dog Got to Do with Education? Illuminating What Matters in Education and in Life[D]. Victoria: La Trobe University,2011.

ORR D W. Ecological Literacy:Education and the Transition to a Postmodern World[M]. Albany NY:SUNY Press,1992.

ORR D W. Earth in Mind:On Education,Environment,and the Human Prospect[M]. Washington DC:Island Press,1994.

RAFFAN J. Nature Nurtures:Investigating the Potential of School Grounds[M]. Toyota Evergreen,2000.

ROBERTS E,ELISA A. Earth Prayers from around the World:365 Prayers,Poems,and Invocations for Honoring the Earth[M]. New York:Harper Collins,1991.

SOBEL D. Placed-Based Education:Connecting Classrooms and Communities[M]. Great Barrington MA:The Orion Society,2004.

STONE M K. Smart by Nature:Schooling for Sustainability[M]. Healdsburg CA:Watershed Media,2009.

TAYLOR A F,FRANCES E,K,WILLIAM C S. Coping with ADD:The Surprising Connection to Green Play Settings[J]. Environment and Behavior,2001,33(1):54-77.

TEZUKA I. School with Forest and Meadow[M]. San Francisco:Caddo Gap Press,1994.

WAGAMESE R. One Story, One Song[M]. Madeira Park BC: Douglas & McIntyre, 2011.

WAGAMESE R. Embers: One Ojibway's Meditations[M]. Madeira Park BC: Douglas & McIntyre, 2016.

第十一章 心灵关联

在定义整体课程时，我强调连接和关联是实现学生真实本性的主要载体。这与斯坦纳（1976：173）的建议一致，即"对于精神和心灵甚至身体的发展来说，以一种事物关联的方式从一个事物迁移到另一个事物，这比任何东西都更有益"。也可以直接将学生与他们的内在生活，或他们的心灵联系起来（Miller，2000）。心灵在这里被定义为一种重要而神秘的能量，它赋予人的生命以意义和目的。在我的《教育与灵魂》（2000）一书中，我描述了我对心灵的理解，以及如何在学生、我们的学校和我们自己身上培养它。在这个过程中，基于内在生命的课程，以及研究宇宙的故事，或者蒙台梭利所说的宇宙教育可以起到帮助作用。本章还简要讨论了瑞秋·凯斯勒（Rachael Kessler，2000）关于心灵的重要工作。许多与其他联系讨论的方法也能滋养心灵（如地球联系、社区联系等）。

第一节 基于内在生活的课程

有许多方法可以刺激和滋养学生的内在生命。我相信，随着电视、视频和社交媒体的出现，今天的孩子几乎没有机会运用、发挥他们的想象力。在我成长的过程中，我听过广播，我记得有时我回到自己的房间，关着灯听广播，随着节目的展开，我会在自己的脑海中创造画面。

一、讲故事

在收音机出现之前，人们会围着壁炉或篝火讲故事，故事也会唤起我们的想象力。讲故事可以成为与学生心灵建立连接的有力方式。弗兰克·麦考特（2005）通过讲个人故事来与他的高中学生连接。开始时，他讲故事是为了在课堂上生存，他写道："我不教书，而是讲故事，只要能让他们安静地坐在座位上……我的生活拯救了我的生命。"他讲述了在爱尔兰成长的故事，例如，他谈到了他的数学老师奥哈洛伦先生。

他说，孩子们，你们完全有权利为你们的祖先感到骄傲。早在希腊人，甚至埃及人之前，你们生活在这片可爱的土地上的祖先就能在冬日的中心捕捉到太阳的光芒，并将它们引向黑暗的内室，享受几个黄金时刻。他们知道天体的方式，这使他们超越了代数，超越了微积分，超越了男孩，哦，超越了超越本身。

麦考特的文字是一本关于教师如何在一些最具挑战性的情况下利用故事与学生建立联系的精彩书籍。

教授年幼孩子的教师一般都给他们讲过童谣和童话故事。讲故事是一门艺术，教师需要用自己的语言和举止练习讲故事，形成自己的风格。你可以先练习给朋友或伙伴讲故事，然后再在课堂上使用。

二、冥想/正念练习

本书第六章中讨论的使用想象和可视化意象是培养学生内在生活的一种方式，第七章也介绍了正念练习。冥想和正念练习都涉及头脑的安静和意识集中。当我们静下心来并集中注意力时，我们就会进入一种更容易接受的意识模式——倾听的、直觉的思维。倾听的心态的特点是静止的、集中的意识。相比之下，在活跃的意识模式下，头脑会喋喋不休，不断思考计划和决策。有大量的研究证明了冥想/正念练习的积极益处（Smalley, Winston, 2010）。

自本书上一版面世以来，越来越多的学校开始引导学生从事正念练习。专注于呼吸是正念和冥想练习的核心做法之一，下面是两个可以与学生一起使用的呼吸冥想方法。

舒适地坐在一个位置上，你可以坐在椅子上或垫子上，但是，你应该保持背部相当直立。闭上你的眼睛，现在开始注意呼吸的流动，从鼻子里进入和出来。这种冥想包括在你呼气时自己数呼吸的次数，你吸气，然后在呼气时数一，吸气，然后数二，你这样做到十，然后重新开始。如果你数错了，也不要担心，只需返回到一，然后重新开始。

舒适地坐在一个直立的位置上，闭上眼睛，现在把注意力集中在从鼻孔流出的呼吸上。当你吸气时，在心里记下"吸"，当你呼气时，在心里记下"呼"。如果出现感觉，如瘙痒，注意这种感觉然后回到呼吸上。你会有一些想法分心，你意识到这个想法，然后回到呼吸中。不要试图把想法拒之门外，当它们出现在你的脑海中时你只需要意识到它们，接受它们即可。

在教育学生使用正念练习时，要尽可能保持简单的形式，这样它才能作为一种放松练习的方式，也容易被纳入学校健康和体育教育中。另一种冥想是慈爱冥想（mettā）。在这个冥想中，我们把注意力集中在心脏部位，并试图把心脏的能量逐渐向外转移到其他人身上。自1988年以来，我一直用这个来开始我的课程，我说每一句话，然后是几秒钟的沉默，这是建立在整体主义相互关联基本原则上的冥想。

愿我健康、快乐、和平。

愿这个房间里的所有众生都健康、快乐、和平。

愿这所学校里的所有众生都健康、快乐、和平。

愿这个社区的所有众生健康、快乐、和平。

愿这个地区的所有众生安康、快乐、和平。

愿这个半球的所有众生安康、快乐、和平。

愿这个星球上的所有众生安康、快乐、和平。

愿这个宇宙中的所有众生安康、快乐、和平。

多年来,我有许多学生对我以这个冥想开始上课的做法表示赞赏,人们也可以从专注于呼吸的一分钟开始。虽然在公立学校课堂上进行冥想练习存在一定争议,但越来越多的人开始呼吁学校采用冥想练习。英国著名的小说家和哲学家艾里斯·默多克(1992)写道:

电视里庸俗的色情图片或暴力情景,给人的内在生活、内心宁静带来相当大的影响和伤害。在学校里教授冥想练习,体验安静超脱的冥想练习过程,在冥想过程中可能会感受到一个更大的静谧空间,也可能会感受到心灵释放、重生的体验,生命或许需要这样的体验。仅仅是平静地坐着,就会带来一些益处,比如抑制内心不友善的、狂热的想法。道德作为一种倾向善的行为能力,取决于人的感性、创造性或想象力所在的深层领域,取决于人的心境转变,取决于人对世界的爱和尊重。

吉娜·莱维特(1995)联合英国的互联信托公司,写了一份题为"提出中小学冥想案例"的文件。通过鼓励学生安静地坐着,使他们获得进入内心世界的机会,开始看到自己的想法。有些形式的冥想,如慈爱的冥想,鼓励发展对地球上所有众生的同情心。冥想可以滋养学生的心灵以及促进他们与其他生命的关联。

一个有趣的使用冥想的例子来自一位高中数学老师娜米·贝尔（Naomi Baer, 2003）。她班上的很多学生面临学习困难的问题，于是有一天她要求他们静坐1分钟，她会在1分钟完成后按铃，然后，她要求学生在1分钟结束后互相致谢。随着时间的推移，学生们开始期待这1分钟的到来，甚至在老师离开教室时也会这样做。她开始在其他班级使用这种1分钟冥想的方法，有一个小组要求每天做5分钟。其他班级的一些学生也会来参加1分钟的练习，许多学生和一些家长对这1分钟表示感谢。

去年春天，当一个学生在暑假前交期末考试卷时，他眼里含着感激的泪水，感谢我每天的这1分钟，他说这对他意义重大。今年，隔壁班的3名学生每天都来和我的班级一起做这1分钟，之后再回到自己的教室前向他们的伙伴表示感谢。以前的学生家长在杂货店里走到我面前，告诉我他们的儿子或女儿非常感谢那1分钟。他们也感谢我。

1988年，我开始向我的研究生介绍冥想的方法，他们大多是有经验的小学和中学教师。从那时起，我已经向超过2000名教师介绍了冥想的方法。我和我的同事野泽绫子（Ayako Nozawa）一起，对一些在课程结束后继续练习冥想的教师进行了跟踪研究（2002）。虽然我并不提倡在学校使用冥想，但其中有几位教师将冥想引入了他们的课堂，例如，一位教五年级、六年级和八年级戏剧的老师说：

从杰克的课程开始，我就一直在做冥想，所以我已经做了3年了，所有的孩子，特别是在戏剧方面，冥想很神奇，他们很喜欢，现在我的学生问我："我们能不能冥想，我们真的很兴奋"，或者"我们能在考试前打坐吗？"（Miller, Nozawa, 2002：187）

这位老师让学生专注于呼吸，作为集中精神和放松的一种方式，她还让他们想象去海滩或躺在云上。她还将视觉化想象与她的教学结合起来,如果他们在课堂上阅读小说,她会让他们想象一些小说方面的画面。

如果他们在课堂上读小说,她会让他们想象故事的某些画面。在研究古代文明时,她让他们闭上眼睛,看到金字塔,感受沙子吹在他们脸上,她在他们的艺术和诗歌中看到了这种影响。"我从来没有见过这样的诗歌,只是用了更多丰富多彩的语言词汇。"

另一位高中老师已经向1500多名学生介绍了冥想。她在天主教系统任教,7年来,她从未收到过家长的投诉。她解释了她是如何引入冥想的。

我首先在我的课堂上创造一个非常安全的环境,所以人们感到非常舒适……然后我说:"现在有一个不同的祈祷方式,通常,在我们的传统中,意思是我们需要与上帝交谈,或与更高的精神交谈,但有时我们需要坐下来倾听……这是一种与你的精神建立联系的形式。所以我要求学生写日记反思,写日记很有效。现在消息传开了,人们第一天来上我的课就说:我们今天要冥想吗?"(Miller,Nozawa,2002:187-188)。

一位从事师资培训的教师,试图将正念和爱意融入他的教学。他说:"我鼓励我的班级学生在那些很平凡的任务中获得快乐……而整个爱的概念是,你给出的任何一种方向都只是以爱的方式提出建议。"(Miller,Nozawa,2002:188)

另一位在天主教学校教四至八年级的人也向她的学生介绍了冥想,和那位中学老师一样,她把冥想和祈祷联系起来。她发现,如果她错过了一天的冥想,学生也会坚持做下去。她说,接手她班级的代课老师告诉校长,她的课总是非常平静。

而我不是那种非常平静的老师,我是一个非常活跃的老师,我让每个人都做不同的事情……虽然我不能证明这一点,但我确信是冥想把我们带到了一起。而且它连接着你，在不同的层面上连接，你知道不只是智力上的。当我们在教室里做冥想联系时，你在精神层面上会产生连接，代课老师会注意到，这是一个非常平静的教室。(Miller，Nozawa，2002：188)

三、梦境工作

另一个可以采用的工具是梦境工作。一位研究生玛丽娜·夸特洛奇（Marina Quattrocchi，1995）写了一篇关于她如何在中学阶段使用梦境工作的论文。她让学生在一年的时间里写下关于他们做的梦的日记。她发现，通过与梦境打交道，学生获得了滋养自身的洞察力。所有参与她研究的学生都对这一经历作出了积极的评价，有些学生表示，梦境工作提高了他们的创造力。玛丽娜（Quattrocchi，2005）还写了一本名为《梦境工作揭秘》的书，描述梦境如何带来内在的和谐、和平和喜悦。

四、日记

内心生活课程的另一个部分是写日记。许多学校的课程中会涉及写日记，语言课堂上会采用阅读反馈日记，让学生记录对他们所读内容的反应。日记甚至被用于其他学科，如数学，因为学生会记录他们对该学科的感受和想法（Cohen，2005）。另外，学生也可以写"心灵日记"，这可以让学生探索他或她更深层次的思想和感受。当然，这种日记不供公众观看。

电影《自由作家》中的老师用学生日记的方法来帮助不同的学生相互建立联系。我的一个学生写道，这部电影激励她以类似的方式使用日记，这帮助她与学生建立联系。日记的使用极大地丰富了她的教学，她在为我的课程撰写的论文中描述了这一点。

受这部电影的启发，我从当地的 Dollarama 购买了 60 本小笔记本,并把它们带到我的教室给学生们看。我向他们解释说,每堂课开始时,我们将有10分钟的日记写作时间,我每天为他们提供一个提示或问题,让他们思考。当学生们询问他们是否会被打分时,我告诉他们,每个人完成任务后都会得到分数,而且我每天晚上都会阅读他们的日记。这些日记在课堂上创造了一个安静沉思的空间,让我看到了学生们的生活。通过这些日记,我开始了解他们是谁,他们各自面临的挑战,以及什么给他们带来了快乐和悲伤。我经常在学生的日记中回复他们,这样一来,日记就帮助我与学生建立起了对话和关系的第一步。这些日记是变革性的——我不再在课堂上感到沮丧,而是开始期待这些课程,我开始对我的学生产生爱和同情心。米勒(2000:141)指出,当"学生在我们面前感到被倾听和肯定时,这将对他们心灵的发展起到不可估量的作用"。事实上,我们对《夜》(威塞尔,2006)的学习和日记的写作成为我在课堂上的一个转折点,也成为我了解这些学生生活的一个窗口。

五、文学

文学、神话和故事可以帮助把人的内在心灵显现出来,乔纳森·科特(1981)认为,儿童文学在这个过程中可以发挥重要作用。

华兹华斯在他的《不朽颂》中说,"我们的出生不过是一场睡眠和遗忘",我们越长大,就越难醒来。儿童文学——除了大大小小的故事和儿歌,还有什么呢?它可以帮助我们醒来,使我们重新体验到我们最早和最深的感受和真理。它是我们与过去的联系和通往未来的道路,我们在其中找到了自己。

我同意科特(1981)的观点,他认为儿童文学是"智慧和奇迹"的传递者。童话、神话和世界各地所有形式的儿童文学都能帮助滋养儿童的心灵。我们可以从世界各地的文学作品中汲取营养。例如，在非洲，幼童被视为来自另一个世界的信使。为了说明自己的观点，科特引用了皮埃尔·埃尔尼的《童年与宇宙：黑人非洲儿童的社会心理学》。

> 如果在孩子身上看到了"天使"……教育就会有一个非常具体的方向。教育会变得谦逊，教育会为这个孩子给出空间，让他为周遭的世界带来永恒的青春……孩子带来的东西比可以给它的东西更多，它使那些欢迎它的人焕然一新，使他们恢复活力，使他们再生。对儿童的关怀是由虔诚、钦佩、自由、自信和感激组成的，而不是由权威或支配和占有的精神组成的。（Cott，1981：189）

当儿童成长为年轻的成年人时，他们需要接受新形式的文学的挑战。在《整体学习：教师综合研究指南》（Miller, Cassie, Drake, 1990）中，作者广泛讨论了神话故事可以帮助青少年度过他们发现自己的旅程。我认为特别具有启发性的现代文学作品是本·奥克里（Ben Okri）的《饥荒之路》（1992），它获得了布克奖。这部小说的结局是我读过的最有力的整体愿景之一。

> 我们可以重新梦想这个世界，并使梦想成为现实。人类是隐藏在自己身上的神。我的儿子，我们的饥饿可以改变世界，让它变得更好、更甜美……爱比死更难，人类最害怕的不是死亡，而是爱。心比山大，一个人的生命比海洋还深……整个人类历史是我们灵魂深处的一块未被发现的大陆，我们体内有海豚，有做梦的植物，有神奇的鸟。天空在我们里面，大地就在我们心中……倾听事物的精神，聆听你自己的精神，跟随它，掌握它。只要我们活着，只要我们有感觉，只要我们有爱，我们身上的一切都成为我们可以利用的能量。有一种寂静使你旅行得更快，有一种沉默使你飞翔。

本·波特（Ben Porter）是我班上的一位老师，我曾在其他章节中引用过他的话，他发现小说可以帮助发展人们的同情心。他的学生阅读了帕拉西奥（R. J. Palacio）的《奇迹》，在为我的班级写的一篇论文中，他描述了这本书对他的学生的影响。

作为一个班级，我们阅读了帕拉西奥惊人的青少年书籍《奇迹》，这本书讲述了一个面部极度畸形的五年级男孩第一次进入公立学校的故事。我的学生刚开始进入青春期，有时会对自己的长相非常关注。阅读《奇迹》这样的书并在课堂上进行讨论，有助于他们敞开心扉，谈论他们的问题和不安全感。他们对主人公奥吉感同身受并感到安全感。我们讨论了奥吉在小说中被挑剔或被忽视时的感受，这使得学生们敞开心扉，说他们有时也会感到不安。这本书从多个视角讲述，包括故事中的主要反面人物和受欺凌者朱利安的视角。看到朱利安所经历的挣扎，帮助我的学生开始为他们生活中最困难的人找到宽恕和怜悯。从我们开始阅读这本小说以来，班上的评判和骂人现象已经在急剧减少。现在，我们在教室里自豪地展示了书中的一句话："当在正确和善良之间做出选择时，请选择善良。"（帕拉西奥，2012）在一个班级，我们公开讨论如何向我们周围的人表达善意。

第二节　宇宙的故事和宇宙教育

最后，科学可以成为心灵的源泉。布莱恩·斯维姆和托马斯·贝里（1992）为研究从大爆炸到现在的宇宙故事提出了一个强有力的理由，这个故事使我们清醒地认识到存在的神奇。

地球似乎是一个正在发展的实在，其目的很简单，就是庆祝存在的喜悦。这可以从各种植物和动物的颜色、燕子的盘旋飞行以及春暖花开中看到，这些事件中的每一个都需要数十亿年的巨大创造力,才能产生出地球。直到现在,我们才开始明白,这个地球的故事也是人类的故事,也是地球上每一个生命的故事……这个故事的最终好处可能是使人类社会能够以一种相互促进的方式存在于更大的地球社会中。

斯维米(Swimme)和贝里(Berry,1992)提出,我们正在从一个技术时代走向一个生态时代。他们呼吁建立一个超越联合国的联合组织,这个新组织可以以1982年联合国大会通过的《世界自然宪章》为基础。

尽管"宇宙的故事"是基于科学的观察,但它也包括人文科学。斯维米和贝里(1992)认为,文学、神话、诗歌、音乐和所有的艺术也可以表达与宇宙故事相关的许多神秘和奇迹。除了斯维米和贝里的书,还有一些视频可以在课堂上使用,帮助学生参与宇宙故事。总而言之,宇宙故事可以为整个课程提供一个强有力的组织主题。

玛利娅·蒙台梭利提出了宇宙教育的概念,这与宇宙故事相似。艾琳·沃尔夫(Aline Wolf,2004)曾写过关于蒙台梭利的宇宙教育观。

从本质上讲,蒙台梭利的宇宙教育首先让孩子对宇宙及其数十亿个星系有一种全方位的感觉。然后关注我们的银河系、我们的太阳系、地球和它的地质历史、第一批生命标本、所有的植物和动物物种,最后是人类。整个研究的内在含义是所有创造物是相互联系的,有着事物的一体性。

沃尔夫(2004)还提到了布莱恩·斯维姆的工作和宇宙教育,宇宙教育帮助孩子把自己放在宇宙的总框架中。蒙台梭利和斯维姆所展示的宇宙形象是一种秩序和目的。由于人类是宇宙的一部分,它给了我们一个共同的参考点,超越了国家和宗教创造的边界。

沃尔夫（2004）还指出，宇宙教育可以帮助儿童发展对生命的敬畏感和对地球的关爱。在浩瀚的宇宙中看到地球上生命的奇迹，可以帮助学生更深刻地欣赏生命和地球本身。宇宙教育也可以给学生带来深深的感激之情。

例如，当我们看到依山而建的美丽山谷时，我们可以反思，它是由水经过几千年的努力磨平山地而形成的，当我们进入汽车或火车时，我们可以回顾并对第一个建造车轮的人类感到感激。对长期的宇宙模式的认识使我们意识到，我们只是其中的一个极小部分，这使我们对大自然的所有劳动和人类在我们之前的工作抱有深深的谦卑和敬意。

沃尔夫认为，宇宙教育可以给孩子们一种生活的意义和目的感。蒙台梭利认为，人的内心深处有一个精神的胚胎，需要得到尊重和滋养，这样学生才能最终找到他们在地球上的目的。

第三节 教育中的心灵

1. 瑞秋·凯斯勒

已故的瑞秋·凯斯勒（Rachael Kessler，2000）撰写了该领域的经典著作之一《教育的心灵：帮助学生在学校找到联系、同情心和品格》。瑞秋基于多年的学生工作经验，在这本书中，她描述了教育中通往心灵的七道门。

① 深缘的向往。这是指一种"深切关怀，与意义共鸣并涉及归属感或被真正看到和了解的感觉的关系质量"。

② 对寂静与孤独的向往。

③ 寻找意义和目的。这涉及探索大问题，例如"人生的目的是什么？"

④ 对欢乐和愉悦的渴望。当学生遇到"美丽、力量、优雅、才华、爱或活着的纯粹快乐"时,就会发生这种情况。

⑤ 创造性的驱动力可以通过艺术、科学或任何学生追求具有深刻动机的东西发生。

⑥ 超越的冲动。这包括神秘领域以及"在艺术、体育、学术或人际关系方面的非凡经历"。

⑦ 启蒙的需要。这可能涉及成人欢迎青少年进入成人社区的仪式。

凭借她多年的教学经验,她的书中充满了如何滋养这些心灵门道的课堂示例。瑞秋还写了关于整体教育的重要问题,例如教师的存在(Kessler,2000a)和教学中的欲望阴影(Kessler,2002c)。

2. 均点学校的心灵关联

这所学校的教师手册中对如何在学校教育中实现心灵关联作了概述。

心灵关联

连接心灵是均点学校整体方法的核心。心灵可以被定义为一种充满活力和神秘的能量,它赋予一个人的生命以意义和目的(Miller,2007)。学校提供时间和指导,以开放的心态探究无形的事物。唱歌和音乐是连接心灵的明显方式,不太明显的是口头讲故事和讲述来自世界各地的神话、传说和童话——这些故事将我们与我们的宇宙精神联系起来。这些故事抓住了孩子们的想象力,培养了他们与在所有文化和时间里流传下来的古老故事的深刻联系。日常课堂和仪式,以及全校庆祝活动将孩子们与心灵联系起来。地球与自然的联系也滋养了心灵。(均点学校,2017:7)

心灵关联由其他关联滋养,例如上一章中描述的地球关联。艺术也被使用,学校每年举办一场演出以支持心灵关联。几年来,他们一直在做《仲夏夜之梦》的戏剧表演，年长的学生表演了《麦克白》。一位老师谈到了一个学生如何通过在剧中的经历成长。

在小学阶段，我们已经完成了5年的仲夏夜之梦戏剧表演。此外，我们还制作了一部初级水平的音乐剧。我们创造了一个安全的环境，谁演主角不重要，重要的是我们看到学生真正的成长。一个女孩想扮演一个特定的角色，起初我不看好她扮演那个角色，因为她是一个有注意力缺陷障碍的特殊儿童，但她与记忆作斗争，让我感到震惊，她全身心地投入了其中。（Miller，2016：295）

他们还进行冥想和正念活动。一位老师描述了他对这些实践的使用，我在本书第七章中引用了这些实践。

我们从冥想开始，在外面做正念运动，我们尽可能地保持沉默。午餐后进来，我们做一分钟。我还将其纳入健康课程。我也注意有时学生在课堂会有分心和压力，如圣诞节和万圣节前，我们会在那时做引导性的冥想，我们会躺在地上大约10分钟。我也用它来集中精神，用心倾听。（Miller，2016：295）

这位老师班上的一位学生患有强迫症。他和他的父母评论说，正念对他有帮助，降低了他的压力水平。如本书第七章所述，父亲说："这很好，他的强迫症改善了很多。"

另一位老师描述了学生们在假期前进行的冥想活动。

放假的时候，爸爸妈妈也来了，我们一起吃糙米并就此展开了正念练习。我们设立了一个祭坛，上面放着米饭。我们反思这次吃糙米的正念经历，并在小米饭中与世界建立了连接。这次连接让我们惊讶，我们能感觉到彼此是心灵相通的，这仿佛是一种超个人的体验，小孩能感觉到我们在用一种很特别的方式在一起，这个过程有时候是20～30分钟的沉默。（Miller，2016：295）

在下一章中,我将更详细地描述均点学校,因为均点学校一直在实施基于六个关联的整体课程计划。

参考文献

BAER N. Just One Minute[J]. Inquiring Mind:The Semiannual Journal of the Vipassana Community,2003.20(1):21.

COHEN R. Journal Writing in Mathematics Education:Communicating the Affective Dimensions of Mathematics Learning[M]// MILLER J P,KARSTEN S,DENTON D, et al. Holistic Learning and Spirituality in Education. Albany NY:SUNY Press,2005.

COTT J. Pipers at the Gates of Dawn:The Wisdom of Children's Literature [M]. New York:McGraw Hill,1981.

Equinox Holistic Alternative School. Equinox Holistic Alternative School Staff Handbook(2017/2018)[R]. Available from the school:151 Hiawatha Rd. Toronto,Ontario,2017.

KESSLER R. The Teaching Presence[J]. Virginia Journal of Education, 2000,94(2):7-10.

KESSLER R. The Soul of Education:Helping Students Find Connection, Compassion,and Character at School[M]. Alexandria VA:Association for Supervision and Curriculum Development,2000.

KESSLER R. Eros and the Erotic Shadow in Teaching and Learning[M]// MILLER J P, NAKAGAWA Y. Nurturing Our Wholeness:Perspectives on Spirituality in Education. Brandon VT:Foundation for Educational Renewal,2002.

LEVETE G. Presenting the Case for Meditation in Primary and Secondary Schools[Z]. Unpublished manuscript,1995.

MCCOURT F. Teacher Man:A Memoir[M]. New York:Simon and Schuster,2005.

MILLER J P. Education and the Soul:Toward a Spiritual Curriculum[M]. Albany NY:SUNY Press,2000.

MILLER J P. The Holistic Curriculum[M]. Toronto: University of Toronto Press,2007.

MILLER J P. Equinox: Portrait of a School[J]. International Journal of Children's Spirituality, 2016,21(3-4):283-301.

MILLER J P,BRUCE C,SUSAN D. Holistic Learning: A Teacher's Guide to Integrated Studies[M]. Toronto: OISE Press,1990.

MILLER J P,AYA N. Meditating Teachers: A Qualitative Study[J]. Journal of In-Service Education, 2002,28(1):179-192.

MURDOCH I. Metaphysics as a Guide to Morals[M]. London: Chatto & Windus,1992.

OKIR B. The Famished Road[M]. London: Vintage Books,1992.

PALACIO R J. Wonder[M]. New York: Knopf Books for Young Readers, 2012.

QUATTROCCHI M. Dreamwork in Secondary Schools: Its Educational Value and Personal Significance[D]. Toronto: University of Toronto,1995.

QUATTROCCHI M. Dreamwork Uncovered: How Dreams Can Create Inner Harmony,Peace,and Joy[M]. Toronto: Insomniac Press,2005

SMALLEY S L,DIANA W. Fully Present: The Science,Art,and Practice of Mindfulness[M]. Philadelphia: Da Capo Press,2010.

STEINER R. Practical Advice for Teachers: Fourteen Lectures Given at the Foundation of the Waldorf School Stuttgart,from 21 August to 5 September 1919 [M]. London: Rudolf Steiner Press,1976.

SWIMME B,THOMAS B. The Universe Story: From the Primordial Flaring Forth to the Ecozoic Era—A Celebration of the Unfolding of the Cosmos[M]. San Francisco: Harper,1992.

WIESEL E. Night[M]. New York: Hill and Wang,2006.

WOLF A. Maria Monstessori: Cosmic Education as a Non-Sectarian Framework for Nurturing Children's Spirituality,October 7-10,2004[C]. Pacific Grove CA: Paper Presented at the Child Spirit Conference,2004.

第十二章　整体课程的实施和评估

整体课程植根于教师的临在感[①]，本章的第一部分探讨了这一关键变量及教师的其他品质，如耐心和谦逊，也探讨了我们如何在整体课程和变革过程中进行问责。

第一节　整体课程的实施

一、临在感

在我看来，教学涉及三个基本因素。首先是教学方法所依据的假设理论，一些研究者将这些基本假设和理论称为取向（Eisner, Vallance, 1974；Miller, 1983）。其次是我们在课堂上采用的教学策略和实践。最后一个因素是教师的临在感，最后一个

[①] 译者注：Teacher's Presence 从字面上可理解为教师的临场存在感，根据本书作者约翰·米勒教授对 Teacher's presence 的描述，译者认为可将教师的"临在感"理解为：它是教师的一种存在状态，是教师个人或者教师从事教育活动时给人呈现的一种整体氛围，它包括教师对教书育人工作的全身心投入与参与，对教育场域正在进行的教育活动的敏锐觉知。同时，教师的临在感要求教师密切关注学生并及时回应与关怀，其承载着一种无声的力量和爱，能够使老师与学生或在场的他人产生心灵、情感等内在层面的连接，具备临在感的老师通常会给在场的学生或他人的人生发展带来深刻久远的影响。

因素往往是关键。如果我们回忆起那些对我们有影响的老师，我们记住的往往不是他们的教学技巧，而是他们的"临在感"，他们以某种方式感动了我们。

禅师铃木洛夫（Shunryu Suzuki-roshi）讲述了一个关于老师的临在感的精彩故事（Chadwick，1999：128）。他是日本一个寺庙的负责人，正在为寺庙学校寻找一位幼儿园老师。他多次试图说服一位女性接受这份工作，但她拒绝了。最后，他对她说："你什么都不用做，就站在那里。"当他这样说时，她接受了这个职位。他相信，仅凭她的临在感就会对孩子们的生活产生影响。当然，她并不只是站在教室里，但铃木洛夫确定了教学中这一重要因素。

拉尔夫·瓦尔多·爱默生在与教师交谈时，强调了教学中临在感的重要性。

你通过你自己的行为教学生如何去做实际的事情。根据你生命的深度，不仅是你的努力，还有你的举止和存在的深度都是如此。世界的美丽自然在这里把你的幸福和你的力量融合在一起……让自己成为你最高思想的器官，然后，突然间，你与所有人产生了连接，你成为一种能量的源泉，这种能量随着利益的波浪不断地涌向社会的边界，涌向事物的周遭。（琼斯，1966：227）

爱默生认为，我们作为教师，可以通过了解我们的内心深处来发展我们的临在感。我相信，本书前面所描述的冥想和正念，是我们可以做到这一点的方法。这种联系也被总结为一段佛教语录。

思想表现为语言。
言语表现为行为。
行为发展为习惯。
习惯发展为性格。
所以要细心观察思想

和其带来的影响。
让它从爱中涌出
生发对众生的尊重。（来源不明）

我们必须从根本上唤醒我们的内在生活才能做到完全的存在——我们的想法和脑海中的思想图景及它们与其他生命的联系。通过觉察到思想如何在我们的意识中产生，我们便可以感觉到我们与他人的联系。我班上的一位老师提出了正念如何增强她的教师临在感。

作为一名教师，我已经越来越能意识到我的学生和他们在课堂上的感受。我不再匆匆忙忙地处理一天的事情，而是花时间去享受我们一天的经历和有利时机。学生们评论说，我看起来更快乐了。我确实倾向于笑得更多，我想这是因为我更有意识，更警觉，更有"存在感"，而不是在想我还需要做什么。（Miller, 1995: 22）

本·波特（Ben Porter）从事可视化意象和故事方面的工作，我在其他章节中有提到他，他在我课程的最后一篇论文中写到了临在感的重要性。

对学生充分展现临在感对我而言是非常重要的，我现在觉得这可能是我课程中最重要的部分。我教五年级和六年级的学生，我的学生迫切需要被倾听。他们中很多人来自非常繁忙的家庭，父母忙于工作，没有时间倾听他们孩子的一些想法和问题。我曾经发现，当一个学生走到我面前，告诉我一个关于他或她个人生活的长篇大论的故事，他们有多喜欢周末看的一部电影，或者他或她在一个网络视频游戏中打到了最高级别而感到多么兴奋时，我就会感到很激动。在我的硕士班上，我们学习并讨论了临在感的重要性后，我改变了倾听学生时的态度。数学学习可以推迟，当这些学生急切地需要连接，如果我能给他们几分钟时间倾听他们、关注他们时,他们就会被"点亮"起来。他们也更有可能认真地听我的课,因为我们现在有了更深的个人联系。我还感到自己在这些情况下变得平静下来,我越是花时间与学生交谈、大笑,真正的敞开心扉分享自己,我自己的焦虑就越是减弱。

尽管教师的临在感很重要,但在教师教育中却经常被忽视。它在教师职前教育或教师职后教育中很少被提及。我认为,冥想和正念练习是教师提高临在感简单而有力的方法,教师可以通过全身心关注他们的工作而增强自己的效能。

二、关怀

教师的临在感也有利于促师生关怀,因为如果我们看到了与他人的关联性,那么我们自然也会关心他们。诺丁斯(Noddings, 1984: 181)曾写过关于关爱的文章,他声称我们的学校正处于"关爱的危机"中,因为"学生和教师在口头和身体上都受到了残酷的攻击"。同样,这个危机反映了社会和学校的分离化。

在这种危机中,教师如何能够关怀?教师的责任不是让每个学生都参与到深刻的人际关系中去,当然,这也是不可能的,甚至是不可取的。根据诺丁斯(1984: 180)的说法,"我必须做的是在学生——每个学生——对我讲话时,完全和毫无疑问地在场。时间间隔可能很短,但接触是充分完全投入的"。简而言之,教师应该简单地学会与学生在一起。在与学生在一起时,我们是完全在场的。我们不是在考虑放学后甚至下一堂课要做什么,而是直接与每个学生接触。如果我们和他们在一起没有在场感,学生是可以感觉到的,如果这种感觉成为永久性的,那么学生和老师之间就会产生深深的疏离感。

教师也可以通过将学科与学生的兴趣联系起来以展现关怀。如果教师能够在学科和学生的兴趣之间建立联系,学生往往会通过更直接地参与学科学习来做出回应。正如诺丁斯（1984：181）所指出的，学生"可以通过自由、积极、快乐地沉浸在自己的项目中来回应"。诺丁斯（1992）在她的《学校中的关怀挑战》一书中，描述了教师将关怀带入课堂的各种方式。

马西娅·乌姆兰（Marcia Umland, 1984）也谈到了她如何在小学课堂上关爱她的孩子们。

在小学教书可能是孤立的。一个老师总是可以做得很糟糕——只需分配好东西，让孩子们说出来，然后在校长来访时做一个好的演示。当我想在课堂上与那些小家伙们相处时，我发现我在（20世纪）60年代的大学里与同学们分享的亲密关系被带到了我的课堂上。我关心学生，不能忍受坐在教师休息室里，他们在那里说学生闲话……

我感到很疲惫，但并没有筋疲力尽。有时我的梦想会被中断一两天，但大部分时间我都在，并被孩子们惊呆了。最近我意识到，在班级建设的过程中，我尽力去促使其形成一个我愿意生活的社会。

正如乌姆兰所说，关爱可以使教室成为一个社区。

三、耐心

我们生活在一个不耐烦的社会中，想想马路上那些不耐烦的司机，以及在商店因排队等候而气愤的人。我们在孩子们身上也看到了不耐烦，他们总是倾向于观看适合短时间注意力的电视节目和视频。

作为教师，我们需要培养耐心。孩子们以不同的速度和方式学习。有些学生似乎学得很慢，这会考验我们的耐心，有些学生在课堂上的不当行为可能也会挑战我们的耐心。然而，如果我们能有耐心，不产生应激性的反应，学生的学习和行为就能改变。

每位教师都有过被学生行为所刺激的经历，但如果我们不以消极的方式做出反应，就会有积极的变化。有一次，在我的一门研究生课程中，有一位年轻女性似乎并不专心致志，并错过了一些课程。我对她的行为感到有些恼火，我觉得她从课程中得到的东西很少。然而，她在毕业论文中写道，她有饮食失调症，而这门课对她来说是一次疗愈的经历。最近，我的班上有一个男学生，他在我的课上显得很沮丧，很不开心，然而，当我告诉全班同学，由于行政事务，我明年不会再教了，他说他很难过，因为他不能在秋天上我的课。在这两种情况下，我都没有对他们的行为作出应激反应，我发现耐心是最好的方法。

冥想和正念可以培养耐心。静静地坐上二十或三十分钟，我们学会与一系列的情绪和想法坐在一起，而不试图去改变它们。人们说冥想很无聊，但学会坐着看无聊的事情，可以培养耐心，这种耐心可以转移到我们的日常生活和教学中。

四、爱

作为教师，我们是否热爱我们的工作？这个基本问题至关重要。对我们工作的热爱表现在享受教学的行为上。大多数教师都经历过安妮·沙利文与她的学生海伦·凯勒交流时的感受："我的心在欢唱……理解之光已经照亮了我的小学生的心灵，看，一切都在改变。"（Howe，2003：228）

理想情况下，我们需要以爱默生描述的方式带来能量，他写道："当你做一件事时，要全力以赴，把你的整个心灵投入其中，用你自己的个性给它打上烙印……没有热情就没有伟大的成就。"（Howe，2003：235）这种热情与对我们工作的热爱密切相关。爱还表现在希望我们的学生得到最好的待遇，我们希望他们做得好，成为完整的人。当然,教学会带来无尽的挑战和失望,但对我们工作的爱会带我们度过困难时期。

我在最近出版的一本书《爱与同情:探讨它们在教育中的作用》中讨论了爱的作用(Miller, 2018)。

五、谦逊

作为教师,我们意识到,学习永远不会结束。我们不断地对世界、我们的学科问题及儿童如何学习感到好奇。我们的好奇心应该与孩子的好奇心相匹配。通过这种好奇心,我们可以在学生身上看到自己。有时,当我们承担一个重大的学习项目时(如学习一种新的语言),我们可以感受到学生在学习新的和困难的东西时的感受。这种好奇心使我们保持谦逊,我们意识到学习过程永远没有尽头。

我们也为我们永远无法完全了解我们的教学成果这一事实而感到谦卑。有时我们会在学生上完课多年后听到他们说从我们这里学到了很多东西,尽管这可能是一个孤立偶然的事件,但我们也可以想一想我们对相处多年的其他学生有何影响。显然,教学有其神秘之处,而意识到这一神秘之处确实令人谦卑。亨利·亚当斯写道:"教师的影响是永恒的,他永远无法知道他的影响在哪里停止。"(Howe, 2003: 238)

第二节 整体问责制

现在显然是教育问责制的时代。美国"不让一个孩子掉队"政策的核心特征之一是在每个小学年级进行测试,在美国的一些地区,学校的资金和人员配置与分数挂钩。

如果这就是问责制,那它就是一个扭曲的版本。它把我们对教育和人的看法降低到学生之间相互竞争，只为在纸笔考试中取得成绩。

相比之下，整体教育的视角可以为问责制提供一个更广泛、更鼓舞人心的方法。从这个角度来看，人或学生被看作是一个完整的人，他有思想和感觉，他的身体也应该得到尊重。我相信，这种观点意味着，首先，我们要对坐在或站在我们面前的整个学生负责，他或她不应该被看作是一个仅仅"执行"一套狭窄技能的人，我们的意愿和愿望对这个过程非常重要。我们倾听学生的能力对于评估他们所处位置以及我们如何回应他们的需求是非常重要的。在一个重视多任务和速度的文化中，完全和充分地倾听是一项很艰难的挑战，但这是对我们的学生负责的开始。

第二，我们要对我们工作的机构负责。这意味着我们尽可能地以正直的态度工作，正如帕克·帕尔默（1998）所说的"不分彼此的自我"。我们以林肯所说的"内心深处的朋友"为指导，从内到外地工作和教学。通过这样做，我们帮助建设学校，让人们感到被肯定而不是被疏远。实行这种类型的问责制的机构与强迫人们进入有限角色的官僚机构不同，我们尽可能地帮助在我们的学校内创造一种强烈的社区意识，真正的社区创造了我们可以称之为有机问责制的东西。由于人们以公开和透明的方式相互沟通，有关学生行为和表现的问题可以直接得到处理，学生玩游戏的次数也会降到最低。测试评估从诊断的角度来看确实有一定的作用，它可以让我们了解学生在特定技能方面的表现，并帮助制定可以提高成绩的学习策略。

最后，我们要对学校所在的社区负责。我们努力与家长公开沟通，并邀请他们尽可能地参与到学校的生活中。我认为，家长和社区志愿者的概念很重要，特别是在小学，成年人家长可以听到学生读书或帮助学习基本数学技能。与所谓的咨询委员会相比，家长和社区参与学校的日常活动是一种更好的问责形式，家长对学校生活的参与和我的有机问责制的概念是一致的。有机问责制是与每天发生的事情交织在一起的，而不是某个每月或每两个月一次的会议。每天与学生和教师打交道的家长和社区成员，对学生和他们的行为会有更全面的了解，而不是从一组考试分数中了解。这种日常的责任感在均点学校中是非常明显的。

道格拉斯·里夫斯（Douglas Reeves, 2002）开发了他所谓的整体问责制方法，它超越了考试分数，包括社区合作和领导实践等因素。他概述了学校和学校系统如何采取更具包容性的问责方法的一系列过程。

在全球层面上，我们对地球和整个宇宙负责。对于地球，我们应该对地球和生物圈的自然过程有一种敬畏感和尊重。我所知道的最好的例子莫过于山内的工作，他提出了在校园里种植小森林的想法（见本书第十章），学生和教师对树木的健康和成长负责。我们一直关注学生狭隘的技能，这是社会对成就和竞争迷恋的一部分，它牺牲了我们与地球的关系。

爱默生写道，每个人都有权与宇宙建立一种原始关系。这种原始关系是有机问责制的另一个例子，它意味着我们每个人在生活中都有机会与宇宙建立自己独特的、未经调解的关系。不幸的是，媒体和各种形式的技术已经出现在我们自己和地球的自然进程之间。因此，我们已经忘记了感受柔和的微风拂面，聆听屋顶上的雨声，或目睹冬季第一场雪的奇迹等简单的乐趣。作为教师，我们有责任向学生介绍他们与宇宙的原始关系。迈克尔·勒纳（Michael Lerner）认为，教育的首要目标应该是培养敬畏感和好奇心，而这肯定是通过爱默生所指的关系发生的。大自然本身提供了它自己的问责方法，生态系统的相互依存是问责的最终形式，因为如果我们不尊重这些系统和其中固有的关系，我们所知道的生活将永远改变。当我们见证了自然界的相互依存关系，我们逐渐意识到一种尊重关系和相互联系的整体视角。从这个角度出发，我们借鉴并支持有机问责制。一个有机的问责制度自然会从长计议，有时候对短期结果的过度关注会给我们的孩子带来不必要的压力。

我相信，均点学校符合许多相关标准。学校在教学和评估中注重孩子的整体发展，家长们密切参与学校的工作，因此他们可以持续看到他们孩子的表现。一位教师对家长参与她的课堂做出了这样的评价："这里有一种真正的社区感，家长的参与是伟大的，我的教室里每天都有家长，就像我们是一个单位的，在一起工作，在这里真的很有效，在低年级，它真的很自然、很好地发挥作用。我最喜欢这样。"（Miller，2016：290-291）另一位教师说："我的愿景包括家长与社区的联系，愿景在我们共同创造的过程中不断成长。这方面的一个例子是授粉园，有一群家长一起劳动帮助打造花园，我们共同创造了这个花园。"一位家长这样说："老师欢迎我的关注……学校环境非常欢迎我和我的家人。"家长们也会参与到均点学校的户外教育过程和户外实地考察工作。

总而言之，我相信我们今天的很多东西是一种人为的责任制形式，脱离了自然的基本节奏，但转向整体和生态的角度，我们努力实现有机的责任制，它扎根于一个更完整和明确的世界观。

第三节 整体性校长与变革

我们如何在学校实现整体课程？整体教育需要有自己的变革方法。首要的因素是，校长要认识到，变化是学校生活中固有的。这一点不言而喻，因为学生在成长，教师也在经历个人生活的变化（如衰老）。教师每天往返来回于学校里，更重要的是，我们知道，变化是生命的有机组成部分。从整体的角度来看，我们只是试图与这种变化相协调，这种观点侧重于步调一致或调和。我认为，许多实施的方法都是有问题的，因为我们通常是在尝试实施一些抽象的东西（如一个模型或课程），而不是专注于使自己与生命本身的基本过程保持一致。

我对变化的立场是，现实的基本性质是相互依赖和动态的。我们越能适应这一现实，那么发生的变化就会越深、越有力。我们不再试图抵制或强加一些人为的东西给学生和我们自己，相反，我们给予的是能够帮助人维持生命力和活力和的东西。下面我列出了一些原则，它们有利于促进学校的有机变革。

1. 愿景是变革的一个重要催化剂

愿景不是一份任务声明，而是一种生活现实。愿景隐含在学校正在进行的生活中，来自在那里工作的人们的心灵和思想。愿景包括对整体大局的一些看法，以及每个部分如何与这个整体相关联。当然，最重要的是，校长要实现愿景，她或他对愿景的实现至关重要。

2. 愿景是有机的

愿景并不是僵硬或固定的，因为它随着我们对整体教育的理解而变化。许多教师告诉我，他们对整体教育的概念理解不断变化和发展。当然，在我自己的思考中也是如此，这本书就是这一事实的证明。

3. 有重点，而不是详细的计划

学校需要一个愿景，但不是一个详细的计划。计划最终会与生活的流程背道而驰，从而影响校长和教师在当下场域的临在感。当然，有优先权和重点是很重要的，但如果我们超过了这个度，设置很多固定的角色和细节，麻烦就开始了。我们知道苏联和它的五年计划发生了什么，我相信我们的教育系统正在遭受类似的命运,因为有太多的计划、委员会和任务组。一个教师从深刻的自我意识出发,比任何工作队的建议更有价值。

4. 变化由内而外发生在最基本的层面上(Hunt,1987)

换句话说,深层变化产生于教师的内心。当我们感受到与整体原则的深度一致并开始按照这些原则生活和教学时,就会发生持久的变化。简而言之,整体教育必须建立在某种形式的内在转变之上才能发挥作用,它不可能被强制或强加。我在与数百名研究生共事时看到了这种情况,课堂上学习的内容渗入他们的生活并延伸,同时他们在这个过程中也充满了深深的快乐和成就感。

5. 接受冲突

我们从大自然中知道,冲突是固有的存在。当冲突或分歧出现时,我们知道人们已经从冷漠中觉醒,开始了学习的第一个阶段。不幸的是,我们害怕冲突和对抗。我不是说我们应该试图挑起或煽动冲突,但当它出现时,不要试图避免或压制它,它对于任何变革都是一个重要因素。

6. 变化不是线性的

学校最好被看作是一套复杂的相互作用的关系。了解学校内部存在的一系列关系,以及学校与周围社区的联系是很重要的。当我们对这些联系有了一定了解后,我们就可以在与教职员工或教师群体合作时,将这种敏感性带入我们的意识中。例如,校长如何与员工一起工作是一个极其重要的因素,如果校长鼓励并示范了合作,那么发生重大变化的机会就会大得多。

7. 承认非语言或隐性层面

我相信,大多数变化不是通过语言发生的,而是在非语言的、沉默的层面上发生的。不言而喻的东西有最大的力量来影响变化的方向，例如，一个校长或一群教师默默无闻、深深地致力于整体愿景，这便是一个无声榜样，可以为创造变革的氛围发挥很大的作用。我们已经成为口号和行话的奴隶，如果我们开始承认空间和沉默的重要性，我们就会觉醒到语言产生的地方。通过承认沉默的维度，语言有了更深的意义，而不仅仅是充斥在我们耳边的"头脑风暴"。在沉默中，我们注意到我们的思想和行动，并开始见证它们对自己和他人的影响。如果变革仅仅是语言和模式，它是注定要失败的；当它承认沉默的维度时，它就会开始以强大的，有时是奇妙的方式展开。

8. 将学校视为一个活的有机体，而不是一个工厂

在这里，我想引用彼得·圣吉（1990）的话：

> 许多研究组织的作家用"作为有机体的组织"这一隐喻，提出了一种与传统的专制等级制度完全不同的组织控制形象。它是地方控制的形象——无数的地方决策过程不断地对变化做出反应，从而维持稳定和增长的健康条件。

因此，整体教育将学校视为一个有机体，将变化视为有机的。与其将学校视为工厂（人们的行为就像在流水线上工作），不如将学校视为复杂的生活不断进化的有机体（通过目的感、协作和深刻的内在方向感而改变）。

整个过程的主要焦点是教师的个人成长。当然，课程很重要，正如本书后半部分所指出的那样，整体课程在传输式教学风格的教师手中将可能成为灌输式的课程。

理想情况下，校长或班主任应该是整体性的人。校长应支持教师努力开发和使用整体课程，否则，整体性教师将只能单独或在学校中以孤立的小团体形式发挥作用。校长可以使用教师学习

小组，帮助建立学校教师之间的合作环境。校长可以通过像老师关心学生一样关心员工来做到这一点，换句话说，校长应让老师充分感受到他的临在感。校长在询问教师问题的同时也应该问问自己相同的问题。校长鼓励教师承担风险的同时也应该自己承担风险，他或她通过敞开心扉甚至敢于表现自己脆弱的方式来鼓励教师大胆尝试。我所说的展现自己的脆弱，并不是指校长软弱，而是说她不害怕展现自己的不足。

整体性原则意识到变化是渐进的和有机的，因此从生态学的角度来处理它。这意味着干预是在意识到其可能产生影响的情况下进行的。不能采用狭隘的、机械的变革方法，因为它们没有认识到事物相互依存的本质。因此，如果校长要建立教师学习团队，她会考虑对每个团队可能产生的影响，而不是匆忙准备分组。引入不会对员工造成太大负担的专业发展战略，校长能直觉地感觉到每位教师准备做什么以及适合他们成长的机会。

校长有整体的愿景，并试图在其行动中实现这一愿景。如果校长能够在任何程度上做到这一点，其就是教师成长的有力促进者。思想与行动的结合越深，对教师的影响就越大。愿景应该为学校提供方向感并足够公开透明，以便教师可以共识愿景并为其发展做出贡献。

这样的愿景会是什么样子？以下是本书早期版本中包含的愿景，它也启发了均点学校。

在这所学校，我们关心孩子。我们关心他们的学术、学习，我们希望他们看到知识的统一。换句话说，我们想让学生了解学科之间及与学生自身之间的关系。在相关主题中，我们发现艺术，或者更一般地说是艺术感，我们可以促进这些联系。我们关心孩子们的想法，尤其鼓励创造性思维。我们希望学生能够同时使用分析和直觉思维解决问题。

我们关心学生的身体发育,我们将部分课程用于培养健康身体和积极自我形象的活动。我们希望连接学生的身心,让他们感到"宾至如归"。

我们关心学生与他人及整个社区的关系。我们专注于沟通技巧,随着学生的发展,我们鼓励他们在各种社区环境中使用这些技能。同时我们鼓励社会各界人士走进学校,特别是能够激发学生审美意识的艺术家。

最重要的是,我们关心学生的生活。我们意识到,他们对这个星球所做的最终贡献将来自他们生命的最深处,而不仅仅是来自我们教给他们的技能。作为教师,我们可以努力培养学生的精神成长,让自己变得更有意识、更有爱心。通过对自己的努力,我们希望在我们的学生中培养一种深刻的内在关联感,以及与这个星球上其他生物的关联感。

第四节 关于均点学校的评估反馈

我在整本书中都提到了均点学校,因为它的课程是基于本书和六个关联性原则设置的。最后,我将对这所学校进行更多的介绍。学校的工作人员手册中指出该校的使命:"在一个学习环境中调动学生的身心、思想和精神,培养他们对周围事物的爱、尊重和理解,通过指导点燃他们天生的好奇心,这样他们就可以尊重和重视他们周围的世界"。在我对该学校的研究中,老师、家长和学生都明确支持这一使命,老师和家长都认为这个愿景涉及学生的"头脑、手和心"的发展。一位家长谈到这个愿景时说:"这意味着鼓励孩子们从各个不同的方向思考,整合不同的学科,同时考虑他们和他们的社区,认识自己,成为你自己。"她补充说:"这对(她的)女儿很有效。"(Miller,2016:288)一名曾就读于均点学校并在读高中的学生说，学校"关注孩子的整体发展，不只是教学术、知识"，她补充说，"真正教导整个身体"。我采访了四名曾就读于均点学校现在上高中的学生，他们的深思熟虑和口齿伶俐给我留下深刻印象。

我还询问了学校是否达到了对整个孩子进行教育的期望，我采访过的每个人都觉得是。一位女儿上高中的家长说："这超出了我的预期，因为我看到她适应得很好。"她的女儿在高中时担任荣誉角色。另一位母亲的儿子在他就读的另一所学校曾经被霸凌，她说："均点学校达到了我的期望，太棒了，我十分放心地把他送到那里。"另一位评论说她在均点学校见证了孩子们的同情心和同理心，一位家长同意这一点，并说她的儿子"更关心他人，更关心地球"。一些家长对那里教师的素质发表了评论，一位家长这样说：

这是一个孵化器，在那里他们可以按照自己的速度成长。非常强调解决冲突，体验他人的差异，并接受他人。孩子们可以在没有其他学校那样的压力的情况下长大，获得自我的核心意识对于独立走向世界非常重要。进入高中，不需要"酷"。她在均点学校的所有朋友确实彼此不同，但他们都相互联系并接受彼此的不同，她很可爱。

我采访的高中学生同意这一说法。一名女孩表示，这有助于她培养自信，而一名男孩表示，在均点学校，他了解到"与众不同是可以的"，他补充说"均点学校是一个可以帮助学生个体成为他自己的平台"。老师们普遍认为学校达到了预期，一位在那里工作多年的老师将其描述为一次"旅程"，并且表示学校明显在朝着"积极的方向"发展。另一位老师说，学校是"关心可持续生活的家长和老师的港湾"。一位老师评论说"你在孩子身上看到的真实性"，她补充说，"学生因他们是谁而受到尊重"。

当然，也有挑战。均点学校的校长同时也是罗登学校的校长，她是两所学校的校长，因此除了通常的校长角色外，她还承担着额外的责任。有时，当有教师休假（如产假）时，均点学校便会面临人员配置紧张的问题。由于学校在董事会政策的框架内运作，校无法控制哪些教师可以调入学校。最后，学生群体缺乏多样性，但这在一定程度上得到了改善，因为均点学校的学生与罗登学校更多样化的学生群体经常有所互动。

均点学校最初成立时的愿景是希望为其他寻求发展整体课程的学校提供参考。家长们同意它可以作为这样一个模型，其中一位说："人们渴望改变。"学校有一长串家长等候名单，这些家长希望他们的孩子可以进入均点学校学习。一位家长说，很多学校都注重个人，而均点学校的学生则学会"关心他人"。在均点学校，她的孩子"能够与世界互动并有学习的动力"。

均点学校的案例表明，整体教育不仅可以在公共教育中进行，而且可以蓬勃发展。

参考文献

CHADWICK D. Crooked Cucumber:The Life and Zen Teachings of Shunryu Suzuki[M]. New York:Broadway Books,1999.

EISNER E,ELIZABETH V. Conflicting Conceptions of Curriculum[M]. Berkeley CA:McCutchan,1974.

EMERSON R W. Emerson on Education:Selections[M]. New York:Teachers College Press,1966.

HOWE R. The Quotable Teacher[M]. Guilford CT:Lyons Press,2003.

HUNT D E. Beginning with Ourselves:In Practice,Theory,and Human Affairs[M]. Toronto:OISE Press,1987.

MILLER J P. The Educational Spectrum[M]. New York:Longman,1983.

MILLER J P. Meditating Teachers[J]. Inquiring Mind. 1995,12:19-22.

MILLER J P. Love and Compassion: Exploring Their Role in Education[M]. Toronto:University of Toronto Press,2018.

NODDINGS N. Caring:A Feminine Approach to Ethics and Moral Education[M]. Berkeley CA:University of California Press,1984.

NODDINGS N. The Challenge to Care in Schools:An Alternate Approach to Education[M]. New York:Teachers College Press,1992.

PALMER P. The Courage to Teach:Exploring the Inner Landscape of a Teacher's Life[M]. San Francisco:Jossey-Bass,1998.

REEVES D B. Holistic Accountability:Serving Students,Schools,and Community[M]. Thousand Oaks CA:Corwin,2002.

SENGE P M. The Fifth Discipline:The Art and Practice of the Learning Organization[M]. New York:Doubleday,1990.

UMLAND M. Writing,Elementary School[M]// MACRORIE K. Twenty Teachers. New York:Oxford University Press,1984.

附录 命名世界：关于整体教育和土著教育的对话

四箭和约翰·米勒

对话是人与人之间的相遇，以世界为中介，为世界命名。

——保罗·弗莱雷（1970：88）

（土著教育的）最终目标不是解释一个客观化的宇宙，而是学习和理解责任和关系，并庆祝人类与世界建立的责任和关系。

——格雷戈里·卡杰特（2000：79）

四箭：杰克，我很荣幸接受你的邀请，共同探讨关于土著教育和整体教育的相似性和差异。我预感我们可能会花更多的时间来达成共识，但对我来说，这个努力是值得的，即使只是为了验证一种被大多数人忽视或否定的学习方式。上周，当图森联合学区实施其新的"禁止民族教育"法，并限制使用保罗·弗莱雷的《被压迫者教育学》（1970）一书时，我毫不惊讶地看到比格洛的《反思哥伦布》和我的书《解读征服的语言：学者揭露美国的反印第安主义》（Four Arrows，2006）被列入限制书单。在教育领域，这种"反印第安主义"由来已久。例如，当代哈佛考古学家史蒂文·拉·布兰克（Steven La Blanc，2003）写道，认为记住一些关于与自然环境融为一体的古老观念会以某种方式恢复生态平衡并减少战争，这完全是一个神话。同样，英国历史学家休·特雷弗-

罗珀（Hugh Trevor-Roper，1965：9）在 20 世纪 60 年代写道："对地球上风景如画但无关紧要的角落里的野蛮部落的回旋进行任何严肃的研究都是不值得的，这些部落在历史上的主要功能是向现在的人展示一种过去的形象，而现在的人已通过历史逃离了过去。"人类学家詹姆斯·克里夫顿（James Clifton，1990：36）在他的书《被发明的印第安人》中认为："承认印第安人的积极意义是一个完全错误的主张，因为印第安人的成就从未被证实过。"罗伯特·威兰（Robert Whelan，1999）是一个支持自由市场的智囊团的主任，他在《森林中的野性：和平生态萨维奇的神话》一书中也否定了世界各地的原住民的任何积极贡献，他写道："地球上的原住民在爱护环境方面没有什么可以教我们的。"

我不确定整体教育者是否已经充分认识到整体教育和土著教育之间的联系。顺便说一句，你和罗恩·米勒是我的两个教育英雄。我为罗恩的《学习路径》期刊写了一个专栏，并为他的另一本杂志 Encounter 撰写过几篇文章。在罗恩题为《整体教育的哲学渊源》（2005）的文章中，他列出了五个来源，首先是您的书《整体课程》（Miller，1988）和他的期刊《整体教育评论》，紧随其后的是一些使用"整体"一词的人本主义心理学家。他说，这一官方运动是 20 世纪 60 年代的产物，也是怀特海、荣格、贝特森和冯·贝塔朗菲等哲学家的观点以及他们对互补性进行强调的产物。他说，整体教育的第二个来源是量子力学，第三是深层生态运动，第四是"与和平主义意识形态有关的跨国主义观点"，第五个来源是当代女权主义的出现，尽管他承认这很微妙而且很少被提及。如果妇女运动在整体教育文献中几乎没有被提及，那么您对参考土著资源有何看法？你认为我们在这篇文章中建立整体教育和土著教育之间的联系有什么重要性？如果整体教育的根基如我所断言的那样明显地植根于土著人民并成功实践了数万年的认识方式，那么，鉴于我们地球母亲当下面临的全球生态危机，整体教育者开始明确这种联系可能有什么好处？

杰克：我很荣幸参加这次对话。我阅读过您的很多作品，从《整体教育评论》期刊开始，很高兴您在我们最近的整体学习会议上发表了主题演讲。我相信整体教育作为一种实践始于土著人民，换句话说，整体教育的最初愿景是本土的。我想首先关注三个中心原则，而不是专注于罗恩的"整体教育的哲学来源"文章，我相信土著教育者和整体教育者都认同这些原则。在我看来，这些是土著教育和整体教育实践的基础。第一个原则是让人们意识到生命深层的相互联系，或者意识到一些土著人民所说的生命之网。了解我们如何与所有生命和地球进程密切相关，这对整体教育至关重要。这么多的教育都是碎片化的，把知识分成没有联系的课程和单元。我相信土著教育家和整体教育家都在寻求一种让学生看到关系和联系的教育。

我认为第二个共同的原则是对神圣的感觉。宇宙、地球和它的居民都被视为神圣和奇妙的，没有人比原住民更能表达对地球的敬畏。不幸的是，今天在物质主义、消费主义的心态下，这一点已经失去了。我们已经忘记了如何通过仰望星空，感受风吹拂我们的脸庞或陶醉于雨后的草香。

第三条原则是教育整个人，包括身体、思想和精神。今天，教育几乎只关注思想，对身体只是口头上说说而已，心灵被忽略了。我认为整体教育家和本土教育家都会同意甘地的教育观点，他在《我梦想的印度》中写道：

"我认为，真正的智力教育只能通过对身体器官（如手、脚、眼、耳、鼻等）的适当锻炼和训练才能实现。换句话说，明智地使用儿童的身体器官，才是发展儿童智力的最佳和最快的方式。但是，除非身心的发展与精神的觉醒同步进行，否则仅靠前者将是一件可怜且片面的事情。我指的精神训练是心灵的教育，因此，只有当思想与儿童的身体和精神能力的教育齐头并进时，才能实现适当和全面的发展，它们构成一个不可分割的整体。根据这一理论，如果认为它们可以零散地或独立地发展，那将是一个严重的谬误。(Gutek，1997：363)

今天，相关部门都犯了甘地所说的严重谬误，整体教育者和土著教育者都试图纠正这种谬误。尽管我相信这些基本原则是共同的，但整体教育者仍有许多东西需要向土著教育者学习。整体教育经常被阐明，但没有体现出来。我们有关于整体教育的会议和课程，但往往仅停留在口头讨论层面。我们可能以一分钟的冥想开始课程或会议，但我们仍在寻求方法，以更深入地整合相互关联、整体性和神圣性的原则。

四箭：首先，我想说，我非常感谢你说整体教育始源于土著民，这种承认具有无以言表的重要意义，同时我想直接谈谈关于你的观点。

如果如你所言，整体教育包含了相互关联、"神圣感"和心灵/身体/精神学习，那么它确实与原住民的信仰相吻合。如果你到此为止，我们的对话可能要在此结束，然而，您得出了一个最重要的观察结论，让我们可以继续交流，即这种言论很少被践行。也许土著人的智慧中有些东西可以帮助我们，因为尽管世界各地的许多土著人也正在失去坚守的意愿、能力或文化，但使我们总体上与众不同的一件事是，尽管在过去的一千年中，我们在这样做时面临着可怕的障碍，但我们还是设法"说到做到"。土著人的困境在很大程度上与拒绝放弃这些原则有关，尽管霸权主义的影响占主导地位。

那么，整体教育者如何才能更深入地整合相互关联性、整体性和神圣性的原则？我们如何才能走向"为世界命名"，建立和庆祝我们的关系和责任？（参考我们开头的引文）你说会议前一分钟的冥想是不够的，所以让我们从这个仪式开始，看看土著人的实践提供了什么。学校的大多数课程、与教育相关的大多数会议及在温哥华举行的美国教育研究协会会议上99%的演讲,甚至不会以一分钟的冥想开始。然而,当我在松树岭印第安人保留地的奥格拉拉·拉科塔学院担任教育院长时,任何会议、课堂或演讲都不会在没有重要的祈祷、歌曲或仪式的情况下开始。

当一个传统的土著演讲者要分享神圣的知识时——所有的知识都被认为是神圣的——他或她有责任认同与该主题相关的其他关联。它提醒每个人,我们与可能影响结果的有形和无形世界中的一切都有着固有的契约和伙伴关系。卡杰特(2000:81)谈到这种仪式是"编排情境,使人们接触到契约"。这方面的一个例子发生在你们最近的整体教育会议上,格雷格和我在多伦多附近的日内瓦公园做了主题演讲。记得在我发言之前,我找了一位当地的原住民长者上台,向我们开会的地方的祖先和环绕圣地的野生动物致敬。这个简单的行为可能为整个会议定下了一个基调。它给了我们新的知识,提醒我们对土地的责任,鼓励我们更有创造性地参与我们周围的生活,尊重宇宙的生命能量和前人的影响,并且帮助许多人建立新的关联。

与这种实施的可能性(教学前的仪式)相关的是梦和愿景。我的第一篇论文是基于一个愿景而写的,许多土著教育家在谈到他们的论文和他们为通过委员会而进行的斗争时,都提到了梦境和愿景的作用(Four Arrows, 2008)。我认为在整体教育中,有很多机会可以让人们更多关注或培养愿景和梦想。当然,没有必要把佩奥特[①](Peyote)带入课堂,但我们可以讨论原住民学习者和

[①] 译者注:佩奥特是一种小型仙人掌,该仙人掌冠的部分可以被咀嚼或浸泡在水中制成茶。在美国,拥有佩奥特是非法的,因为佩奥特含有一种叫作麦司卡林的化学物质,会引起幻觉,但佩奥特可以用于美国本土教会的宗教仪式。

教师使用的各种催眠的策略,其具有一定合适性。事实上,我认为你们会议上的几个研讨会实际上使用了其中的一些内容。也许在我们讨论具体的方法之前,你可以推测一下加拿大教育工作者可能出现的障碍。我知道,在许多美国机构中,只要提到"催眠幻术"就会让教师停职。另外,我很想知道,整体教育在历史上是否已经超越了单纯的认知领域,如果是的话,又是如何做到的。

杰克:我认为整体教育者使用的两种方法与土著教育相一致,即梦境工作和可视化意象。梦境工作的使用非常有限,因为我们的文化一般不喜欢关注梦境,特别是在教育环境中。然而,多伦多大学教育学院(OISE)的一名学生玛丽娜·夸特罗奇(1995),在她的英语课上分享了她的博士论文,内容是关于高中生保持撰写梦境日记并使用这些日记的情况。梦境日记只是在人醒来后记录的梦境。在她的研究中,她发现学生在写日记时会产生几个积极的结果。

① 学生对他们目前的问题、挣扎和情绪的认识和洞察力增强。

② 学生解决问题的能力增强,特别是在人际关系方面。例如,一个学生做了一个梦,梦中显示了她决定与她父母不同意的男友"偷偷摸摸"所造成的混乱局面,她梦中的图像使她相信要结束这段关系。

③ 更好的班级融洽关系。夸特罗奇发现,随着梦境在课堂上的讨论,在三个方面的融洽关系得到了改善:"学生—学生、学生—老师、学生—班级"。

④ 通过面对阴影获得个人成长。学生最经常重复出现的梦是被一个邪恶的人物追赶。学生们能够与他们的梦一起工作,面对阴影人物,从而获得成长。

⑤ 创造力增强。一些学生利用这个机会对他们的梦进行了创

作，两个学生带来了他们认为能够呈现梦的音乐，其他活动包括写诗、画画，以及通过短剧将梦想戏剧化。

⑥ 许多学生建立了精神上的联系。例如，一个学生梦到时间在流逝，她需要唤醒自己的精神需求。

⑦ 预言性的梦。学生们做了一些梦，他们觉得这些梦在某种程度上预示着未来。

玛丽娜（Quattrocchi, 2005）也写了一本关于梦想以及我们如何在生活中与梦想合作的书。

可视化意象在学校得到了更广泛的使用，人们想象不同的物体或事件。可视化意象已用于各种运动以提高性能，例如，棒球运动员会想象挥动球棒并被击中，坐在看台上想象罚球的篮球运动员与没有想象但练习实际投篮的同龄人在相同时间内表现大致相同。最主要的可视化意象集中在自然界中。一种常见的意象是想象自己攀登一座山，它可以代表一个人的精神之旅。自然界中的图像，如太阳和水，也具有治疗效果。例如，有的治疗师会以阳光的意象来治愈感染或召唤冷水意象来治愈烧伤。我知道愿景追踪在土著文化中占有重要地位，并且它与可视化意象有一些相似之处，都需要人的想象力。然而，据我所知，愿景探索是一种更具挑战性的实践，涉及更多（如隔离、禁食等）来触发愿景。

有一点补充的是，在美国的一些地方，宗教激进主义者对可视化意象的使用有抵制，他们反对在学校使用，我猜想他们也会反对一些土著教育做法。

四箭：很高兴你的学生围绕梦境反思及其益处开展博士研究，我之前不知道这篇论文，我想我在今后的写作中会阅读参考它！

我曾经在加州大学伯克利分校从事婚姻、家庭和儿童咨询师的催眠术认证工作，并在体育和临床催眠治疗方面从事了一段时间的工作。我理解对可视化意象和催眠工作的抵触情绪，政治家、传教士和小贩都可以学习如何唤起催眠意象,但教师却被限制这样做,这是一种耻辱。然而,事实是,他们一直在不适当地使用它。儿童(和其他动物)在受到惊吓时,会进入自发的恍惚状态,所以如果一个老师走到一个在数学问题上遇到很多麻烦的小孩子面前,说:"孩子,你永远不会有什么成就!"这可能会在孩子的余生中留下阴影的种子。正如你所指出的,想象具有治疗效果。在我的书《急救人员的患者沟通:创伤的第一个小时》(雅各布斯,1988年)中,我有一张照片,一个男人来到加州伯克利的阿尔塔贝茨医院,他的手臂上有二级烧伤。格里·卡普兰医生让他想象他处于干净的落雪山区中,用纱布包住手臂,给他一片阿司匹林,然后送他回家,他在12天内竟然完全康复了!

我认为,整体教育者如何思考和使用可视化意象与美国印第安人如何使用"愿景追踪"(hanblecheyapis)① 之间存在一些差异。作为一名拉科塔太阳舞者,我做过很多愿景追踪。它是七个神圣仪式之一,也是准备太阳舞②的要求。简而言之,土著人的愿景探

---

① 译者注:Hanble 的意思是"异象或梦想","ceya"的意思是"哭泣"。Hanbleceya 字面意思是"为异象而哭泣"或"为愿景而哭泣"。土著文化中的 Hanbleceya 是对精神指导的一种祈祷。Hanbleceya 仪式是在南达科他州西部靠近黑山的熊山(Bear Butte)举行的一种愿景追踪,或称为灵境探索的土著文化仪式,拉科塔人将做愿景追踪的地方描述为"他们最神圣的祭坛"。传统上,这种愿景追踪/灵境探索仪式需要持续2~4天,现在大多数人一般做1~2天。

② 译者注:太阳舞是许多土著民族的传统活动和宗教仪式,也是部落文化的传承和社区凝聚力的象征。太阳被视为生命的源泉和神圣的象征,太阳舞仪式一般在夏至举行,寓意对太阳神的崇拜和对大自然的感恩。开始仪式前,参与者会进行清洁仪式、祈祷和献祭仪式等准备工作。仪式中,参与者穿上部落文化的服饰围绕圆形的舞池跳舞、歌唱和击鼓。仪式期间,参与者们相互交流,分享食物和故事,增进彼此间的情感并传承土著文化。也有一些参与者会进行长时间的舞蹈,忍受饥饿和疲劳以证明自己的虔诚。

索不被视为"想象力"范畴,而是对精神世界指导的神圣请求。我认为这种区别很重要,但是当您说愿景探索和可视化意象与自然世界最相关时,您是正确的。例如,为了准备在南达科他州举行的非常炎热的太阳舞会,我对自己能否在 45.5 摄氏度的气温,水源有限的环境中持续生存 4 天感到担忧,因此我去了爱达荷州的锯齿山脉,在我当时的家上方进行了一次愿景追踪。

我做了 150 个烟草带环绕自己,把红雪松树皮放在我的烟斗里,坐在圆圈里祈祷。与此同时,一只如老鼠般的啮齿动物进入圆圈并开始咀嚼烟草。他走后,我一直留在山上直到第二天,没有发生"愿景"幻象。我在谷歌上查了一下这个动物,它是一只袋鼠,"北美唯一一种可以终生不喝水的哺乳动物。"

一般愿景探索涉及社区参与,这个故事没有反映出这一点,因为我当时离我的太阳舞社区较远。通常情况下,社区会护送个人到仪式地点并在时间(一到四天)结束时找回他。净化仪式之后是巫师聆听和解释精神信息,因此,与整体教育者可能使用的梦想日记和视觉化意象不同,土著愿景探索既是一个独立的事件,也是一个集体事件。

这个故事还表明了卡杰特(2000:69)所说的"每个行为、元素、植物、动物和自然过程都被认为具有人类不断与之交流的动人精神"的意思。作为一名受过西方教育的学者和催眠治疗师,我不得不承认恍惚状态在协助这种交流中的作用,但我认为鉴于西方传统和宗教所提倡的整体教育之间的差异,这种接受幻象的想法被理解和接受都有点困难,更不用说付诸实践了,不是吗?

杰克:在 20 世纪 70 年代,安德鲁·威尔(Andrew Weil,1972)以其在综合医学方面的工作而闻名,写了一本名为《自然心智》的书。他在其中指出,年轻人寻求超越理性意识的经验,例如,孩子们会旋转直到头晕,然后倒在地上看世界旋转。他认为探索非理性的意识状态是很自然的,这是人类的基本需求。可以说,如果我们不提供探索这些状态(包括梦境和非理性意识状态)的安全机会,那么年轻人就会转入地下偷偷地试验毒品。因此,这是在教育环境中探索梦想和参与意象活动的另一个论据。主要是教师必须敏感和谨慎地监管这些活动,如果孩子对活动感到不舒服,<u>应立即允许他或她选择退出</u>。此外,该活动需要融入课程,以支持学习。我几年前遇到的一个例子叫作水循环。通过这种观想,学生们实际上可以"变成水",并有一种蒸发、变成云、然后降为雪的内在体验。这项活动可以补充课堂上水循环的研究,并将其与学生的体验联系起来。

我相信我们一直在讨论的经验也可以让我们进入无形的世界。在我的《沉思的实践中》(Miller,2013)一书中,有一章是关于这个世界的,它以黑麋鹿的一句话开始:"疯马梦想着进入一个只有万物之灵的世界,那是这个世界背后的真实世界,我们在这里看到的一切都像是那个世界的影子。"这个世界有很多名字——道、集体无意识(荣格)、隐含秩序(玻姆)和超灵(爱默生)。一些有过濒死体验的人,对这个世界描述得很详细。当然,对这个世界的描述往往能反映体验这个世界的人的文化视角。

在我们这个唯物主义的世界里,很难探索这个世界,但我认为忽视它也有其自身的代价。

梅博利-路易斯(Maybury-Lewis,1992)在撰写有关土著文化的文章时提出了以下论点。

我们生活在一个以现代性为荣的世界,但同时又渴望完整、渴望意义。与此同时,这个世界将那些填补空白的冲动边缘化了。向神的朝圣,对超越普通经验的知识的开放,与宇宙融为一体的想法,这些被我们的冷漠所阻止。失去了我们属于更伟大事物的一部分的意识,我们也失去了随之而来的责任感。但如果我们不听从其他传统,甚至不听从我们内心的自我,那么我们发育不良和过度自信的文明未来会怎样?

对无形世界的体验虽然转瞬即逝,但却能对我们产生强大的影响。例如,有研究表明,有过濒死体验的人会发生积极的转变(Moody,1988)。所以我在这里主张的是,我们可以探索各种传统是如何描述看不见的世界的,我相信对这个世界进行开放的探究可以为理解我们自己和非理性意识形态提供更广阔的背景。

四箭:我的脖子都酸了,因为我一直点头表示非常同意你说的话!但是,真正了解意识这些方面的价值的整体教育者和土著教育者如何做呢?让教师、学生、管理人员和政策制定者发起这种思想开放的调查?

我之前提到过我根据一个愿景写了一篇论文。鉴于你提到的濒死体验,我认为有必要多说一点,因为它与这个问题有关。首先,当我的委员会主席经过一个多月的期待终于把我的手稿还给我时,上面写的全是:"这不是精彩就是胡说八道!请安排时间来看我。"

现在我想,在某种程度上,这是我们所寻求的开明探究的一个积极例子,尽管当时我并不这么认为。尽管如此,论文还是出版了,也成了一本受欢迎的书。无论如何,我的幻象与我在濒死体验后遇到的两个动物有关,它们体现了穆迪写的所有共同特征。我在墨西哥铜峡谷底部的里奥乌里克河上划皮划艇,作为一名消防员,前海军陆战队员,肩负重任,我用这样的冒险来消除我的挫败感。我不会在这里详细说明发生在我身上的事情,因为如果读者感兴趣,可以去读《原始意识》,但它确实改变了我。我确信正是它,将我在努力爬出2.4千米深的峡谷时遇到的一只小鹿和一头美洲狮转变成一个我称之为"CAT-FAWN 连接"的有远见的理论的原因。我认为我值得简要描述一下这个理论,因为它不仅为我们提供了本土假设和整体假设的素材，它还与另类意识相关，并给出了对无形世界持开放态度的强烈理由。

简而言之，CAT 代表"集中激活转化"，它指的是自发或诱发的恍惚状态。FAWN 代表了决定 CAT 和 FAWN 之间的相互作用是否产生积极或消极转变的四大因素，而积极或消极反过来又取决于是否使用西方关于 FAWN 的信仰而不是本土信仰。F＝恐惧（fear），土著人民将其视为实践美德（慷慨、勇气、耐心、谦逊、诚实、坚韧）的催化剂。西方人避免恐惧的感觉，当恐惧来临时，什么都不做，除了实践一种美德。A＝权威（authority），土著人民仅将对生活经验的反思视为最终权威。西方人认为权威在很大程度上是外在的，存在于父母、老师、警察、法律等方面。W＝文字（Words），土著人民将文字理解为神圣的祈祷，具有在宇宙中扩展的力量和能量。这就是为什么"触前文化"①认为白人的欺骗是一种精神疾病，大多数原住民文化甚至没有谎言这个词。当然，西方世界以使用文字欺骗而臭名昭著。N＝自然（nature），土著人民理解整体的、非人类中心主义的联系，并将自然视为老师。在主流文化中，自然在很大程度上仅被视为供人类消费的资源。

所以，这就是学校系统不鼓励对非理性形式的意识进行开放式探究的原因，因为从本质上讲，守门人及其受害者（我们中的大多数人）自己被催眠了，相信自始至终的霸权命令是因为 CAT-FAWN 的负面使用？

如果是这样，整体教育和土著教育工作者可以做些什么来改变这种情况？我们可以做些什么来激发真正的开放思想，至少调查我们一直在说的事情？是否有可能即使是整体教育者也无法更

---

① 译者注：触前文化（Pre-contact cultures）意指原住民社会在接触西方文化之前是高度发达和复杂的文化，其系统培养了他们的成员，设计了适合他们的需要和周围环境的技术，并与他们的自然环境和谐相处。

好地"言出必行",因为他们坚持西方关于恐惧、权威、语言或自然的观点?这是一个整体教育可以向土著教育学习的地方吗?当然,如果你能回答其中任何一个问题,我们就可以结束这一章并加以庆祝,但也许我们可以想出一些有意义的东西。

杰克:是的,我相信今天的大多数教育都是基于恐惧的。许多父母担心他们的孩子不会出人头地,因此政客们将考试成绩作为衡量良好教育的标准。大多数人都在讨论、比较考试成绩,这种情况一直很严峻,达尔文主义认为其不能激发灵感。

相比之下,迈克尔·勒纳(2000)在他的《精神问题》一书中认为,敬畏和惊奇应该是教育的首要目标。玛利娅·蒙台梭利开发了一种可以培养敬畏和惊奇的方法,她叫作宇宙教育。它首先让孩子对拥有数十亿个星系的宇宙有一种包罗万象的感觉,"然后关注我们的银河系、我们的太阳系、地球及其地质历史、第一批生命标本、所有植物和动物物种,最后是人类。整个研究的本质是所有创造物的相互联系,事物的统一性"(Wolf, 2004: 6)。

蒙台梭利的儿子马里奥(1992: 101)在描述宇宙教育时写道:"宇宙教育力求在适当的敏感时期为年轻人提供发展他们的思想、视野和创造力所需的刺激和帮助,无论他们个人贡献的水平或范围如何。"他说,孩子需要"对整体有先验兴趣",这样他或她才能理解个别事实。这可以部分地通过向学生介绍关注生物和非生物相互依存的生态原则来完成,如马里奥以学生研究鲑鱼的生命周期及其与环境的关系为例。

沃尔夫还参考了布莱恩·斯威姆(Brian Swimme, 1992)和宇宙故事的作品。宇宙教育帮助孩子们将自己置身于宇宙的整体框架之中。蒙台梭利和斯威姆呈现的宇宙形象是一种秩序和目的。由于人类是宇宙的一部分,它为我们提供了一个超越国家和宗教界限的共同参照点。沃尔夫还指出,宇宙教育可以帮助孩子培养敬畏生命、爱护地球的意识。在浩瀚的宇宙中看到地球生命的奇迹，可以帮助学生更深刻地体会生命和地球本身。宇宙教育还可以让学生产生深深的感恩之心。

当然，土著教育从其自身角度来看是宇宙性的，可以为教育工作者提供您所描述的"语言"方面的知识，也可以鼓励与自然的直接体验。仅仅阅读宇宙知识是不够的，年轻人需要与大自然有直接的经验。我在日本共事的一位校长提出了学校森林的概念，即在校园内种植一小片树木。学生们照顾树木，看着它们成长，甚至与树木交谈并为它们写诗。种植学校花园的举措也为学生提供了与生物建立关系的机会。

去年，我被要求评估一位老师（Nicholls，2011）的一篇论文，这位老师将一只狗带进了她的教室好几年了。那是一所天主教学校，所以这只狗的名字叫奥古斯丁，缩写为古斯（Gus）。她发现古斯将学生聚集在一起，并实际上帮助他们提高了学业成绩，极大地改变了课堂生活。我记得你在整体学习会议上的演讲中说动物在土著人民的生活中扮演着重要的角色，我认为它们也可以在教育中发挥作用。

所以，我相信一些整体教育者正在发挥作用，但他们仍然处于边缘地位，将他们带入主流需要社会转变。对我来说，一个令人鼓舞的迹象是不丹这个国家。两年前我和格雷格·卡杰特（Greg Cajete）及其他20名教育工作者去了那里，帮助他们调整教育系统以适应国家的国民幸福总值（Gross National Happiness, GNH）目标。不丹是我所知道的唯一一个将整体和生态教育作为其教育体系总体框架（工作）的国家。虽然它是一个小国家，但GNH的概念作为我们消费主义文化的严肃替代品在全世界引起了广泛关注。后来联合国举行了一次会议，以检验他们的GNH模型。

四箭：我很想和你和格雷格一起去不丹。事实上，我认为我们的世界需要强调可持续发展、保护文化价值、保护自然环境和为所有人建立良好治理而不是严格的经济指标的国家愿景。根据"幸福国家"的国际比较,他们似乎也做得很好,2009年排名第十八位,丹麦排名第一,芬兰排名第五。他们证明,一个不富裕的国家仍然可以幸福,这也是我每天在墨西哥土路小渔村学到的一课,那里的大多数邻居没有自来水,仍然在明火上做饭。当然,可能有人很挑剔,不丹存在严重的家庭暴力问题,任何反对不丹君主制的人都会遭到严厉对待。也存在对移民的暴力行为问题(这也可能与反对君主制有关)。看看芬兰的悖论也很有趣,它在幸福感方面排名第五,但在自杀率方面排名第一。

无论是君主制还是民主制,能否使用土著智慧来分析这种潜在矛盾,与政府的理念和强制力有关。在弗兰克·布拉乔(Frank Bracho)的章节"美洲历史上的幸福与本土智慧"中,暗示了这一点。

> 杰斐逊坚信,没有在欧洲形式的政府统治下生活的土著人民通常享有更大程度的幸福。他尊重他们不服从任何法律或任何潜伏在政府阴影下的强制性权力。他指出,在他们的社会中,唯一需要的控制来自对与错的道德感,或者,当罕见的犯罪发生时,将犯罪者排除在社会之外。(Four Arrows, 2006: 35)

居住在委内瑞拉的阿拉瓦克学者弗兰克指出,真正关心他人的感觉,关心他人的快乐,似乎是许多早期美洲印第安人表现出幸福的内在原因(而且许多人仍然这么做,尽管他们经历了殖民创伤)。他写道,在委内瑞拉亚马逊族群 Piaroa 的语言中,幸福被称为 eseusa,意思是"与他人分享的快乐"。他还说,土著人民意识到存在比拥有更重要。克里斯托弗·哥伦布(Christopher Columbus)早在描述种族灭绝政策时就提到了土著人民的这两种价值观:关怀和非物质主义。

> 他们是世界上最好的人,也是最理智的人,他们爱邻如己,

他们忠心耿耿,不贪图别人所拥有的,他们无偿地给予他们所拥有的一切。他们说话总是甜甜的、温柔的,还带着微笑。(Setien,1999:50)

带着这些想法,我去研究了 2010 年度不丹调查。对于每个省份,他们都有大约 473 页的图表数据,涵盖了所有可以想象到的与幸福相关的事物。对于"慷慨",大约 35% 的人认为这是该国的一个重要特征。对于"企业腐败",大约 40% 的人认为它在某种程度上存在,我没有发现任何关于人们对政府感受的具体问题。这是一项引人入胜的调查,值得在 http://www.grossnationalhappiness.com/ 上查看。

因此,这给我们带来了整体教育和土著教育之间有趣的对比点。可以说 20 世纪 70 年代和 80 年代在美国创立的整体教育基本上接受了美国形式的政府和资本主义及其唯物主义联盟吗?在这方面,批判性教育学在多大程度上影响了整体教育?也许土著认知方式与任何类似它的教育哲学之间的最大区别在于传统土著价值观继续抵制物质主义和强制性政府。我多年来一直认为,这就是与其他少数群体相比,土著文化没有被同化的原因之一,这也是他们被施加的结构性不平等程度较高的原因之一(或公然忽视对他们的任何实质性关注)。你怎么看?

杰克:我不认为整体教育会强化物质主义或压迫性制度,而是试图教育人们去深切关心他人福祉。纳粹在 20 世纪 30 年代关闭了德国的华德福学校,玛利娅·蒙台梭利在墨索里尼统治期间离开了意大利。我觉得他们这样做的原因是认为整体教育的宗旨是试图触及每个人的"神圣火花",当人们根据这种火花采取行动时,他们就会被视为对权威的威胁。甘地和马丁·路德·金是从神的火花中采取行动的例子,因此他们的行为导致了印度的独立和美国的民权运动。批判教育学有多种形式(整体教育也是如此),我发现像参与佛教这样的批判方法更具吸引力,它将智慧和同情心带入社会行动。我还发现贝尔·胡克斯(Bell Hooks, 2000)的作品非常有影响力,因为她不怕将爱引入她的批判教育学作品中。

我想回到我们对话的开头,当时我提到了我认为原住民教育和整体教育共有的三个基本原则:持有神圣感、重视生命之网和教育整全的人。对我来说,土著教育因其传统、对祖先的尊重及与地球的深厚联系而更深刻地体现了这些原则。当土著人谈论我们与地球和宇宙的关系时,它不是来自头脑,而是来自更深的地方。很多整体教育都是具身的,我们可以从土著教育中学习从而实现更深层次融合的实践。我发现唐·米格尔·鲁伊斯(Don Miguel Ruiz, 2004)是墨西哥托尔特克土著智慧的载体,他写的有关爱的话非常鼓舞人心。

我们所说的爱是一种非常笼统的东西,它甚至不是真正的爱,爱是无法用语言描述的。正如我之前所说,我们不能真正谈论真相,我们需要体验真相。同理,真正了解爱的唯一方法是体验爱,勇于跳入爱的海洋并在爱的整体中感知爱……我们看到爱来自四面八方……来自树木、花朵、云朵,来自人,来自一切。在某个时刻,我们只是处于狂喜之中,无法用语言来解释它,因为目前关于如何解释它尚未达成一致。

我们没有在对话中谈到爱,但鲁伊斯所写的那种爱也是启发了金和甘地的爱,因为他们都谈到爱是宇宙的中心。这种爱也应该是整体教育的核心(Miller, 2009)。

四箭:我很欣赏你的评论,暗示批判教学法不太可能包含关于无形世界的对话。在20世纪80年代,我在我的博士课程中写了一篇题为《批判教育学和灵性:缺失的环节》的文章,我仍然认为该学科过于以人类为中心。然而,我不认为政治可以或应该与教育分开，我们"与地球的深层关联"需要批判性的反思和支持它的行动。桑迪·格兰德（Sandy Grande, 2008: 250）在她的"非方法论"中说："红色教育学被理解为本质是政治的、文化的、精神的和智力的……并促进非殖民化的教育。""捣蛋鬼"的隐喻让我们在潜在的有害做法变得根深蒂固之前，就对其进行嘲笑，有助于阻止专制现实的发生。

这让我想起你关于爱的最后一句话，回顾 CAT-FAWN，回想一下土著人的方式，将恐惧视为实践慷慨的催化剂："勇气的最高表现是慷慨。"因此，真正的慷慨源于爱，而爱是恐惧的对立面，如果进行得当，批判性反思是基于对世界的热爱的。我认为，任何诞生于西方理智主义的哲学，包括整体教育，都不能像植根于地球母亲的原始认识方式那样充满爱或无所畏惧。一个非印度人劳伦斯（D. H. Lawrence）实际上很好地表达了这个想法，所以我也将以他写的一首关于爱情的诗作为结尾。

哦，多么大的灾难啊，当爱变成个人的，仅仅是个人的感觉时，爱是多么的残缺。这就是我们的问题所在：我们正在根部流血，因为我们与地球、太阳和星星隔绝了。爱情已经变成了一个咧着嘴笑的嘲弄，因为，可怜的花朵，我们从生命之树的茎上摘下它，并期望它在我们桌上的文明花瓶中继续绽放。（Cohen, 1990: 9）

参考文献

CAJETE G. Native Science: Natural Laws of Interdependence[M]. Santa Fe NM: Clear Light Publishers, 2000.

CLIFTON J A. The Invented Indian: Cultural Fictions and Government Policies[M]. New Brunswick NJ: Transaction Books, 1990.

COHEN M J. Connecting with Nature: Creating Moments That Let Earth

Teach[M]. Portland:World Peace University Press,1990.

FOUR A. Unlearning the Language of Conquest:Scholars Expose Anti-Indianism in America[M]. Austin:University of Texas Press,2006.

FREIRE P. Pedagogy of the Oppressed[M]. New York:Herder and Herder,1970.

GRANDE S. Red Pedagogy:The Un-Methodology[M]// DENZIN N K, LINCOLN Y S, TUHIWAI-SMITH L. Handbook of Critical and Indigenous Methodologies. Los Angeles:Sage,2008.

GUTEK G. Historical and Philosophical Foundation of Education:A Biographical Introduction[M]. 2nd ed. London:Pearson,1997.

HOOKS B. All about Love:New Visions[M]. New York:Harper Perennial,2000.

JACOBS D T. Patient Communication for First Responders:The First Hour of Trauma[M]. Upper Saddle River NJ:Brady,1988.

JACOBS D T. Primal Awareness:A True Story of Survival,Awakening,and Transformation with the Raramuri Shamans of Mexico[M]. Rochester VT:Inner Traditions International,1998.

LE B S,KATHERINE R. The Myth of the Peaceful,Noble Savage[M]. New York:St Martin's Press,2003.

LERNER M. Spirit Matters[M]. Charlottesville VA:Hampton Books,2000.

MAYBRY-LEWIS D. Millennium:Tribal Wisdom and the Modern World[M]. New York:Viking,1992.

MILLER J P. The Holistic Curriculum[M]. Toronto:OISE Press,1988.

MILLER J P. Eros and Education[M]// SOUZA M D,FRANCIS L J,HIGGINS-NORMAN J O,et al. International Handbook of Education for Spirituality,Care,and Wellbeing. New York:Springer,2009.

MILLER J P. The Contemplative Practitioner:Meditation in Education and the Professions[M]. Toronto:OISE Press,2013.

MILLER R. Philosophical Sources of Holistic Education[R]. Education Revolution / Alternative Education Resource Organization,2005.

MONTESSORI M. Education for Human Development: Understanding Montessori[M]. Oxford:Clio,1992.

MOODY R. The Light Beyond[M]. New York:Bantam,1988.

NICHOLLS B M. What's a Dog Got to Do with Education? Illuminating What Matters in Education[D]. Victoria: La Trobe University,2011.

QUATTROCCHI M. Dreamwork in Secondary Schools: Its Educational Value and Personal Significance[D]. Toronto: University of Toronto,1995.

QUATTROCCHI M. Dreamwork Uncovered:How Dreams Can Create Inner Harmony,Peace,and Joy[M]. Toronto:Insomniac Press,2005.

RUIZ D M. The Voice of Knowledge[M]. San Rafael CA:Amber-Allen Publishing,2004.

SETIEN A. Realidad Indigena Venezolana[M]. Caracas Venezuela:Centro Gumilla,1999.

SWIMME B,THOMAS. The Universe Story[M]. San Francisco:Harper Collins,1992.

TREVOR-ROPER H. The Rise of Christian Europe[M]. London:Thames and Hudson,1965.

WEIL A. The Natural Mind:A New Way of Looking at Drugs and the Higher Consciousness[M]. Boston:Houghton Mifflin,1972.

WHELAN R. Wild in the Woods:The Myth of the Noble Eco-Savage[M]. London:Environment Unit of the Institute of Economic Affairs,1999.

WOLF A. Maria Montessori's Cosmic Education as a Non-sectarian Approach for Nurturing Children's Spirituality[C]. Paper Presented at the Child Spirit Conference,Pacific Grove CA,2004.